スイカ縦割り理

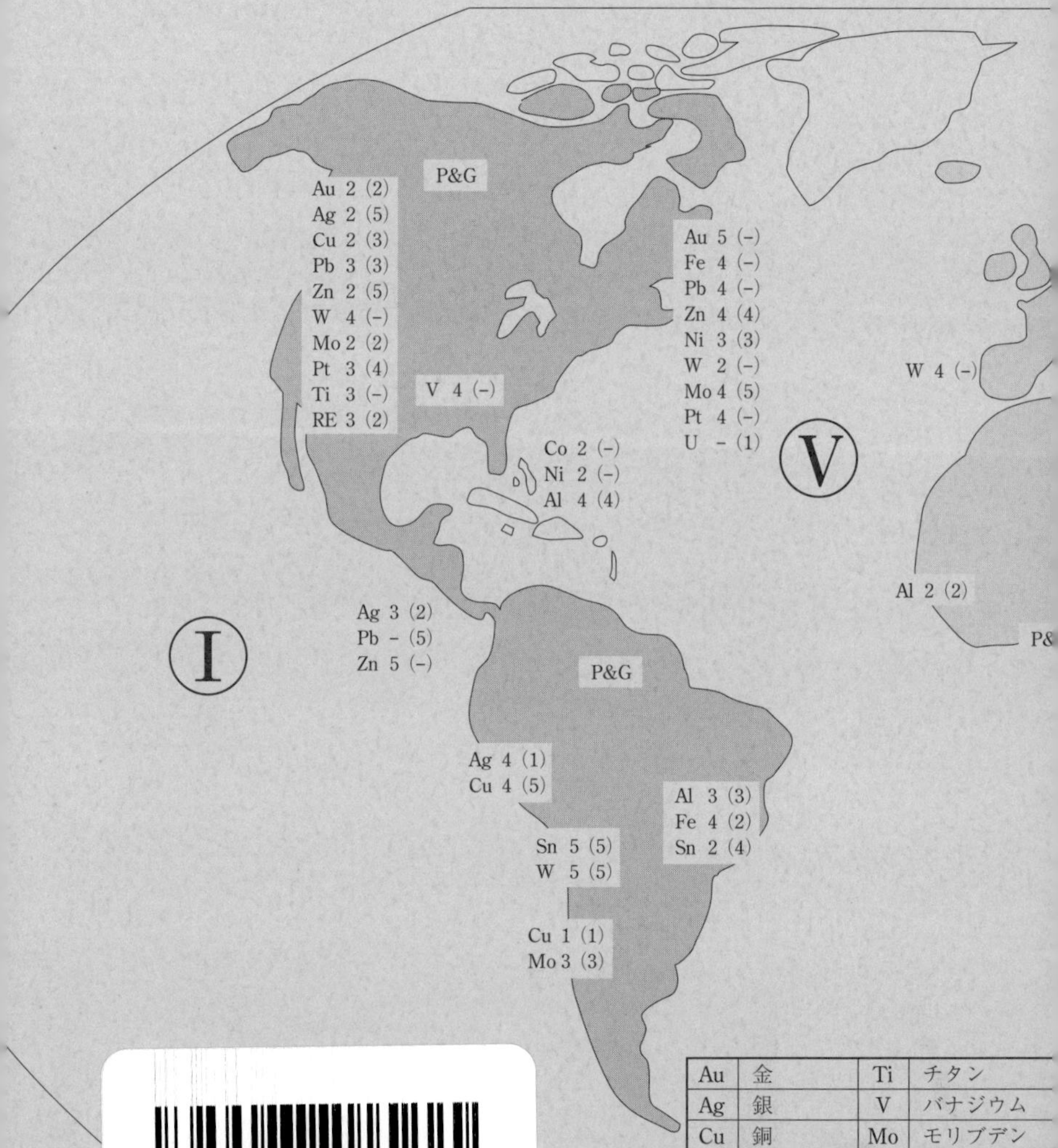

Au	金	Ti	チタン
Ag	銀	V	バナジウム
Cu	銅	Mo	モリブデン
Pb	鉛	W	タングステン
Zn	亜鉛	Sn	錫
Fe	鉄	Pt	白金族
Ni	ニッケル	Al	アルミニウム
Co	コバルト	U	ウラン
Cr	クロム	RE	レア・アース
Mn	マンガン	P&G	石油・天然ガ

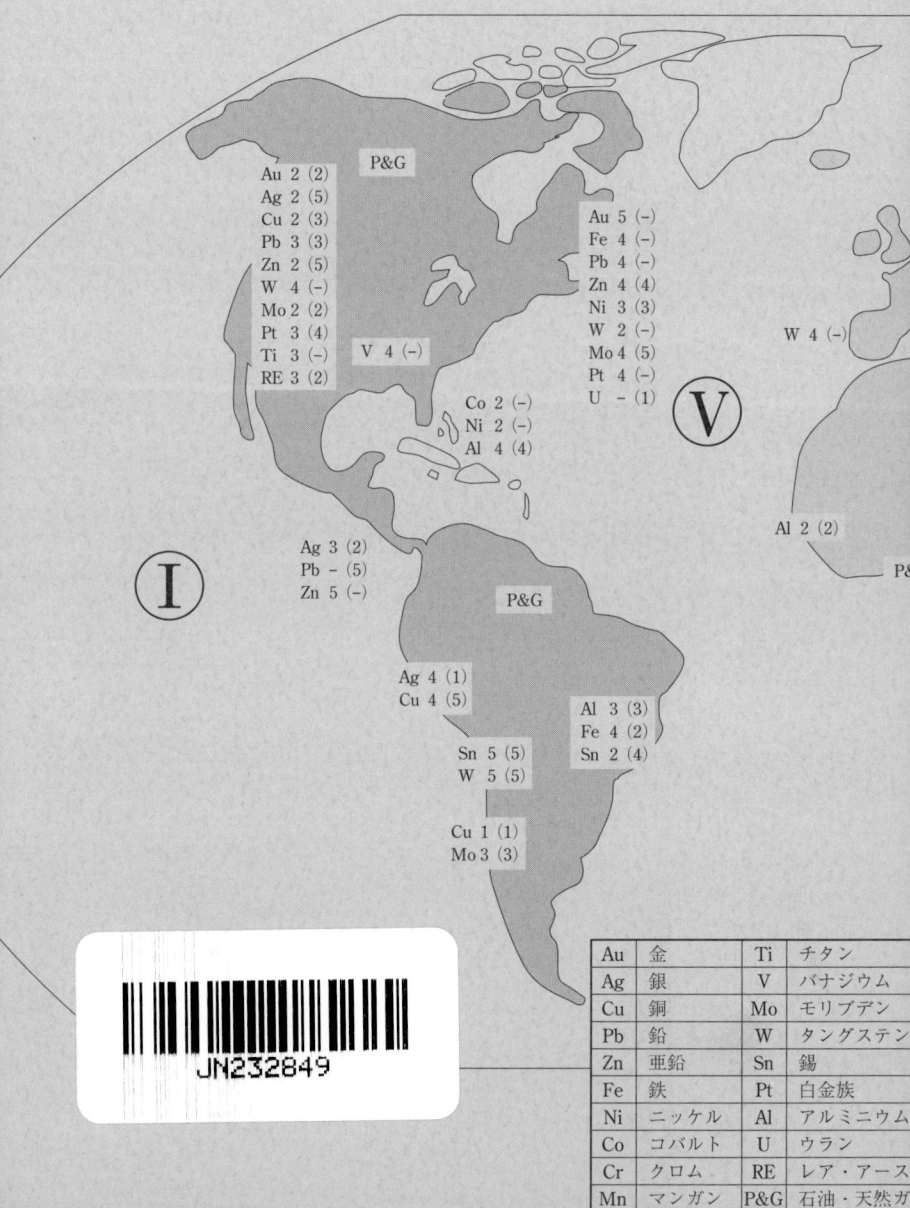

谷口正次
Taniguchi Masatsugu

入門・資源危機

国益と地球益のジレンマ

新評論

大規模発破による金の採掘作業（ドミニカ共和国「E & MJ」1975年より）

物 一 覧

産　地：アラスカ、
フェアバンクス
（Fairbanks）
鉱山名：フェアバンクス鉱山
（Fairbanks Mine）
品　位：Au 13kg
経済的採掘限界：
Au 0.3g

［金鉱石］

産　地：フィリピン、
ボンタック（Bontac）
鉱山名：レパント鉱山
（Lepanto Mine）
品　位：Cu 38%
経済的採掘限界：Cu 1%

［銅鉱石］

産　地：USA、
オレゴン州（Oregon）
鉱山名：シルバー・ビュッテ鉱山
（Silver Butte Mine）
品　位：Pb＋Zn 55%
経済的採掘限界：
Pb＋Zn 10%

［鉛・亜鉛鉱石］

主 要 鉱

［鉄鉱石］

産　地：西オーストラリア、
ピルバラ（Pilbala）地区
鉱山名：マウント・トム・プライス鉱山
（Mt. Tom Price Mine）
品　位：Fe45％
経済的採掘限界：
Fe55％－60％

［ニッケル鉱石］

産　地：ニューカレドニア、
ティオ（Thio）
鉱山名：ティオ鉱山（Thio Mine）
品　位：Ni12.5％
経済的採掘限界：Ni１％

［タングステン鉱石］

産　地：韓国、慶尚南道
鉱山名：蔚珍鉱山（廃山）
品　位：W70％
経済的採掘限界：
W0.5％

写真上はニューカレドニアのウベアの海岸。写真下は、本島北西に位置するニッケル鉱山の採掘と出荷によって赤茶けた海岸。開発前は、上の写真のようにサンゴ礁に囲まれた美しい海岸であった。

資源が国の首根っこを押さえる時代——すいせん文にかえて

三橋規宏（経済・環境ジャーナリスト、千葉商科大学政策情報学部教授）

人類の発展は資源に大きく制約されてきた。その昔、私たちの先祖は身近にあった石や木材を資源として使い、ヤジリやオノ、食器などの様々な道具を作り人類としての歩みを始めた。やがて青銅、鉄をはじめ多様な金属資源を発掘・開発し・それらを利用することで今日のような豊かで利便性の高い生活を手にすることができるようになった。

このように見ると、「資源なくして人類の繁栄はありえない」ことは自明なのだが、その資源について私たち日本人の知識は驚くほど低い。

天然資源の乏しい日本では、経済発展に必要な資源の多くを海外から輸入している。戦後、高度成長期を経て、二度の石油危機を乗り越え、経済大国に上り詰めた日本は、一九八〇年代以降、「必要な資源はお金さえ出せばいつでも手に入れることができる」といった手放しの楽観論が国民の間に広がり、諸外国と比べ資源に対する国民の関心は大幅に薄れてしまった。

しかし、地球にある資源は有限でありいつかは底を突く。二〇世紀に続き資源の過剰消費がとまらない二一世紀には、多くの資源が枯渇してしまう恐れがある。それに備え資源の安定確保を今から図っておくことが重要である。いまや、長期的な資源獲得戦略は、国家の命運を左右する重要な課題として考えられており、欧米先進国やロシア、中国などでは国家戦略の重要な柱として位置付けられている。これに対して日本の長期資源戦略は、石油以外はほとんどなきに等しい状況だ。

一方、国際資源市場では、資源の多くがすでに欧米の少数の資源メジャーに握られており、日本企業の出遅れ感が目立つ。ＩＴ産業などに必要な希少資源類の安定確保は欠かせないが、この分野でもすでに赤信号が点滅している。たとえば、ＩＴ機器に必要な稀少資源の白金族金属などは南アフリカとロシアのような特定の国に八割以上が偏在している。それらの国でなにかの理由で資源供給がストップしたり、急激な価格上昇が起これば、ＩＴ社会はあっという間に崩壊のピンチに見舞われてしまうだろう。

資源の安定確保のためには、資源は市場でいつでも簡単に調達できるといった市況商品扱いを改め、長期的、計画的に備蓄するなどの安定確保策を国家戦略として推進することが必要になる。

本書の筆者である谷口正次さんは、鉱山技師としてセメント会社の石灰石鉱山開発を皮切りに、世界の非鉄金属そのほか各種鉱山を駆け回り、長年資源開発関連ビジネスに従事してきた。その過程で、鉱山開発がいかに自然環境を破壊し、採掘現場で様々な公害を生み出し、周辺住民に迷惑をかけてきたことを目の当たりにしてきた。資源の乏しい日本では、鉱山公害といえば足尾銅山を思い出す程度である。だが外国の鉱山で採掘された資源が日本に入ってくる段階では、一次加工された資源として輸入される。このため、採掘現場でいかに自然環境を破壊しているか、さらに周辺住民に公害被害をもたらしているかなどは完全に覆い隠されている。

「そうした悲惨な現場を日本人が直接知る機会があれば、モノの使い捨てといった今日のような資源浪費はとてもできないはずだ。多くの犠牲をともなって採掘される資源をもっと大切に使う、資源の安定確保のためにもったいない精神を蘇らせる必要がある」と、本書の著者である谷口さんは言う。

彼とは国連大学ゼロエミッションフォーラム発足時からの仲間であり、折に触れ世界資源事情の話を伺った。たとえば、天然資源の分布は北極から南極へ向け地球を縦割りにするとバランスよくさまざまな資源が存在しているという「スイカ縦割り理論」、すでに指摘したパソコンそのほかＩＴ機器類に必要なレア・メタル、さらに燃料電池車や自動車の排ガス処理用触媒に使う白金・パラジウムなどが特定の国に偏在し過ぎているなどの指摘は意外性があり新鮮で、日本の国家百年の計を考える場合、資源の安全保障という視点がきわめて大切なことなどを教えていただいた。

鉱山技師として、自然環境の破壊に加担してきたことに対しても、忸怩たる思いを抱いている。資源の持つ二面性――つまり、国の安定的な発展には必要不可欠だが、反面深刻な環境破壊を伴う資源――の現状を少しでも、多くの日本人に知ってもらいたい。そして、資源の大切な使い方を身に着けて欲しい。谷口さんの本書執筆の動機はこれに尽きる。

日本では、資源戦略という場合、石油に議論が絞られるケースが多い。もちろん、長期的には地球温暖化の主因である二酸化炭素（CO_2）を排出する石油消費の抑制は重要だが、当面の安定的な経済発展のためのエネルギーとしてその安定確保は欠かせない。だが、資源には石油のほかにさまざまな金属資源、さらに石灰石、リン鉱石などに代表される工業用鉱物などが多数存在する。このうち、石油資源に関する著作はこれまでにもさまざまな良書が出版されているので、ここでは石油に関する部分は思い切って割愛し、石油を除く資源に絞っている。

本書の出版にあたって何社かの出版社に相談したが、「資源関係の本はあまり売れない」と尻込みされるところが多かった。しかし、資源関係の本は売れないのではなく、その種の本を書く筆者がいなかったのではないかと思う。それほど資源の話は面白い。本書には、これまで知らなかった資源の知識が満載されており、読者は多くの新鮮な刺激を受けることになるだろう。

本書が多くの読者に読まれ、谷口さんと快く出版に応じてくれた株式会社新評論ともども出版してよかったという「ＷＩＮ－ＷＩＮの関係」を実証する本として評価されることを心から期待している。

もくじ

序章　無資源国ゆえに知っておきたい資源の特性……3

第3章 現代金属器文明の名脇役たち
――機能性原材料としての工業用鉱物……127

第4章 エネルギー資源――石炭とウラン …… 157

第5章 資源開発と地球環境問題 …… 179

終章

資源と環境――国益と地球益の狭間で わが国の国家戦略および資源外交は？

入門・資源危機
——国益と地球益のジレンマ——

序章

無資源国ゆえに知っておきたい資源の特性

資源利用と経済発展

私たちは、さまざまなモノに囲まれて生活している。住宅、家電製品、自動車、新聞、雑誌、工場、道路、オフィスビルなど……そして、周りのモノが増えれば増えるほど、私たちは生活が豊かになり向上したと感じてきた。たしかに、これまでモノの豊かさは生活水準を測る有力な指標であったし、経済発展の目的はモノの蓄積を増やすことであるとも考えられてきた。しかし、モノをつくるために必要とされる資源についての知識が私たちには意外なほど乏しい。

歴史的に人類の活動を簡単に振り返ってみよう。人類は、その誕生から数十万年続いた長い石器時代を経て、紀元前三〇〇〇年ごろからはじまった青銅器時代に入り、現在のような鉄器時代を迎えたわけである。鉄器時代は、鉄のほかにもさまざまな金属を使う金属器時代ともいえる。ご存じのように、あらゆる金属の鉱物資源が世界中で採掘・精錬され、経済・社会を支える基本的な原材料として利用されている。そして、産業革命以後、金属器時代は急速に拡がり、鉄鋼、非鉄金属、アルミニウムなどに加えて、さまざまな金属を加工して組み合わせた軽合金や各種合金などもつくられるようになった。また、石炭や石油はエネルギー源としての利用のほかにプラスチックの原料としても活用することが可能になった。その上、放射性元素鉱物ウランによる原子力発電、非金属鉱物資源による各種ニュー・セラミックス、それに石英から高純度シリコン半導体、光ファイバーといったさまざまな人工材料の開発なども進んだ。

これら資源は人類の発展に大きく貢献してきたわけだが、その一方で、過度な資源採掘・採取などによって地球規模における深刻な環境破壊をもたらす原因ともなっている。資源が内包する光と影を明らかにし、資源の上手な使い方について考えることが本書の目的である。

資源消費量の幾何級数的な増加(1)

人類が初めて金属を使いはじめたのは約五〇〇〇年前のことである。この青銅器ではじまる金属文明五〇〇〇年の歴史のうち、一八世紀後半から一九世紀前半にわたって起こった産業革命以後現在までのたった二〇〇年間で、これまでの銅の生産量のうち九九パーセントを使用している。しかも、最近の三〇年間で、その四五パーセント以上を使用しているのである。これは、銅にかぎらず金、銀、鉄、鉛、そのほかの非鉄金属についても同じことがいえる。

このように、先進工業国の経済発展は資源、エネルギーを大量に消費することでモノの生産を増やしてきたわけで、その結果として、ありあまるほどあった天然資源がいまや枯渇気味になってしまった。別の言い方をすれば、資源収奪型文明の経済発展の矛盾が表面化したわけであるが、

(1)　ある事柄が何倍かずつ増えていくこと。増加が急激なさま。

この持続不可能なやり方を真似して現在、発展途上国の国々がそれぞれの経済発展を目指している。最近でいえば、膨大な人口をかかえる中国、インド、そしてブラジル、ロシアの頭文字をとって「BRICs」と呼ばれる国々の成長の速さは目を見張るものがある。このような現状をふまえると、資源の浪費と地球環境のさらなる劣化が続くことが懸念される。

ダイナマイトの発明

産業革命以降の急速な経済成長を支えるためには、欧米諸国は大量の各種鉱物資源を世界中の植民地から採取して自国に供給しなければならなかった。そして、そのときに資源採掘の面において飛躍的な生産性の向上を促したのが、アルフレッド・ノーベル(2)が一八六六年に発明した「ダイナマイト」と呼ばれる爆薬であった。そのすさまじい岩盤の破壊力を利用して、世界中の至る所で鉱山開発が次々と行われていった。そして、それが現在も続いているのである。

ダイナマイトは、わずかな衝撃でも爆発する液体のニトログリセリンを珪藻土(3)に染み込ませて安定化したものである。その後、このダイナマイトをより安全かつ効果的に爆発させる技術、すなわち発破技術は見る見る進歩を遂げ、岩盤の性質の違いに応じた各種の爆薬の開発によって鉱山採掘の規模もますます大きくなっていった。

それでは、紀元前三〇〇〇年紀にはじまる初期青銅器時代から行われていた金・銀・銅鉱石の採掘は、ダイナマイトが発明されるまでの四千数百年もの間、いったいどのような方法で岩盤を掘削していたのであろうか。

火薬が発明されたのは三世紀ごろの中国で、当初は硝石（硝酸カリウム）を爆竹や花火に利用していた。そして、一〇世紀ごろになって、軍事用あるいは鉱山や石切り場などに利用されるようになった。一四世紀になると中近東経由でヨーロッパに伝わり、一九世紀の中ごろまで採掘などにも使われたのが、硝石に硫黄と木炭を混ぜたいわゆる黒色火薬である。この黒色火薬発明以前については、初期青銅器時代のシナイ半島の坑内掘り銅鉱山跡からは、石製のタガネ、ハンマー、ノミの類が金属考古学者によって発見されている。そののち鉄器時代に入って、時代とともにより硬い鉄製の鉱山用の道具が世界各地の鉱山跡から発見されている。

ダイナマイトの発明により巨万の富を築いたアルフレッド・ノーベルの遺言に基づいて、一九〇一年に「ノーベル賞」が設立されたことはよく知られている。この賞は、「前の年に人類のためにもっともよい研究をした人に国籍を問わず与える」という先見性と創造性のあるものであり、世界でもっとも栄誉ある賞であると評価されている。〝破壊と創造〟の、見事な対比と言えよう。

（2）（一八三三〜一八九六）ダイナマイトの発明で知られるスウェーデンの化学者、実業家。遺志により、スウェーデン王立科学アカデミーに寄付された遺産を基金としてノーベル賞が設定された。

（3）珪藻の遺骸が海底・温泉・溜池などに沈殿堆積してできた岩石。

資源を考える四つのポイント

ここ数十年の、目を見張る技術革新と物質文明の進展によって、世界の経済規模は飛躍的に拡大した。それにともなって資源需要は増加の一途をたどり、その消費量はますます膨大なものになっている。これにより資源枯渇に向けてテンポが早まり、採掘・採取にともなう地球環境の劣化が進んでいるわけだ。

一九六八年に結成された「ローマクラブ」[4]が、環境と資源に関する提言である『成長の限界』（大来佐武郎監訳、ダイヤモンド社、一九七二年）において成長の恐ろしさについて指摘して、全世界に衝撃を与えたことはあまりに有名である。そして、このような世界的な資源事情の中で、わが国ではとくに、高度成長期からこれまで主要資源は単純に商社が調達してくるモノづくりのための原材料という位置づけがされてきた。しかし、いまや地球規模の総合的な視点に立った国家戦略的な資源論が重要になってきたわけである。

現在の資源問題を考える場合、次の四つのポイントが大切であると考える。

❶資源の枯渇性（掘ればなくなるということ）
❷資源の地政学的な偏在性
❸国際大資本（メジャー）による寡占支配

❹地球環境への影響

以下で、それぞれについて簡単に説明しておこう。なお、❹の「地球環境への影響」に関しては、第5章においても詳述することにする。

資源の枯渇性について

鉱物資源には、掘ればなくなるという至極単純明快な原則がある。このことは、木材などの森林資源や漁業資源が時間をかけさえすれば再生可能な資源であることに対して、「再生不可能な資源」とか「枯渇性資源」と表現されている。それがゆえに、鉱物資源には「埋蔵量」という言葉があるわけである。

この埋蔵量が、あと何年分あるのかとよく言われる。たとえば、石油の埋蔵量はあと三五年分とか五〇年分といった具合である。ところが、最近、こう言われ出してから一〇年も二〇年も経つのにこの数字が変わらないのは「いい加減で信用できない」といった批判が出てきた。もっと

(4) 一九六八年につくられた民間組織。世界からいろいろな分野の学者、有識者などが集まって、資源、環境、人口問題など地球規模の問題について議論して人類の危機を回避する方法を探るための活動を行ってきた。

もであるが、このことが理工学系のほかの学問とは異なる「資源学」の特殊性であり、また特徴である。鉱物資源は「地下資源」とも言われる通り、地殻の浅いところから数千メートルの深いところまでに、いろいろな品位（品質）のものが存在しているわけであるから、埋蔵量と一口に言っても一種類ではない。主に、次の三つに分類される。

❶地質学上、理論的にあるはずだという埋蔵量（**理論埋蔵量**）

❷実際に地球探査衛星やボーリングなどの技術を駆使して探査した結果において確認された埋蔵量（**確認埋蔵量**）

❸現在の技術でもって経済的に採掘が可能とされる可採埋蔵量（**可採埋蔵量**）

したがって、探査の技術の進歩によって以前には発見されなかった鉱床（鉱脈）の存在が発見されて確認埋蔵量が増えたり、採掘技術の進歩によって、以前は掘れなかったものが採掘できるようになったために可採埋蔵量が増えて寿命が延びたりするわけである。さらに、品位が低くて経済性がないもの、品位が高くても鉱床の存在している条件が悪かったものが、市場価格の大幅な上昇によって経済性が出てきて可採埋蔵量が増えるといった場合もある。ところが、近年、世界的な経済規模の拡大による資源需要量の増加によって、石油に見られるように新しく発見される油田も現在採掘中の油田に残っている原油も次第に減る傾向にあり、さすがに埋蔵量の限界が見えはじめてシェル石油などのように資源保有量を下方修正する会社も出てきた。

資源の賦存（分布）状況と偏在性

鉱物資源は、次のように大きく四つのグループに分けられる。

第一グループ――鉄、金、銀、銅、鉛、亜鉛、アルミニウムなどを含有する金属鉱物資源。

第二グループ――石灰石、リン鉱石、石英、塩、蛍石などの工業用鉱物資源。

第三グループ――ニッケル、マンガン、クロム、コバルト、モリブデン、バナジュウム、白金、パラジウム、タンタル、イットリウムといった「レアメタル」、「レアアース」と呼ばれる希少資源。

第四グループ――石油・天然ガス、オイルシェール、オイルサンド、石炭、ウランなどのエネルギー資源である。

本書では、概ねこの四つの分類に従っている。このほかに、便宜上、元素としての金属を取り出すことを目的とした鉱物を「金属鉱物」というのに対して、シリコンとかカルシウムのように元素としては金属であっても、二酸化珪素（SiO_2）とか炭酸マグネシウム（$MgCO_3$）あるいは珪酸カルシウム（Ca_2SiO_4）といった酸化物、炭酸塩、あるいは珪酸塩の形で利用される鉱物を「工業用鉱物」と呼ぶとともに「非金属鉱物」とも言っている。また、工業化社会を支える銅、鉛、亜鉛など基本的な金属のことを「ベースメタル」とも呼び、鉄以外の金属鉱物は「非鉄金属鉱物」といった使い方もする。

さて、これらの資源は、もちろん地球上に平均的に分布しているわけではない。海底に存在する資源を除いた陸上の資源についてその分布状況を見ると、興味深いものがある。

地球をスイカに見立てて南北に五つに分割すると、各スライスにはそれぞれのスライスに必要とするほとんどあらゆる資源が存在している。第一のスライスが北米と南米組、第二のスライスが極東シベリア、中国、東南アジア、オーストラリア組、第三が中央シベリア、中央アジア、カザフスタン、イラン、インド、第四のスライスが西欧ロシア、東欧、中近東、アラビア半島、そして第五のスライスが北欧、ヨーロッパ、アフリカである。各スライスの南北にわたる地域では、ごく一部の資源を除いてほとんどの資源の調達が可能である。ところが、国家形態とか政治力学関係などと地理的条件を考え合わせた地政学的に見ると、資源はたちまち偏在してしまう。たとえば、先進工業国と発展途上国で分けると、石油、ボーキサイトの埋蔵量は途上国が世界の過半を占めている。その一方、先進国の割合の高いのは鉄鉱石、鉛、亜鉛、ウランであり、両者が拮抗しているのは天然ガスと銅である。

レアメタルを例にとると、その名の通り希少で、極度に偏在している。なかでも、自動車の排ガス処理装置あるいは燃料電池、ＩＴなど先端産業には欠かせない白金の埋蔵量の七〇パーセントは南アフリカ、二〇パーセントはロシアにあり、パラジウムは逆に、ロシアに八〇パーセント、南アフリカに二〇パーセントといった具合である（見返しの地図を参照）。

このように、モノをつくるために必要な資源が特定の地域、国に偏って存在しているため、これまでも資源の確保をめぐってさまざまな紛争や戦争が起こっている。地球資源が全体として枯渇気味になってきた今世紀は、資源ナショナリズム、資源争奪戦は一段と激しさを増すことが予想され、資源の安全保障は各国の優先度の高い国家戦略になってきている。

国際大資本による寡占化

世界の石油は、一九八〇年代の終わりまで「七メジャーズ」あるいは「七シスターズ」と呼ばれた（国際大手石油会社）七社、エクソン、モービル、ガルフ、シェブロン、テキサコ、ＢＰ、ロイヤル・ダッチ・シェルによって支配されていたが、一九九〇年代以降、吸収合併などの再編を繰り返して、今日では「スーパーメジャー」と呼ばれる四社に統合された。エクソン・モービル社、シェブロン・テキサコ社、ＢＰアモコ社、そしてロイヤル・ダッチ・シェル社が支配権を握っている。

これは石油にかぎったことではなく、鉱物資源、とくに鉄鉱石、金・銀・銅鉱石、ボーキサイト、ニッケル鉱、マンガン鉱、石炭、ダイヤモンド、プラチナ、そのほかの工業原料鉱物資源についても国際大資本が大きな力をもっている。その代表的な国際大資本としては、アングロ・ア

表　序－1　わが国非鉄金属鉱業と国際大資本の経営力の差

（資源エネルギー庁、鉱物資源課調べ、2001年）

	探鉱費	売上高利益率	自己資本比率
我が国非鉄8社計(*)	20億円	0.8%	29.3%
リオ・ティント（英）	160億円	10.3%	52.4%
BHPビリトン（豪）	407億円	8.0%	49.8%

（*）住友金属鉱山、同和鉱業、三井金属、三菱マテリアル、日鉱金属、古河機械金属、東邦亜鉛、日鉄鉱業）

メリカン（英）、リオ・ティント・グループ（英）、BHPビリトン（豪）、リオ・ドセ（ブラジル）などである。これら、国際大資本と我が国の非鉄金属鉱業との経営力の差は、**表序－1**見るように非常に大きい。

国際大資本による資源の寡占化が進んだ理由としては、鉱石の品位、埋蔵鉱量、鉱床の規模と形態、立地など、自然条件の違いによって利潤に大きな差異（超過利潤）が生じたこと、開発前に多額の探鉱費用がかかってリスクが大きいこと、資源が偏在することもあって鉱業権などの既得権益が大きな力をもつことなどが挙げられる。

川上に利潤あり

資源を産業として見ると、利潤の大部分は川上の資源採掘・採取の部分に集中している。かつて「帝国主義列強」と呼ばれた欧米各国が植民地時代に戦略物資としての資源確保に国家の命運をかけ、血みどろの争奪戦に明け暮れたのも川上の重要性を認識していたからにほかならない。しかし、この点に関しては日本ではあまり知られていないことである。

では、なぜ利潤の大部分が川上の資源採掘の部分で発生するのだろうか。それは、次のような理由によるものである。資源を確保するためには資源産出国で多額の探鉱費用と時間をかけて資源を探査する必要がある。そして、有望となると鉱業権を取得し、操業許可が下りるまでに必要な諸手続き――環境アセスメント、地域住民の説得、用地の取得、出荷のための道路・港湾の整備または新設、鉱山労働者の住宅建設、物資の供給体制そのほかインフラの整備――など調査段階を含めて開発工事を行い、そして実際に操業に至るまでに巨額の資金と時間をかけることになる。そのうえ、政権交代などによるリスクも大きいものとなる。これだけの資金とリスクを負担して資源を確保しようとするわけであるから、各企業が利潤を大きくしようと考えるのは当然と言えるであろう。

日本の場合は、資源を加工する非鉄金属精錬業とか石油精製業が目立っているわけだが、そのいずれもが川下産業であるためにわずかな利潤しか確保できない仕組みになっている。欧米のメジャーは、川上と川下産業を一貫して支配していることが特徴と言える。つまり、川上のない資源産業は産業として脆弱にならざるを得ないとしているわけだ。資源消費国の日本は、この点で外国の大資本に首根っこを押さえられていると言っても言い過ぎではないだろう。

太平洋戦争の遠因は欧米列強との資源争奪戦か？

資源の乏しい日本は、資源確保をめぐってにがい経験を何度も味わっている。その代表的な事例として、先の太平洋戦争を挙げることができるだろう。一九一四年にはじまる第一次世界大戦以降、近代戦の時代に入ると航空機、艦船、大砲、戦車、砲弾、火薬、燃料などの膨大な量と種類の軍需用資源が必要になってきた。資源を制するものが世界を制すると言われるようになり、欧米列強による資源確保競争が世界中で激化した。戦前における日本はまだ経済規模も小さかったためにかなりの資源を自給することができたが、一九三七年の日中戦争、ついで一九三九年に第二次世界大戦が勃発するころには経済規模も軍事規模も大幅に拡大したため、必要な資源を自給することができなくなってきた。このため、軍備に必要とされる石油や鉱物資源などの多くを中国、東南アジア諸国に依存しなければならなくなった。

一方、そのころには欧米列強も東南アジア地域の資源確保に乗り出してきたため、当然のように日本と欧米列強は資源確保をめぐって直接対決するようになった。ここに、日本に対する資源包囲網ができ上がったわけだ。これが、俗にいう「A・B・C・Dライン」（アメリカ・イギリス・中国・オランダ）である。そして、一九四一年になると、A・B・C・Dラインによる石油輸出禁止による対日締め付けがいよいよ厳しくなり、それを理由として太平洋戦争に突入していったわけである。

太平洋戦争が勃発した翌年の一九四二年二月一五日にシンガポール陥落を遂げた日本陸軍が、その前日、当時オランダ領であったインドネシア・スマトラ島南東部に位置するパレンバンの油田とロイヤル・ダッチ・シェル社のプラデュー製油所を占領すべく、綿密な計画のもとにオランダ軍の意表をついて落下傘部隊で奇襲を敢行し、大成功したことは読者のみなさんもよくご存じのことであろう。ここでは、当時の日本が消費していた全石油量を上回る年間四七〇万キロリッターを生産していた。

次に資源をめぐって日本が苦渋を味わったのは、一九七三年と一九七九年の二度にわたる石油危機であった。いずれも、一九六〇年にアラブ・中東を中心として結成された石油輸出国機構（OPEC）が、石油の輸出制限を発動したために価格が急騰したことによるものである。第一次石油危機は一九七三年一〇月の第四次中東戦争に端を発したものだが、「石油は武器」というスローガンのもとに、いわば欧米メジャーや先進消費国による資源の乱掘や利益独占などの経済支配、言い換えると資源収奪に対する中東産油国の反撃であった。当時、このことを「資源ナショナリズムの台頭」と表現した。

石油の八六パーセントをこの地域に依存している日本は、価格の高騰もさることながら輸出制限によって窮地に陥った。そして、慌てて「資源外交」と称してアラブ産油国への政府首脳による訪問外交を場当たりてきに行って、その場を取り繕おうとするありさまであった。それまで、原油価格は一バーレル当たり二・五ドル～三・五ドルと安値で安定していたため、わが国はふんだんに石油を使って高度経済成長を遂げてきたわけだが、第一次石油危機のときにわが国の輸入原油価格は約三倍の一〇・五ドルまで跳ね上がり、第二次石油危機のときには約一〇倍の三四ドルにまで達した。

しかし、第二次石油危機のショックは第一次と同じように大きかったにもかかわらず、先の経験が生かされて日本経済への影響は比較的軽微なものであった。それは、各石油危機前のマクロ経済状況の違いにもよると考えられている。たとえば、わが国の原油輸入量が第一次のときと第二次のときではほぼ同量（日量約四三〇万バーレル）であったのに対して、国内総生産（GDP）の伸びを考えると相対的な石油への依存度が低下していたことによる。それは、インフレの抑制と世界に冠たる省エネルギーを実現した結果である。

その間、産業構造も安い輸入原油に依存して、鉄鋼、アルミニウム、石油化学製品などを大量に生産することから自動車、コンピューター、精密機械、エレクトロニクスなどの加工度の高い製品への転換が行われた。一方、欧米の石油メジャーは、価格高騰によって得た莫大な収益を新たな油田の探鉱と開発に投資するとともに、一部の資金を天然ガスの開発にあてた。原油の生産制限と大幅な値上げによって、世界各国はやがて深刻なスタグフレーション(5)に見舞われた。そして、景気停滞によって資源の需給も緩和されると資源に対する飢餓感はすっかり影を潜めてしまい、一九八六年ごろには「省エネ」、「石油備蓄」、「原子力発電」が進んだこともあって、石油価格は下落するとともに円高・ドル安によって円ベースでの原油価格がさらに低下し、またもや第一次石油危機以前のようなエネルギーをふんだんに使うライフスタイルとモノづくりに戻ってしまった。その後、日本経済は一九九一年の初めごろまでにわたって約四年間続くバブルの時代を迎えた。

経済成長が理由か、中東産油国の財政が原油価格の低迷によって悪化しても、何ら戦略に基づいた資源外交は行われなかった。ところが、一九八六年以降、一三年間にわたって低迷していた原油価格が一九九九年の春ごろからまたもや上昇しはじめた。二〇〇一年九月一一日のアメリカの貿易センタービルに対するテロ攻撃とアメリカのイラク侵攻、エスカレートする同時多発テロ、そして世界最大の人口を抱える中国の高度経済成長にともなう資源需要の増大などが理由で、二〇〇四年の夏には四〇ドルを、そして秋には遂に五〇ドルを超えた。しかし、わが国経済はよほど自信があるのか、相変わらずアラブ中東に対する高い依存度にもかかわらず、特段の危機感は感じられていないようだった。それを証明するように、一九九九年には日産量一五万バーレルの原油供給能力をもつアラビア石油の利権が失われるのを平然と見送っている。まさに、「油断大敵」ではなかろうか。

（5）景気停滞期の物価上昇。物価が需給と直結せず、不景気でも上がり続けること。

長期資源戦略の必要性

ふり返ってみると、第一次石油危機が発生する少し前に、わが国に鉱物資源が不足することに対する危機感は多少あった。当時、日本は世界の資源輸入の一一・八パーセントを占め、アメリカの一一・四パーセントを追い越して世界最大のシェアになっていた。したがって、これまでのような総合商社まかせの単純買鉱ではだめで、積極的な探鉱と投資による資源開発輸入か、少なくとも融資、いわゆる紐付《ひもつ》けによるエネルギーおよび原料鉱物資源の安定的な供給体制をつくる必要性が叫ばれた。

また、当時の経済界のトップには、日本の高度経済成長を支えるために資源戦略の重要性を認識していた、中山素平（日本興業銀行）、篠島秀雄（三菱化成）、今里広記（日本精工）、両角良彦（電源開発）といった人たちがいた。この人たちは、当時日本経済新聞社の経済部記者であった三橋規宏によって「資源派財界人」と名付けられた。これらオピニオン・リーダーのもとに産業界は危機感をもって、総合商社、資源・エネルギー関連産業、銀行が政府系諸機関にも働きかけて、積極的に資源調査、探鉱、自主開発を目指して経済成長を支える資源確保のために活動した。すでに中東石油は国際資本の権利が網の目のように張りめぐらされていたため、シベリアのチュメニ油田(6)の開発を当時のソ連に呼びかけ、使節団を送るなど積極的な動きを展開した。さらに、資源開発で国際的に活躍できる資源技術者と資源戦略策定、そして資源外交ができる人材を養成することが重要であるという認識から資源大学校が設立され[7]、鉱山会社、商社、銀行、所管中央省庁などから学生が送り込まれた。

このような流れのなかで、一九七一年に「資源問題の展望」というタイトルで、いわゆる資源白書が発表された。佐藤栄作内閣時代（一九六四～一九七二）のことで、そのときの通産大臣が田中角栄であった。その内容は、世界的な資源需給の逼迫と重要資源の偏在性、そしてOPEC、アラブ石油輸出国機構（OAPEC）、銅輸出国政府間協議会（CIPEC）、ボーキサイト生産国機構（IBA）、鉄鉱石輸出国連合（AIOEC）などの資源産出国による資源ナショナリズムの台頭に対して、わが国の安定した経済発展を維持するためには資源の安定確保が喫緊《きっきん》の課題であるという問題提起が危機感をもってなされたものである。

当時、政・官・財界で長期的な資源確保の重要性の認識がこのように高まり、その機運は第一次石油危機後の一九七五年ごろまで続いた。しかし、その間、世界の主要資源・エネルギーのめぼしいものは国際大資本によって寡占化が進み、多くの利権はすでに抑えられており、資源確保

(6) ロシア中西部、オビ川中流域の油田。旧ソ連時代最大の産油量を誇った。

(7) 経済成長支える資源確保のために、一九七〇年に鉱業技術者、資源外交に役立つ人材育成を目的として「財団法人　資源大学校」が通産省の認可を受けて設立された。現在の財団法人国際資源大学校。〒017-0202　秋田県鹿角郡小坂町小坂鉱山字古館9の3。TEL0186-29-3825

の努力はさしたる成果を上げることができなかった。いわば、ニワトリが右往左往して、残った餌をついばんでいるようなものだと揶揄された。

二度の石油危機を経て一九八〇年代に入ると、原油の生産制限と大幅な値上げによって世界的に景気が停滞した。アラブ産油諸国も、生産制限による大幅な値上げは長期的に石油需要を減少させ、先進工業国に代替エネルギーの開発を促すことになってしまうという反省から増産に転じた。このため、一九八〇年代後半には石油の需給が緩和されたが、それにともなって危機感も薄れてしまった。

資源開発には莫大な資金と技術、そして時間を必要とするだけでなくマーケットの変動というリスクなどもあるため、発展途上の鉱物資源産出国の場合は国際的な大資本、いわゆるメジャーといわれる人たちの助力がないと開発は難しい。開発にあたっては、産出国の国家的なプロジェクトとして国際メジャーの開発計画に地元政府も資本参加をするか、あるいは外国資本がその国の鉱業権を取得したうえ、開発・精錬の一貫操業をして鉱石、原油を国際マーケットで売りさばくことになる。日本の場合は、主体的に探鉱からはじめて開発輸入するケースは非常に少なく、精錬会社が鉱石確保のために商社と組んで権益を保有するメジャーのプロジェクトへの一部資本参加、あるいは開発資金を一部融資する（融資買鉱という）程度で、ほとんどの場合、総合商社を通じて買い付けるいわゆる単純買鉱であった。国際的に需給が逼迫して資源確保に不安が出てくると慌てて自主開発輸入の必要性を叫ぶわけだが、やがて需給が緩むと、また商社まかせの単純買鉱に頼るという繰り返しであった。

二一世紀の世界経済とそれにともなう資源事情の変化、すなわち急速に経済成長を遂げつつあるブラジル、ロシア、インド、中国（BRICs）などの影響による国際的な資源需給の逼迫と、一部資源における枯渇も懸念されている今だからこそ、日本の長期的な資源戦略が必要になってきているのではないだろうか。

資源戦略と資源外交のなさは資源学の欠落によるもの

資源がなければ一国の経済が立ちゆかないことは誰にでもわかることである。しかし、資源が乏しく、有用鉱物資源のほとんどを海外に依存しているわが国であるにもかかわらず、国民の資源に対する関心はきわめて薄い。経済を支える原材料資源を、水道の蛇口をひねるといつでも出てくる水と無意識に同一視しているのではないかとさえ思われる。戦前までの日本にはしっかりした資源学があり、資源に関する知識、その重要性と戦略性の認識も十分にあったにもかかわらず、いったいなぜこのように資源に対して無教養になってしまったのだろうか。

近代産業勃興期にはまだ資源の需要がさほど多くなかったので、国内にある資源だけで十分に間に合っていた。三井、住友、三菱、古河といった旧財閥は、国内資源による鉱業一貫生産を行っていた。そして、その時代には大学でも採鉱・冶金の専門教育が盛んであったし、政府、財界の資源確保の重要性に対する認識も欧米並みに高かった。しかし、日本では、鉱物標本的には多種・多様な資源があったにもかかわらず、工業化が進んで経済規模が拡大していくに従って国内資源は枯渇するか、あるいは鉱山の地質条件が悪くて規模が小さいために経済性がなくなっていった。

やがて、資源は全面的に海外に依存しなければならなくなった。しかし、戦後から高度経済成長期に総合商社が抱えた資源の専門家たちの活躍によって世界中から安い資源が安定して輸入できたこともあって資源は戦略物資という意識がなくなり、資源に対する関心もすっかり薄くなってしまった。いまや、当時活躍した資源調査、開発、そして資源外交ができる専門家は年老いてリタイヤしており、各商社とも国内外の資源部門を縮小し、メーカーは川下の製品の付加価値ばかりを見て、資源に関する専門家の養成は放棄された状態となっている。とくに、第二次石油危機以降、資源を一般製品並みの市況商品、それ自身付加価値をもたないものとして位置づけるような風潮が強まり、資源は市場でいつでも金さえ出せば手に入るものとして認識されるようになった。それがゆえに、資源学も大きく後退してしまった。

本来、資源を海外に求めるなら、逆に資源学を拡充して、持続的な経済発展のための長期的な資源戦略策定に役立たせるとともに、専門教育に力を入れて海外の資源産出国に資源技術者、資源外交官を送り込む必要があった。しかし、現実には、国内には就職すべき鉱山がなくなったという理由によって資源学は衰退し、一九六〇年ごろまでは全国の多くの国立大学にあった資源開発に関する学問分野はセラミックス系新素材あるいは土木工学の分野に衣替えをしていき、衰退の一途をたどった。そして、わずかに残ったのは国内に豊富にある唯一の資源である工業用鉱物、石灰石をセメントや製鐵用に採掘する露天掘りの技術に関する教育のみで、今もそれらが細々と続けられている。

わが国は、海外資源の加工による貿易立国を標榜してきたにもかかわらず戦後から今日に至るまで長期的な資源戦略と言えるものはなかったわけであるが、それはこのような資源学衰退の歴史的な経緯によるものである。国際大資本の再編と寡占化が進み、中国をはじめとして急成長を遂げつつある国々による資源争奪戦と言える様相を呈してきた現在、わが国経済の持続可能な発展のためには必要不可欠な資源の重要性を今こそ認識して、資源学が再構築されることが望まれる。

資源の開発・利用と地球環境問題のかかわり

これまで、資源問題を考えるにあたっての重要な四つのポイントのうち三つのポイント、すなわち「資源の枯渇性」、「資源の地政学的な偏在性」、そして「国際大資本による寡占支配」について述べるとともに、その挟間でわが国経済が翻弄される姿と長期的な資源戦略の必要性について述べてきた。ここでは、世界の経済規模の拡大にともなって資源需要は増加し、鉱山の規模もますます大きくなってきたことが理由で一九九〇年ごろから世界的に環境の劣化が顕在化し、地球温暖化問題が提起されて異常気象と言われる現象が多発し、地球環境の面での限界が問題となってきたことについて述べていきたい。

地球環境問題は基本的にすべて資源と密接な関係にあることから、第四のポイントとして、資源開発とその利用による地球環境への影響が資源学上においても重要な問題になってきた。それは、資源の採掘から利用、消費、そして廃棄に至るもの、言い換えれば川上から中流、そして川下までの三つのフェーズでとらえることができる。

まず、第一のフェーズは鉱物資源の開発行為である。すなわち、鉱石の採掘・選鉱・輸送にともなって森林が破壊され（温室効果ガス(8)の吸収源破壊）、鉱脈に達するまでに表土が剥離されるのでその表土が流失して生態系が破壊され、生物多様性の消滅、固有種の消滅、河川、海洋、地下水、土壌が汚染されるという自然破壊である。もちろん、鉱床・鉱脈が存在している地域の自然条件、鉱山の採掘規模、採掘方法、採掘する鉱物の種類と品質によってそれが異なることは言うまでもない。

なお、資源開発における環境負荷は非常に大きいものであるわけだが、世界的に見た場合には地域限定であるためにそれほど大きな影響はないのではないかと感じる人が意外に多い。しかしそれは、わが国には鉱山らしいものがほとんどなく、しかも海外の鉱山の採掘現場は通常の場合、人々の目にはまったくと言ってよいほど触れる機会がないためである。しかし、現実には金・銅鉱山だけでも世界中に五七〇ヵ所あり、鉄、石炭、非鉄金属、その他の非金属鉱物の鉱山を加えると優に一二〇〇ヵ所を超えている。そして、その鉱石採掘量は毎年一〇〇〇億トンを超えているのだ。

現在、世界でもっとも大きい金鉱山では一年に一・六億トンの鉱石が採掘されている。しかし、一トンの鉱石のなかには一グラムあるいはそれ以下しか金は含まれていないので、莫大な量の「テーリング（尾鉱）」(9)と呼ばれる廃棄物が毎日発生することになる。そのほか、鉱石として価値のない「ズリ」(10)と称する岩石が発生することにもなる。

第二のフェーズは、資源を〝モノづくり〟のために原材料として利用し、エネルギーとして消費するとともに、それら資源・エネルギーを輸送するときに起こる環境への影響である。すなわち、工場、発電所、輸送機関などによる各種原材料資源の利用と化石燃料の消費にともなって発生するものである。具体的には、以下のようなものが挙げられる。

---

(8)　大気中の二酸化炭素、メタンなどが、温室のガラスと同じような役割を果たして地表面の温度を比較的高く保つ現象で、このような効果をもたらすガスで、フロン、窒素酸化物、オゾンなどを含む。

(9)　非鉄金属鉱石を精錬する前に、鉱石の品位（金属の含有量）を一定のレベルまで高めるために選鉱という工程が必要である。この工程で発生する廃棄物を「テーリング（尾鉱）」と言う。これに対して、精錬工程に供給される品位を高めた鉱石を「精鉱」と言う。一般に、精鉱に対して尾鉱の発生量は膨大である。

(10)　鉱石の採掘にともなって発生する目的の鉱物以外の岩石で、山元に廃棄されるもの。

❶硫黄酸化物、窒素酸化物、ダイオキシン、(11)PCB、(12)重金属などの有害物質による大気、水質、土壌の汚染。
❷二酸化炭素、メタンガス、炭化水素などの温室効果ガスの排出による地球温暖化現象と異常気象。
❸特定フロン、(13)代替フロン(14)などの排出によるオゾン層破壊、(15)製品の製造にともなう各種産業廃棄物を埋め立て処分、あるいは焼却処理する際に発生する各種汚染物質、有害物質による大気・水質・土壌の汚染。
❹廃棄物の最終処分場の建設・使用にともなう環境負荷。

第三のフェーズは、第二フェーズによって製品化されたものが輸送されて人々の手に届き、利用されたり消費されたのち、やがて廃棄される際に生じる次のような環境への影響である。

❶自動車などによって化石燃料が消費される際に排出される温室効果ガスや、硫黄酸化物、窒素酸化物、浮遊粒子状物質(16)などによる大気汚染。
❷家電製品、IT機器、オフィス機器、建材など使用済みの商品を廃棄物として解体し、輸送・焼却・減容処理する際に発生する各種汚染物質、有害物質による大気・水質・土壌汚染。
❸廃棄物の最終処分場による環境負荷。

第一のフェーズは、資源産出国で起こる問題であるためか、わが国ではまったくと言っていいほど関心を示さないことである。毎年六億七〇〇〇トンに上る主要な資源を輸入に頼っているにもかかわらず（あるいは、頼っているからというべきか）である。

(11) きわめて毒性の強い有機塩素化合物。正式名称は「ポリ塩化ジベンゾ・パラ・ジオキシン（ＰＣＤＤ）」であるが、ポリ塩化ジベンゾフラン（ＰＣＤＦ）を含めてダイオキシン類と呼ぶこともある。

(12) 変圧器などの電気機械器具に使用されていた絶縁油のなかに混ぜて油の劣化を防ぐ役割を果たしていた有機塩素化合物であるポリ塩化ビフェニールは、その強い毒性により現在は使用を禁止されている。

(13) カーエアコン、冷蔵庫の冷媒やプリント基板の洗浄剤などとして使われていた特定フロン（クロロ・フルオロ・カーボン）は、大気中に放出されると太陽からくる紫外線を吸収するオゾン層を破壊することがわかった。オゾン層が破壊されると地球上に降り注ぐ紫外線量が増え、生物に大変有害であるばかりか、地球温暖化効果も大きい。一九九五年末より先進国では生産は禁止されている。とくに、オゾン層を破壊する作用が強い五種類のフロンガスをいう。

(14) オゾン層を破壊するフロンガスの代わりに半導体製造や冷蔵庫などに使用されている物質。しかし、炭酸ガスの数千倍から数万倍の温暖化の作用があるため、地球温暖化京都会議で削減対象となった。

(15) オゾンは、地表から一〇キロメートル以上の高度の成層圏にあって、二〇～五〇キロメートルのオゾンが濃いところを「オゾン層」と呼んでいる。オゾンは、酸素に紫外線が作用して起こる光化学反応によって発生する。フロン中の塩素によって、生成と分解のバランスが崩れてオゾンが減っていく。

(16) 大気中に浮遊しているさまざまな粒子のうち、ジーゼル車などの発生源から排気ガスとして直接排出され、長期間浮遊する粒子。粒子の大きさは一〇ミクロン以下で、呼吸器系の障害を与えるもので、環境基準が設定されている。

図　序ー1　物質フローのトータルシステムと3R

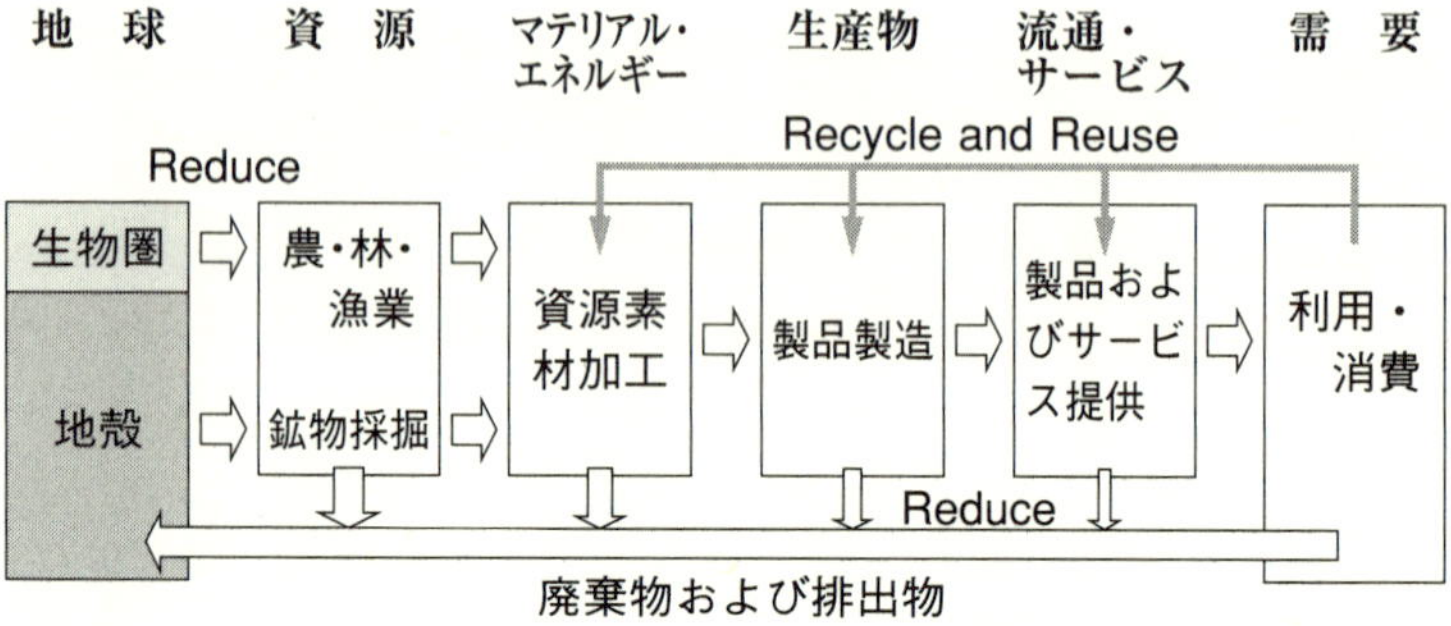

　第二、第三のフェーズについては、モノづくりのプロセス、そしてモノの利用、消費、物流、廃棄の結果として自国内で生ずる問題であり、たとえそれが地球規模の問題であったとしても加害者であり被害者でもあるため環境汚染に対処するべきこととして人々の意識は高く、近年では熱心に取り組む姿勢が見られている。しかし、第一のフェーズに関する認識が薄いことを端的に表していることがある。それは、わが国の環境行政当局が提唱している3R（リデュース、リユース、リサイクル）である。そのなかのリデュースは、第三フェーズの末端である出口の廃棄物を減らす、すなわち排出抑制という意味に使われており、第二フェーズの入り口の資源投入量を**図序ー1**のマテリアルフロー最上流のインプットを減らして第一フェーズの環境負荷を減らすという概念は入っていないのだ。

　それは、環境問題がいまだにモノづくりのプロセス、モノの利用・物流・消費の結果として生ずる環境汚染に対処すること、つまり「エンド・オブ・パイプ」（工場の排水溝とか排気口などから排出される汚染物質あるいは廃棄物）の単なる処理問題としてとらえられているからにほかならない。このような資源に対する認識と資源利用にともなう環境問題の対処の仕方は、海外から調達している主要資源が伝統的に商社まかせであることに起因している。

いまや資源問題は、発展途上の資源産出国をめぐる環境問題、南北問題、そして人類全体の世代間衡平性といったグローバルなシステム的視点で論じなければならなくなってきた。資源の安価安定供給という国益のためとはいえ、温室効果ガス吸収源としての森林（アマゾン、インドネシアなどの熱帯雨林、中南米の雲霧林(17)、シベリア・タイガの針葉樹林など）とともに自然生態系、生物多様性(18)を破壊し、森のなかで自然と共生して生活している先住民の生存権を脅かしていることを、産出国の問題として目をつぶるわけにはいかない時代となってきている。

本来、環境負荷コストあるいは自然破壊のコストを定量的に算定して、そのコストを上乗せし

---

(17)　アマゾンやボルネオなどの熱帯雨林と異なる森林で、コスタリカが有名。標高が高く雲が通り抜ける森林ということから「雲霧林（Cloud Forest）」と呼ばれる。樹冠では、鳥、昆虫、蝶、そして数千種に及ぶ植物など、生物多様性が非常に豊かで固有種も多い。

(18)　三〇億年前には陸地に生命は存在しなかったが、約五億四〇〇〇万年前になって生物は大型化と爆発的な多様化を見せた。これまで五回にわたって大量絶滅が起きているが、過去何百万年の間に多様性がピークに達した。しかし、現在また、今度は人間の活動が原因となって六回目の大規模な後退が起こりつつある。

た価格で資源の取引を行うことが望ましいわけであるが、二〇世紀型の市場主義経済システムのメカニズムのなかでは、生態系、生物多様性、固有種、先住民、温室効果ガス吸収源などの価値、すなわち環境的価値をコストとしてどのように評価していくのかが今後の課題となる。しかし、現状では、発展途上の資源産出国において鉱床が存在している地域に豊かな森林や生態系がある場合でも、外貨獲得あるいは他国との価格競争上から、採掘のために自然環境や先住民を犠牲にしなければならないケースが多い。

以下では、資源を、①鉄・非鉄金属、②レアメタル・レアアース[19]、③工業用鉱物、④エネルギー資源（石炭・ウラン）の四つに大きく分類して具体的な状況を説明するとともに、終章では、鉱山技術者として、また資源関係のビジネスマンとして世界の各種大規模鉱山を訪れてその実態を見聞きしてきた経験をふまえて、鉱物資源の開発のあり方とわが国の資源戦略と資源外交の今後の展開について、長年にわたってもち続けた思いを述べてみたい。

---

(19) 希土類元素のこと。一九七四年に希少な鉱物のなかから発見されたためにこの名が付けられた。「ランタノイド」と呼ばれる一五元素とイットリウムなどを含む一七元素の総称で、周期律表の原子番号57番から71番までの元素。一一ページも参照。

第1章

現代金属器文明の主役たち

鉄・非鉄金属

青銅器時代と非鉄金属資源

金、銀、銅は古来より富の象徴であり、世界のさまざまな所で発達してきた文明のなかで、主として貨幣、装身具、宝飾品、各種器具などとして使われてきた。

銅鉱石に砒素ないし錫を加えて精錬してつくった青銅器の時代が紀元前三〇〇〇年ごろからメソポタミアにはじまり、まもなくエジプト、アナトリア（現在のトルコ）、エーゲ海、そしてヨーロッパに伝わり、やがて紀元前一六〇〇年ごろには中国にも伝わった。メソポタミアはシュメール・アッカド時代（BC三〇〇〇～BC一一〇〇）、エジプトは原王朝・古王朝時代～新王朝時代（BC三〇〇〇～BC一一〇〇）、アナトリアはプレヒッタイト～ヒッタイト時代（BC二五〇〇～BC七五〇）、エーゲ海はクレタ島のミノア文明（BC二六〇〇～BC一四〇〇）、のちに古代ギリシャのミケーネ文明（BC二〇〇〇～BC一二〇〇）、そして中国は、最古の王朝殷から周（BC一四〇〇～BC七〇〇）の時代に代表される。

青銅の精錬法は、シュメール人によって発明されたと言われている。砒素を使って青銅をつくっていた所では、その毒性のために職人の健康被害や公害問題で次第に錫が主流になっていったようである。メソポタミアをはじめとする古代文明圏では、農業技術の発達により農産物に余剰が生まれ、都市国家あるいは統一国家が形成されて都市経済を発展させた。これを理由として、青銅器は金・銀とともに経済社会と政治権力を維持するためにも絶対に必要なものになった。

青銅器文明圏のなかでも、エジプトは金・銀・銅、そして錫などの豊かな資源を保有していた。一方、メソポタミアは、その地質条件から資源に乏しく銅の原鉱石ないし地金を外部から手に入れなければならなかったため、資源を保有しているほかの文明圏との交易、未開の土地での採掘もしくは戦争による掠奪などという方法で調達していたと思われる。交易相手としては、イランやインド洋を介して活発な交易があったインダス文明圏と、もっとも豊かな資源保有国のエジプトであった。

エジプトの金・銀・銅の主な鉱山としては、シナイ半島のアカバ湾北のヨルダンとの国境付近のアラバ峡谷の西側にあるティムナという所であった。七〇平方キロメートルの地域にわたって、紀元前四〇〇〇年からローマ時代までの長期間にわたる採掘・精錬場跡が金属考古学者のローゼンバーグ教授などによって七〇〇ヵ所以上発見されている。その一帯には、膨大な量の銅スラグ(1)が堆積されているとともに、鉱石の坑内採掘場と連結している竪坑《たてこう》が多数見つかっている。なかには、第一九王朝のセトスⅠ世（Sethos I・BC一三一八～一三〇四）からラムゼスⅡ世（Ramesses・BC一一九八～一一六六）までの、ファラオの命令のもとに操業されていた大規模

(1)　銅鉱石を精錬して銅を取り出したあとに残る鉱滓（スラグ）のことで、セメント原料に必要な鉄分としてあるいは鋼材の研磨などにも利用されている。

鉱山（当時として）の跡もある。また、それよりずっと以前の紀元前二五〇〇年には、第五王朝のファラオであるサヒュレ（Sahure・BC二四八〇年ごろ）がやはりアラバ峡谷の周辺に砦を築いてセム族（アッシリア人、アラム人、イスラエル人の祖先）と戦って守ってきた鉱山がある。その砦の壁にはサヒュレ王が手に銅製の槌矛の頭部をもってセム族の背中に足を乗せた像が描かれており、その横に「アジア人の征服者」と記載されている。

エジプトは、シナイ半島のほかにヌビア（現在のエジプト南東部からスーダンの首都ハルツームまで）にも豊富な資源をもっていたのでほかの王国から大変うらやましがられていた。エジプトのテル・エル・アマルナという所で発見された、紀元前一五〇〇年ごろに書かれた通称「アマルナ文書」と呼ばれる粘土版は、当時、公式の外交用語であったバビロニア語で書かれていた。エジプト

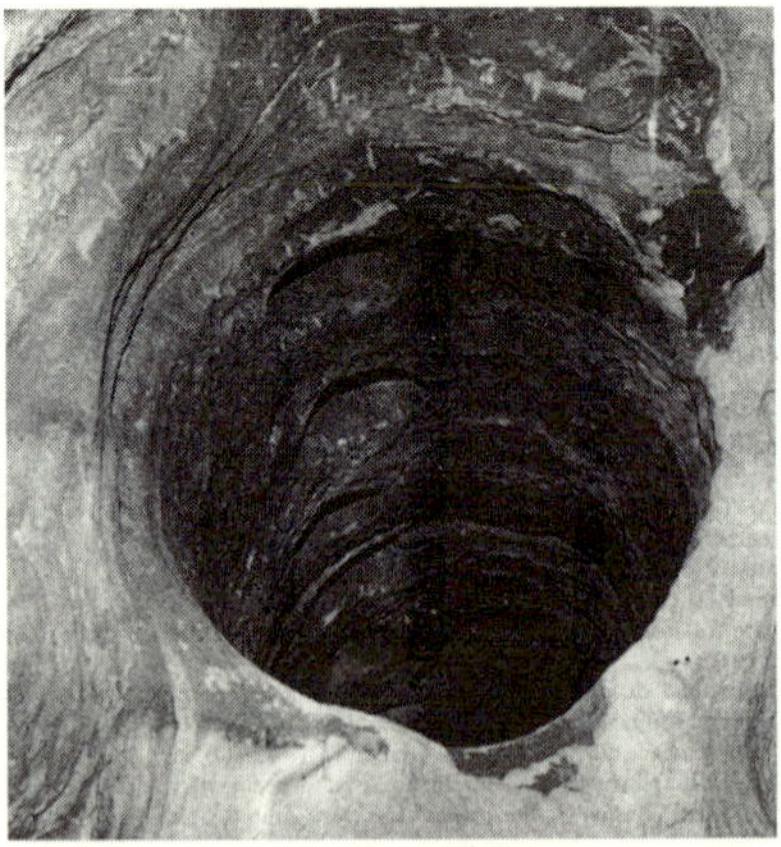

古代銅鉱山の地下採掘場に通ずる竪坑（35m）。BC14世紀

ロンドン大学金属考古学研究所長
B・ローゼンバーグ教授

諸王とバビロニア、アッシリア、パレスティナ、シリア、小アジア（アナトリア）、そのほかの支配者たちとの間に交わされた公式文書であり、当時の政治経済情勢が明らかになった大変貴重な外交記録である。なかでも、バビロニア諸王とエジプトのファラオとの間で交わされた往復書簡では、メソポタミアおよびその周辺には産出しない金属を、多くの贈り物と引き換えに融通してほしいとたびたび要請していることがうかがえる。しかし、思うようには手に入れることはできなかったようである。

このことについて、考古学者であるエドワード・キエラ教授が、『粘土に書かれた歴史―メソポタミア文明の話―』（板倉勝正訳、岩波新書、一九五八年、品切）の「アマルナ文書物語」の節で次のように述べている。

「汝の国では金は地上の塵のごとく多い。ところがエジプト人は当然そうは考えず、少なくともバビロニアの標準からいえばこの貴金属を送るのにどちらかといえばケチだった。バビロニアの支配者の名誉のために、その経済的衰退にもかかわらず彼らが金本位制を止めまいとしていたことは一言せねばなるまい。あらゆる失望落胆をなめさせられながらも、彼らは手紙を書き続けてる」

ちなみに、古代エジプトにおいて使われていた主な金属類は銅、金、銀、鉄、鉛、錫で、そのほかにはアンチモンとプラチナが知られている。また、主な合金としては、まず銅—錫の合金である青銅、銅―鉛の合金、「エレクトラム」と呼ばれる金―銀の合金、そして、ずっとのちになって銅―亜鉛の合金である真鍮《しんちゅう》が現れた。

やがて鉄器時代へ

鉄にまつわる言葉は多い。すぐ思いつくだけでも、鉄は国家なり、鉄壁の構え、鉄血宰相ビスマルク、鉄の女サッチャー女史、鉄の意志、鉄面皮、鉄馬の勢い、鉄拳制裁、鉄人、鉄則、鉄心石腸、鉄槌を下すなど枚挙にいとまがない。いずれも、硬さと耐久性という鉄の物理的特性で表現した言葉であるが、金とともに抽象概念を表すのにもっとも多く用いられた金属であろう。言い換えれば、それだけ文明の進歩には欠くことのできない文明の象徴とも言える物質である。

歴史上、青銅器時代に続く鉄器時代はアナトリアのヒッタイトにはじまる。製鉄技術は、紀元前千数百年ころにヒッタイト人によって発明された。トロイの遺跡の近くで製鉄場跡が発見されているし、その技術は、青銅器の武器をもつエジプトとの戦いに勝つためにひた隠しにされ、長い間ほかの地域に伝わらなかったと言われている。紀元前一三世紀中ごろ、新王朝時代となったエジプトが、長年の脅威であった宿敵ヒッタイト王国を打ち破ったのは、「太陽の王」と呼ばれたファラオ、ラムゼス二世であった。

ヒッタイトの強さは、青銅の武器に対する鉄製武器によるものであったと言われている。このエジプトの勝利がきっかけとなってヒッタイトの製鉄技術がオープンになると、いっせいにほかの地域も鉄器の時代に入っていった。鉄は青銅器をつくるのに必要な資源と違って偏在していることはなく、錫のような希少資源も必要なく比較的容易にかつ大量に手に入れることができるため鉄の利用は急速に拡がっていった。

ところが、鉄器時代が紀元前一二〇〇年ごろにはじまるということは定説となっているわけだが、世界でもっとも早く鉄器時代に入っていったヒッタイトをはじめとしてギリシャ、クレタ島、シリヤ、パレスチナなどの東地中海、近東地域に比べて、ヒッタイトとの戦いに勝ったエジプトは鉄器時代に入るのが四〇〇〜五〇〇〇年も遅い紀元前六〇〇ごろと言われている。その理由は、エジプトが青銅

ヒッタイト遺跡

をつくるための銅や錫などの豊富な資源をシナイ半島やヌビアに所有していたからであろう。一方、東地中海、近東地域では、希少資源の錫もヒッタイト王国の衰亡などによって入手しにくくなったことと、キプロス島の銅資源が青銅器時代末期まで主要な供給源であったわけだが、紀元前一二世紀の中ごろから紀元前一一世紀の初めにかけてキプロス島の銅鉱山が破壊されたために供給がストップし、銅の価格が劇的に上昇し、錫とともに銅資源の不足から鉄器時代に入っていったという説がある。エジプトと東地中海地域の鉄器時代への移行時期の違いは、結局、資源問題に行き着くのである。

現代の経済学者のなかには、ある資源が枯渇してしまっても技術的なイノベーションによって代替材料が発明され、その経済性が出てくるので心配しなくてもよいという人たちも多い。たしかに、青銅器から鉄器への移行についても、その後現代に至るまでにも同様の例は多いと言えよう。しかし、現代世界のように六〇数億人に達してさらに増え続ける人口と、BRICs諸国の高度経済成長による膨大な資源需要を考えると、資源枯渇の問題を楽観視してよいとは思えない。それに、資源枯渇の前に、資源の採掘・消費にともなう地球環境の許容限度が問題になろう（資源と地球環境問題については第5章で詳述する）。

豊かさをつくった鉄の時代

鉄が大量に利用されるようになったのは、一八五六年にイギリスのベッセマー(2)が高温にした銑鉄(3)に空気（酸素）を吹き込んで、炭素などの不純物を取り除いて鋼鉄に変える転炉を発明してからである。ちょうどそのころ鉄道の建設が盛んに行われはじめ、レール用の鉄の需要が急速に伸びていった時代であった。鋼鉄のレールの優秀性が実証されると、船や橋、そしてビルなどの建築にも使われるようになって需要はますます拡大していった。

ヨーロッパの産業革命を支えたのは鋼鉄であると言える。そして、産業革命以降から現在に至るまで、鉄鋼は現代世界の経済・社会を象徴する建築、土木、橋梁、住宅、容器、造船、自動車、航空機、公共交通機関、機械・電気製品などの分野に拡がり、基幹材料としての地位は揺るがないものとなっている。なかでも、近代建築の分野ではアメリカにおける型鋼(4)の発達が大きく貢献

（2）（一八一三～一八九八）イギリスの技術者。大砲に使う良質の鉄鋼を研究して転炉法を完成。簡単にしかも大量に鉄鋼がつくれるようになり、産業革命の推進に大きく貢献した。

（3）鉄鉱石を溶鉱炉で製錬したときにできる鉄。普通、三～四パーセントの炭素のほか、珪素、マンガン、りん、硫黄など不純物を含むために硬くてもろい。大部分は製鋼原料となる。

（4）一定の断面の形状をもった鋼材。山形鋼、H形鋼、I形鋼など。建築、造船などの構造材料に使われる。

しており、一九世紀末にはアメリカの各都市に摩天楼が次々と建てられていった。これらの経緯により、鉄鋼はガラス、セメントとともに現代文明を支える象徴的な材料となったわけである。なお、アメリカの鉄鉱石には不純物の燐が少なく大変良質であったため、ベッセマー転炉で理想的な鋼鉄をつくることができた。しかも、高炉の大型化、諸設備の機械化によって飛躍的にその生産性が上がった。

摩天楼とともにアメリカではじまった自動車産業の世界的な発展によって、現代社会の豊かさの象徴となった自動車をつくるための鋼板・鋼材は、付加価値の高い鉄鋼製品として世界の製鉄各社がしのぎを削って技術開発競争を展開している。現代社会の豊かさは、自動車の普及台数によって測れると言っても言い過ぎではなかろう。しかし、あまりに普及しすぎると、交通渋滞、交通事故、道路建設コスト、大気汚染、廃棄物問題など、自動車社会のネガティブな面が目立つようになってきている。最近の中国の高度経済成長にともなう自動車普及台数の増加は著しく、将来を考えると恐ろしいばかりである。モビリティーそのものを、真剣に見直す時期が来ているのではなかろうか。

やはり一九世紀末にドイツでは、クルップ一族(5)がその製鉄工場にベッセマー転炉をいち早く採用して鉄鋼技術先進国となり、普仏戦争(一八七〇～一八七一)、第一次世界大戦、そしてヒトラー(6)のナチス時代と軍備拡張の波に乗り、武器、造船、鉄道、機械、そして鉱山にも進出してドイツ最大の鉄鋼・重工業コンツエルンを築いた。クルップ家は代々国家政策と結び付きながら事業を拡大していき、その鉄鋼および武器生産技術の優秀さによって「大砲の王者」、典型的な「死の商人」と言われた。

第二次世界大戦後、クルップ五世は「大砲」をつくるのを止めて「死の商人」を辞任すると誓い、発展途上国の工業化に力を注いだ。現在、クルップは、やはりドイツの大手鉄鋼会社の「ティッセン」と二〇〇三年に合併して「ティッセン・クルップ社」となって生き残っている。

いずれにせよ、二〇世紀の物質的繁栄は、鉄鋼とともにセメント、ガラス、そして石油と天然ガスを原料としてつくられる合成樹脂のプラスチックという基礎的素材によるモノづくりによってもたらされたと言える。

現代、国際大資本による資源の寡占化

古代世界では、金、銀、銅、鉄、鉛、亜鉛、そのほかの金属鉱物資源は、富と権力の象徴とし

（5）　一八一一年にフリードリッヒ・クルップが会社を設立し、ライン川下流のエッセン鋳鉄加工工場を造ったのが発祥。鉄鋼・兵器産業中心のドイツ財閥。一八七〇年の普仏戦争ではクルップ砲が威力を発揮した。鉄鋼、造船などの会社を支配するコンツェルンを形成。第二次世界大戦後は兵器生産を止めた。

（6）　（一八八九～一九四五）ドイツ労働者党が国家社会主義ドイツ労働者党（ナチス）と改称後、指導者となる。一九三四年に総統。第二次世界大戦で連合軍の攻勢を防げず、ベルリンで自殺。

て時の為政者が支配していた。中世、近世においては、資源は国力の象徴であった。そして現代では、石油・石炭などのエネルギー資源とともに「メジャー」と呼ばれる国際大資本が国の枠組みを越えて大きな力をもっている。いまや、世界の人口の二〇パーセントを占める中国の経済成長の速度、二〇二〇年には人口が中国を追い抜くと言われるインドの経済成長、そして、すでにはじまった製鉄用資源の争奪戦、工業原材料諸資源の値上がり、一バーレル五〇ドルを超す石油の高騰を見るにつけ、金属資源の安定確保という国益からもメジャーの動向は重要な意味をもっていくことになる。

世界の金属資源メジャーと言われる企業は、**図1－1**に示す一六社である。各社の本社を所在国別に見ると、イギリス二社、アメリカ三社、オーストラリア二社、南アフリカ一社、カナダ五社、チリ一社、ブラジル一社、メキシコ一社となっている。イギリスを除いて全社が資源大国所属であるが、欧米系はすべて、自国だけでなく世界の資源国に権益を保有していると同時に同業他社の所属国にも進出している。これらメジャーの各社は、常に買収、合併などの再編劇を演じるとともに新規開発と閉山撤退、あるいは再開を繰り返しているので、社名もしばしば変わるだけでなく、鉱種ごとの世界シェアとそのランキング、そして基本的な戦略においても変化が激しい。また、他産業に比べても大きいその変化の理由として、次の五つを挙げることができる。

❶鉱物資源は掘ればなくなること、すなわち埋蔵量にかぎりがあるため、企業は存続をかけて常に多額の探鉱資金[7]を投ずる必要があること。しかも、探鉱の結果は保証されないのでリスクが

図1－1 金属資源メジャーの本社所在地

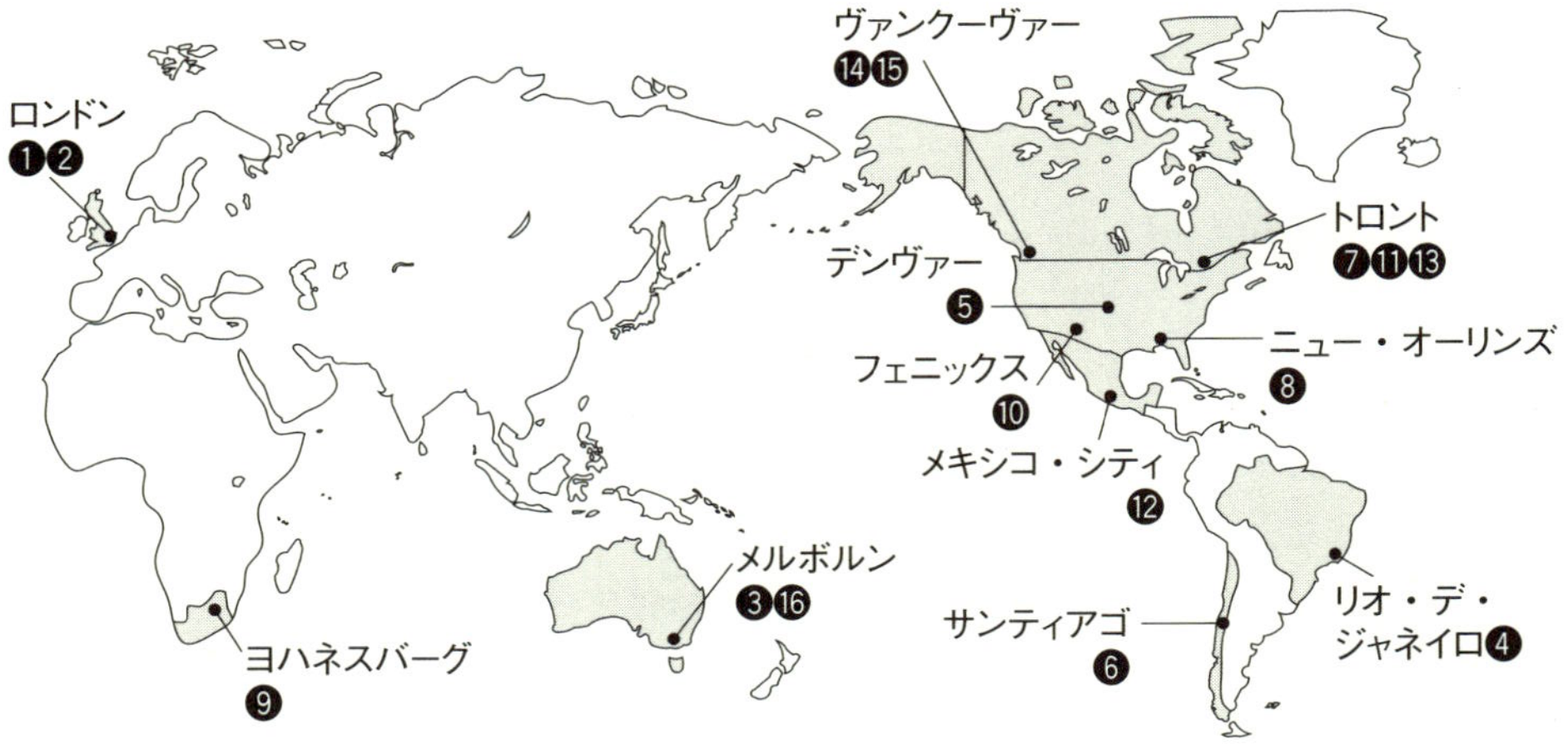

❶アングロ・アメリカン社（英）	❷リオ・ティント・グループ（英）	❸BHPビリトン社（豪／英）
❹リオ・ドセ社（ブラジル）	❺ニューモント社（米）	❻コデルコ社（チリ）
❼バリック・ゴールド社（カナダ）	❽フリーポート・マクモラン・カッパー・アンド・ゴールド社（米）	
❾ゴールド・フィールズ社（南ア）	❿フェルプス・ドッジ社（米）	⓫ノランダ社（カナダ）
⓬グルーポ・メヒコ社（メキシコ）	⓭インコ社（カナダ）	⓮プラサー・ドーム社（カナダ）
⓯テック・コミンコ社（カナダ）	⓰WMCリソーシズ社（豪）	

出典：独立行政法人　石油天然ガス・金属鉱物資源機構。

大きい。その反面、資源利潤は大きくなる。

❷天然資源であるため品位は一定でなく、同じ鉱床内でも高品位部分と低品位部分が存在する。(8)

❸企業収益をコントロールするため、国際的な市場価格の変動によって採掘する鉱石品位と場所を変えなければならない。このことによって、選鉱設備などの増設、あるいは既存の鉱床周辺の探鉱などの投資が必要となる。

❹資源産出国は発展途上国が多く、時の政権の政策、政情の変化に大きく影響される。すなわち、カントリーリスク(9)が大きい。

❺基礎的な調査から探鉱・鉱業権などの権益確保のための交渉、地域住民との利害調整、環境アセスメント、開発工事（森林伐採、表土除去、アクセス道路の建設、鉱石積出・資材搬入のための港湾設備建設、技術者・労働者の住宅建設）など、多額の資金と長い開発期間を要する。

ここで、鉄・非鉄金属資源のメジャーである一六社について、二〇〇二年の状況を独立行政法人石油天然ガス・金属鉱物資源機構（旧金属鉱業事業団）の資料と各社のホーム・ページをもとにして紹介しておこう。

アングロ・アメリカン社
(Anglo American plc)

本社：
英国・ロンドン

従業員数：
17,7000人
(J/V および権益保有社分を除く)

売上高：
204億9,700万USドル

当期利益：
15億3,600万ドル

探鉱費：
2億2,900万ドル
(関連会社含む)

主要鉱産物と世界シェア（ランキング）：銅鉱石　五・三パーセント（七位）、鉛鉱石　二・一パーセント（一一位）、亜鉛鉱石　二・四パーセント（八位）、ニッケル鉱石　三・九パーセント（八位）、金　七・五パーセント（二位）、白金　四一・七パーセント（一位）、パラジューム　二三・四パーセント（二位）、ロジューム　三五・八パーセント（一位）、クロム鉱石　七・七パーセント（五位）

主要関連会社：アングロ・ゴールド社、アングロ・プラチナム社、デ・ビアス社

---

(7)　金属鉱物や石油・天然ガスなど有用資源の開発を目的として、地質調査、ボーリング調査、各種物理的方法を用いて地殻のなかに資源が存在する状態を調べること。
(8)　有用鉱物が、ある広がりをもって地殻中に存在する部分。
(9)　海外投融資の際、相手国で発生が予想される回収不能の危険またはその度合い。国際収支、対外債務、外貨準備、政治の安定性などを総合的に判定される。

主要事業：非鉄金属鉱山、白金族[10]、ダイヤモンド、石炭、工業原料鉱物、鉄鋼、木材

権益保有国：南アフリカ、マリ、ナミビア、タンザニア、オーストラリア、アメリカ、カナダ、ブラジル、アルゼンチン、チリ、ベネズエラ

新規探鉱実施中の国：ペルー、メキシコ、ザンビア、コンゴ、フィリピン、インド、スウェーデン、ロシア

探鉱戦略：ヨハネスブルグ、サンチャゴ、バンクーバー、パースに探鉱事務所を置き、これらをハブとして、上記の世界各地で探鉱を行っている。グループの探鉱費は、非鉄金属メジャーのなかで一位である。

探鉱予算の配分は、金、ベースメタルは中南米地域がもっとも多く、ついでアフリカ地域であるが、二〇〇三年の予算ベースではアフリカ地域が大幅に減っておりアフリカ離れが目立っている。探鉱活動には、①「草の根探鉱[11]」と呼ばれる新規の探鉱、②事業化段階の調査、③既存の鉱山周辺の探鉱があるが、同社の二〇〇三年の予算は、①が五五パーセントを占め、②が一〇パーセント、③が三五パーセントとなっており、いかに新規の資源を求めて世界で活動しているかがわかる。ただし、関連会社のアングロ・プラティナム社は、白金族の偏在性から七八パーセントの予算を南アフリカに当て、その金額は対前年二・六倍に増えており、白金族の生産拡大姿勢がはっきりと見える。また、注目すべきところは、中国・四川省、そしてロシアのウラル山脈地方でも白金族の探鉱を開始したことである。これは、将来の燃料電池用の需要

急増をにらんでのことであろうか。

リオ・ティント・グループ（Rio Tinto Group）

本社：
Rio Tinto plc：英国・ロンドン、
Rio Tinto Ltd.：豪・メルボルン
従業員数：36,000人
売上高：108億2,800万USドル
当期利益：6億5,100万USドル
探鉱費：1億2,400万USドル

主要鉱産物と世界シェア（ランキング）：銅鉱石　五・六パーセント（五位）、亜鉛鉱石　一・一パーセント（一九位）、金　三・三パーセント（六位）、銀　二・六パーセント（六位）、ボーキサイト　七・九パーセント（五位）、鉄鉱石　八・三パーセント（二位）、ダイヤモンド　二七・三パーセント（一位）、石炭　一億四九一四万九〇〇〇トン

主要関連会社：コマルコ社（一〇〇パーセント）、ハマースレー社（一〇〇パーセント）、豪州エ

---

(10)　周期律表第八～一〇族のうち、白金、ロジウム、パラジウム、ルテニウム、イリジウム、オスミウムの六元素の総称。いずれも産出量が少なく、貴金属に分類されている。高融点で、酸化や腐食を受けにくい。

(11)　これまで鉱山開発が行われた実績のない地域で、基礎的な地質調査にはじまり、新しい鉱床の存在を各種探査方法で調査すること。

ナジー・リソース社（六八・三九パーセント）、パラボラ・マイニング社（四九・二パーセント）、ケネコット・ユタ・カッパー社（一〇〇パーセント）、リオティント・ジンバブエ社（五六パーセント）、フリーポート—マクモラン・カッパー&ゴールド社（一六・六一パーセント）、リヒール・ゴールド社（一六・三パーセント）

主要事業：非鉄金属鉱山、ダイヤモンド、石炭、工業原料、鉄鉱石

権益保有国：オーストラリア、アルゼンチン、チリ、ブラジル、アメリカ、ポルトガル、スペイン、スウェーデン、インドネシア、パプア・ニューギニア、南アフリカ、ジンバブエ

新規探鉱実施中の国：ブラジル、チリ、ペルー、アルゼンチン、エクアドル、メキシコ、カナダ、ギニア、マダガスカル、トルコ、イラン、中国

探鉱戦略：探鉱活動はロンドン本社が統括し、世界を、ソルトレークシティ（北米）、サンチャゴ（南米）、パース（大洋州・アジア）の三地域に分けて主要な鉱種の探鉱を行っている。また、プロジェクト発掘チームがあり、世界的に案件の発掘を行っている。炭鉱部門には、一八六人の地質・探鉱技術者がいる。二〇〇一年度の探鉱費は、アングロ・アメリカン社に次ぐ第二位である。予算配分は、銅、銅—金鉱床の探査に四三パーセント、ダイヤモンドに二三パーセントであるが、全体としては幅広い鉱種を対象としている。対象地域としては、中南米に三一パーセントを当てている。二〇〇一年末の時点では、二二ヵ国で探鉱を実施している。

探鉱段階別には、①草の根探鉱が九一パーセント、②事業化探鉱が七パーセント、③既存鉱

山周辺探鉱が二パーセントとなっている。草の根探鉱の割合が、アングロ・アメリカン社よりもさらに大きく、同社の長期戦略がうかがえる。

アングロ・アメリカン社と鉱種は違うが、中国・甘粛省で、中国企業とジョイント・ベンチャー（JV）で銅—ニッケル鉱床の探査を実施していることは注目すべきである。また、トルコ、イランにおいて金、銅、鉛、亜鉛の探査を開始した。一つの国として探鉱費をもっとも多く配分しているのはオーストラリアで、やはり草の根探鉱が中心である。また、スペイン、スウェーデンなどヨーロッパにおける活動の縮小が目立つ。鉱山周辺の探鉱については、世界最大の金・銅鉱山で、アメリカ、フリーポート・マクモラン・カッパー・アンド・ゴールド社の主要拠点であるグラスバーグ鉱山に権益をもっている関係から探鉱を積極的に行っている。

BHPビリトン社⑫（BHP Billiton Ltd, BHP Billiton plc）

本社：
BHP Billiton Ltd：豪・メルボルン（本部）
BHP Billiton plc：英国・ロンドン
従業員数：
65,000人
売上高：
177億7,800万USドル
当期利益：
16億9,000万USドル
探鉱費：
3億9,000万USドル

主要鉱産物と世界シェア（ランキング）：鉄鉱石 七・二パーセント（三位）、銅鉱石 六・二パーセント（四位）、鉛鉱石 九・二パーセント（二位）、亜鉛鉱石 二・二パーセント（九位）、金〇・三パーセント（三四位）、銀 七・二パーセント（二位）、ニッケル 三・五パーセント（九位）、アルミニウム 三・九パーセント（八位）、マンガン鉱石 八・八パーセント（二位）、クロム鉱石 六・三パーセント（四位）、石炭 八二八〇万トン

主要関連会社：エスコンディーダ社、BHPチンタヤ社、オク・テディ社、マウント・ニューマン社、サマンコール社

主要事業：鉄および非鉄金属鉱山、ダイヤモンド、石油、石炭、工業原料

権益保有国：オーストラリア、チリ、ペルー、アルゼンチン、コロンビア、パプア・ニューギニア、カナダ、南アフリカ

新規探鉱実施中の国：オーストラリア、西アフリカ、ザンビア、チュニジア、ブルキナ・ファッソ、アメリカ、カナダ、キューバ、インド、モンゴル、パキスタン、中国

探鉱戦略：チリのサンチャゴ、カナダのバンクーバー、オーストラリアのブリスベンに統括事務所を置き、南アフリカ、ペルー、インド、インドネシアに地域事務所を置いて、上記のように世界各地で探鉱活動を展開している。地元政府組織との共同探鉱も行っている。実際に鉱山開発を行うかどうかの基準は、毎年二〇〇〇万USドルの利益を二〇年間続けられるかということにしている。

主要な探鉱対象の鉱種は、銅、銅—金鉱床[13]、亜鉛、ニッケルで、とくに、銅、銅—金に予算

の五〇パーセント以上を当てている。
対象地域は、中南米地域に予算の五〇パーセント近くを当てて中南米重視となってはいるが、やはり世界中で探鉱活動を行っている。二〇〇〇年の探鉱予算配分は、草の根探鉱に八〇パーセント、鉱山周辺探鉱に八パーセント、事業化探査に一二パーセントとなっている。中国では、雲南省において亜鉛および銅の探査を行っており、かなりの予算を中国に当てている。

リオ・ドセ社（CVRD=Compania Vale do Rio Doce）

本社：
ブラジル・リオデジャネイロ

従業員数：
14,289人

売上高：
41億2300万USドル

当期利益：
6億8,000万USドル

探鉱費：
5,000万USドル

主要鉱産物の世界シェア（ランキング）：鉄鉱石　一四・八パーセント（一位）、マンガン鉱石

(12)　二〇〇一年六月、BHP社とビリトン社（オランダ系）が合併。ビリトン社は、一九七〇年、ロイヤル・ダッチ・シェル・グループが買収。
(13)　銅にともなって金も算出する銅鉱山のこと。

八・四パーセント（三位）、ボーキサイト 三・二パーセント（九位）、金 〇・四パーセント（二〇位）

主要事業：鉄鉱石、非鉄金属鉱山、運輸

リオ・ドセ社は、第二次世界大戦中の一九四二年に、イギリスとアメリカへの鉄鉱石供給を目的に国営企業として設立された。同社は、鉄鉱石のほか、ブラジルの豊富なボーキサイトなど非鉄金属資源にも事業を拡大していった。一九九〇年代になって民営化され、ラテンアメリカにおける最大の鉱山会社になった。とくに、鉄鉱石では世界最大の生産者であるとともに、資産規模ではブラジル最大の企業である。次に述べるチリのコデルコ社とともに、多国籍国際メジャーというよりも民族資本[14]である。

同社は、合金鉄に欠かせないマンガン鉱石生産でも世界第三位でブラジル最大である。また、ボーキサイトでもラテンアメリカ最大の生産者である。鉄鉱石、マンガン、ボーキサイトのいずれも、それぞれ川下の鉄鋼、アルミニウム、フェロ・マンガンともに系列会社で生産されており、まさに川上から川下までの一貫生産が行われている。

そのほか、銅・金を主体とする非鉄金属部門への参入に意欲的で、ブラジル国内において探鉱予算である五〇〇〇万ドルのほとんどを投入している。その内訳は、草の根探鉱に六〇パーセント、事業化調査に四〇パーセント、鉱山周辺探鉱に一パーセントとなっている。また、同社はブ

ラジル以外の南米あるいはカナダ、ガボン、モンゴルなどでも初期段階の探鉱をはじめるなど意欲的である。

ニューモント社（Newmont Mining Corporation）

本社：
米国・デンバー

従業員数：
13,200人

売上高：
26億2,200万USドル

当期利益：
1億5,800万USドル

探鉱費：
8,900万USドル

主要鉱産物の世界シェア（ランキング）：金 九・一パーセント（一位）、銅鉱石 一・二パーセント（一七位）、亜鉛 〇・六パーセント（二九位）

主要事業：非鉄金属鉱山、精錬

探鉱戦略：探鉱活動は主に、生産維持および増産を目的としている。探鉱予算の九〇パーセント以上が金を対象としている。二〇〇三年には、草の根探鉱に五九パーセント、事業化調査に六

(14)　旧植民地や従属国で成長した土着の資本。外国資本や、植民地支配の圧迫に対抗して、民族の解放に重要な役割を果した。

パーセント、鉱山周辺に三五パーセント。対象地域は、中南米三〇パーセント、オーストラリア三〇パーセント、アメリカ二〇パーセントとなっている。

ニューモント社は、一九八〇年代後半から産金事業に特化する戦略をとり、一九九九年には世界第二位になった。さらに、ここ数年間、オーストラリア第一位の産金会社であるノルマンディー社をめぐる激しい買収合戦の結果、アングロ・アメリカン社の傘下の産金会社である南アフリカのアングロ・ゴールド社を制して世界一の産金会社になった。二〇〇二年度における金の生産量が二七〇トンで、世界の生産量二五〇〇トンに対してそのシェアは九・一パーセントに達した。ちなみに、一九九一年における生産量は一三〇トンで、世界シェアは五・二パーセント（二位）であった。

同社は、その生産量を武器に市場への影響力を強めている。事業展開している地域は、アメリカ、メキシコ、ペルー、インドネシア、ウズベキスタン、オーストラリア、ギアナ、スーダン、象牙海岸など、世界に多数の大規模鉱山を保有している。

同社の特徴として、主要事業にもなっているテーリング（尾鉱）、低品位鉱石の処理がある。その処理法は、「ヒープ・リーチング」あるいは「ダンプ・リーチング」[15]と称する技術で、一鉱山を除いて全鉱山で実施されている。なお、ウズベキスタンのムルンタウ鉱山（ウズベキスタン政府権益一〇〇パーセント）は、金生産量がインドネシアのグラスバーグ鉱山に次いで世界第二位であり、ニューモント社は、その鉱山の尾鉱処理設備の権益を五〇パーセント保有している。この設備によって、過去三〇数年間にわたる鉱山操業において堆積された尾鉱および低品位の鉱石からヒープ・リーチングによって金を回収している。この尾鉱、低品位鉱のなかには、一トン当たり一・一グラムの金が含まれている。この事業はウズベキスタンとＪＶ（ジョイント・ベンチャー）で一九九五年から行われ、一年間に約一七トンの金を回収している。

コデルコ社
（CODELCO=Corpotacion Nacional del Cobre de Chile）

本社：
チリ・サンチャゴ

従業員：
19,607人

売上高：
31億2,100万USドル

当期利益：
4,800万USドル

探鉱費：
2,300万USドル

主要鉱産物と世界シェア（ランキング）：銅鉱石　一二・一パーセント（一位）、銅地金　一〇・二

(15)　火を使わず微生物を利用して金属を取り出す方法を一般的に「バクテリア・リーチング」あるいは「バイオ・リーチング」と言う。まず、低品位鉱石を一〇センチ以下に砕いて層状に積み上げ、その表面に微生物を含む「浸出液」と呼ばれる水溶液を散布すると次第に下降して浸み通っていく過程で金属を溶かし出し底部に達する。「貴液」と呼ばれるこの液を回収して金属を取り出す方法をヒープ・リーチングと言い、鉱石を細かく砕かないで堆積層をつくる方法をダンプ・リーチングと言う。

パーセント（一位）、モリブデン　一六・二パーセント（二位）

主要事業：非鉄金属鉱山、精錬所

コデルコ社はユニークな性格をもっている。チリの鉱業省のもとに組織された国営企業で、世界最大の銅鉱石および地金生産者である。経営陣は、鉱業大臣、財務大臣、労働組合によって推薦され、大統領が任命した三人と大統領が指名する四人の合計七人で構成されている。ただし、国営企業とは言いながら、経営効率化を図るためにほかの国営企業が受けるような制約は少なく、民間企業的な性格をもっている。

コデルコ社の探鉱活動は主としてチリ国内であるが、ブラジル、メキシコ、ペルーでも行っている。また、同社独自の探鉱のほかに、アングロ・アメリカン社などのメジャーとのＪＶ（ジョイント・ベンチャー）による探鉱も行っている。探鉱予算のうち、六八パーセントを草の根探鉱、事業化調査に三二パーセントを当てている。探鉱は銅を対象としている。

また、ＢＨＰビリトン社とは合弁会社を設立して、微生物を用いたバイオ・リーチング（前ページの註15を参照）という方法で低品位鉱石から銅などの金属を抽出する技術開発を進めている。日鉱金属とも二〇〇二年六月より「バイオシグマ社」[16]を設立して、次世代の革命的な採掘および精錬方法であるバイオ・マイニング技術の共同研究開発をはじめた。

バリック・ゴールド社（Barrick Gold Corporation）

本社：
カナダ・トロント

従業員数：
4,685人

売上高：
19億6,700万USドル

当期利益：
1億9,300万USドル

探鉱費：
1億400万ドル

主要鉱産物の世界シェア（ランキング）：金　六・八パーセント（三位）
主要事業：非鉄金属鉱山
権益保有国：カナダ、アメリカ、ペルー、タンザニア、オーストラリア
探鉱戦略：企業買収などによって調査の進んだ有望鉱床の権益を取得してリスクを回避し、収益を上げてきた。しかし、最近では探鉱対象地域をチリ、アルゼンチンまで広げて初期の草の根探鉱に五六パーセントを投じた。二〇〇二年の探鉱費は、メジャーのなかで第三位であった。対象鉱種は金で、中南米地域に四五パーセントの予算を当てた。

---

(16)　鉱石を採掘して運び出して堆積層（ヒープ）をつくることなく、液体の浸透性のよい鉱床にいきなり微生物を含む浸出液を浸透させて金属を回収する方法を「バイオ・マイニング」あるいは「鉱床内浸出」と言う。

フリーポート・マクモラン・カッパー・アンド・ゴールド社（FCX=Freeport McMoran Copper & Gold Inc.）

本社：
米国・ニューオーリンズ

従業員数：
8,405人

売上高：
19億1,000万USドル

当期利益：
1億6,500万ドル

探鉱費：
310万USドル

主要鉱産物と世界シェア（ランキング）：銅鉱石 五・三パーセント（六位）、金 二一・八パーセント（八位）、銀 〇・六パーセント（三〇位）

主要事業：非鉄金属鉱山、精錬所

権益保有国：インドネシア、スペイン（精錬所）

探鉱戦略：銅および金のみを対象とした探鉱で、他社に比べて探鉱費は極端に少ない。予算のほとんどすべてを、インドネシア、イリアン・ジャヤのグラスバーグ鉱山周辺に当てている。この金鉱山は、埋蔵量、鉱石生産量、金生産量ともに世界最大である（**表1－1**を参照）。なお、リオ・ティント・グループがこの鉱山の探鉱費用の四〇パーセントを負担する代わりに、将来開発されたときには四〇パーセントの権益を保有することになっている。

ゴールド・フィールズ社
(Gold Fields Limited)

本社：
南アフリカ・ヨハネスブルグ

従業員数：
49,400人

売上高：
12億3,000万USドル

当期利益：
３億200万ドル

探鉱費：
900万USドル

主要鉱産物と世界シェア（ランキング）：金　五・三パーセント（四位）
主要事業：非鉄金属鉱山
権益保有国：南アフリカ、ガーナ、オーストラリア
探鉱戦略：デンバー、サンチャゴ、パース、ヨハネスブルグ、オックスフォードに事務所を置き、プロジェクトの発掘・評価を行っている。主な対象鉱種は金であるが、フィンランド北部で白金族金属の探鉱に多くの予算を当てていることは注目に値する。金の探鉱対象地域は、中南米、オーストラリア、アフリカである。

フェルプス・ドッジ社
(Phelps Dodge Corporation)

本社：
米国・アリゾナ州フェニックス

従業員数：
13,500人

売上高：
37億2,200万USドル

当期利益：
3億3,800万USドル

探鉱費：
2,000万USドル

主要鉱産物の世界シェア（ランキング）：銅鉱石 七・二パーセント（二位）、銅地金 六・二パーセント（三位）、モリブデン 一六・五パーセント（一位）

主要事業：非鉄金属鉱山・製品、特殊化学品

権益保有国：アメリカ、チリ、ペルー

探鉱戦略：北米南西地域、南米の山脈地域、アフリカ中央地域およびオーストラリアの探鉱に力を入れている。探鉱活動の事務所を構えている国は、アメリカのほかオーストラリア、ブラジル、カナダ、チリ、インド、インドネシア、メキシコ、ペルー、フィリッピンとなっている。世界各地で活動を行っているが、探鉱の対象はほとんど銅であるとともに中南米とアメリカで七〇パーセント近くを占めている。

同社は、モリブデンの生産量は世界の一六・五パーセントを占めて第一位であるが、価格低迷と供給過剰によって減産中である。また、最近、民主コンゴ共和国では、銅—コバルト鉱床

の四五パーセントの権益を取得した。また、マダガスカルでは、ニッケル―コバルト鉱床の探鉱および経済評価に力を入れている。

ノランダ社（Noranda Inc.）

本社：
カナダ・トロント

従業員数：
15,000人

売上高：
60億9,000万USドル

当期利益：
7億USドル

探鉱費：
6,200万USドル（ファルコンブリッジ社分を含む）

主要鉱産物と世界シェア（ランキング）：銅鉱石　三・五パーセント（九位）、亜鉛鉱石　六・三パーセント（三位）、ニッケル鉱石　六・一パーセント（四位）、鉛鉱石　二・八パーセント（八位）、銀　二・二パーセント（九位）、地金のランキングは：銅八位、亜鉛七位、ニッケル三位、鉛六位となっている。

主要事業：非鉄金属鉱山・製品

主要関連会社：ファルコンブリッジ社（五九・五パーセント）

権益保有国：カナダ、チリ、ペルー、ノルウェー、ドミニカ

探鉱戦略：トロント本社のほかに、カナダ国内に二ヵ所、メキシコのエルモジージョ、チリのサ

ンチャゴ、ブラジルのベラオリゾンテ、アルゼンチンのサンファン、オーストラリアのブリスベーンに探鉱事務所を構えて活動している。主要探鉱対象は、銅、ニッケル、白金族金属である。探鉱の目標とする基準は、税引き後の投資回収率が一五パーセント、操業コストが業界平均を下回ること、そしてカントリーリスクが少ないこととなっている。二〇〇二年の探鉱費は、ファルコンブリッジ社の分を含めて主要非鉄金属会社中第一〇位であった。対象地域としては、ノランダ社が中南米地域に五〇パーセント、カナダに三〇パーセント、ファルコンブリッジ社が太平洋・東南アジア地域とカナダにそれぞれ四五パーセントずつ当てている。探鉱の段階別には、草の根探鉱に五〇パーセント、事業化調査に四〇パーセント、既存鉱山周辺探鉱に一〇パーセントを当てている。

ノランダ社は銅、亜鉛、ニッケルの鉱石とその地金を主要事業対象としているため、各鉱種とも二〇〇二年の世界シェア一〇位以内に入っており、カナダ最大の総合非鉄金属メーカーである。同社は、直接の権益保有鉱山は少ないが、ファルコンブリッジ社の株を二〇〇二年に五九・五パーセント取得し、同社を通じて鉱石を手に入れている。

同社の特徴として言えることは、粗銅および地金生産に力を入れ、溶媒抽出法[17]を用いた湿式精錬を含む各種精錬所をカナダ、チリ、ノルウエーに合計八ヵ所もって、世界有数の受託精錬事業会社（カスタム・スメルター）として銅地金生産を行っていることである。また、その精錬設備を利用して、電子部品からの金属回収事業を一九八〇年代にはじめた。

日本でも、最近、電子部品、ＩＴ機器からの金属リサイクル事業に力を入れはじめた。今後、情報化社会の一層の進展とともにエレクトロニクス、ＩＴ機器がますます普及し、その結果、廃棄物となったＩＴ機器などに含まれる多種多様な金属類の拡散あるいは重金属による土壌汚染を考えると、金属リサイクルの重要性が増してきている。日本の非鉄金属会社は、長年培った金属精錬技術あるいは溶媒抽出法、バイオ・リーチングなどの新しい技術を、リサイクル事業、低品位鉱石からの金属抽出、あるいは重金属による汚染土壌浄化のために大いに活用すべきであろう。ちなみに、同和鉱業社は、この金属リサイクル事業のことを「アーバン・マイニング（Urban Mining）」（都市鉱山事業）と称している。それ以外にも、「地下資源から地上資源へ」という言い方もある。産業革命以降、すでに膨大な量の金属資源を地下から掘り出し、地上にストックされているわけであるから、今後、地上資源を対象とした技術開発、鉱山開発に力を入れる必要があろう。

---

(17)　特定の金属を脱着する溶媒を使って水に溶けている重金属を分離して取り出す方法。環境に優しい精錬方法で「湿式精錬」と呼ばれる。

グループ・メヒコ社
(Groupo Mexico SA de CV)

本社：
メキシコ・メキシコシティ

従業員数：
21,000人

売上高：
189億2,100万ペソ

当期利益：
6億4,800万ペソ

探鉱費：
1,450万USドル

主要鉱産物と世界シェア（ランキング）：銅鉱石 六・四パーセント（三位）、銅地金 五・六パーセント（四位）、モリブデン 九・六パーセント（三位）、亜鉛 一・五パーセント（一五位）、銀 三・五パーセント（四位）

主要関連会社：アサルコ社

主要事業：非鉄金属鉱山・精錬、鉄道

権益保有国：メキシコ、アメリカ、ペルー

探鉱戦略：グループ・メヒコ社の探鉱活動は、アメリカの子会社であるアメリカン・マイニング社を通して行われている。対象鉱種は銅を中心とするベースメタルで、約七〇パーセントが銅鉱床の探鉱に当てられている。対象地域は、中南米が約九〇パーセント占めている。中南米以外では、オーストラリア、アイルランドで探鉱活動を行っている。探鉱段階では、草の根探鉱が約五〇パーセント、事業化調査が約四〇パーセント、鉱山周辺探鉱が約一〇パーセントとな

っている。

インコ社（Inco Limited）

本社：
カナダ・トロント

従業員数：
10,500人

売上高：
21億6,100万USドル

当期利益：
14億8,100万USドル

探鉱費：
2,400万USドル

主要鉱産物の世界シェア（ランキング）：ニッケル鉱石 一四・三パーセント（二位）、ニッケル地金 一七・四パーセント（二位）、銅鉱石 〇・八パーセント（二一位）、コバルト 三・八パーセント（九位）、プラチナ 三・一パーセント（五位）、パラジウム 四・五パーセント（六位）、ロジウム 二・二パーセント（六位）

主要事業：ニッケル鉱石・地金生産、加工までのニッケル一貫事業と副産物であるコバルト、金、銀、白金族金属の生産

権益保有国：カナダ、インドネシア、ニューカレドニア

探鉱戦略：二〇〇二年の探鉱費の七二パーセントをニッケルに当てている。探鉱費二四〇〇万USドルは、主要非鉄金属会社中第一四位であった。二〇〇三年にはカナダに六〇パーセントの

予算を当て、探鉱段階としては、既存鉱山の鉱量を増やすための周辺探鉱に力を入れており、五六パーセントを当てている。ブラジル、ペルー、オーストラリアなどでも、金、ベースメタルを対象として探鉱を行っている。また、中国、雲南省などでも探鉱活動を計画している。

インコ社は、カナダにおいて世界最大級のニッケル鉱山を保有し、あわせて九鉱山で採掘・製錬を行っている。ニッケル鉱石には、銅、コバルト、白金族金属などが含まれている。インドネシアでは、スラウェシ島でニッケル鉱石採掘・製錬を五九パーセントの権益をもって行っている。この鉱山・精錬所は、火力・水力自家発電所をもち、専用の空港、港湾設備も整っており、一九九九年には新しい水力発電所も建設されて、世界でもっともコストの安い鉱山の一つになっている。ここで生産された「ニッケル・マット」と呼ばれるニッケル含有量七八パーセントの中間製品は、住友金属鉱山が購入して日本で地金に精製している。

ニューカレドニアでは、フランスのインコSA社を通して、「ゴロー鉱山」と呼ばれる世界最大級の未開発ニッケル鉱床の権益を八五パーセントもっている。この鉱山はこれまでファイナンスおよび環境問題で着工が遅れていたが、二〇〇四年一〇月になって二〇〇〇億円の投資額で開発が決まった。このプロジェクトに住友金属鉱山と三井物産が参加し、四〇〇〇億円の投資を行うこととなったことは注目に値する。

プラサー・ドーム社
(Placer Dome Inc.)

本社：
カナダ・バンクーバー

従業員数：
12,000人

売上高：
12億900万USドル

当期利益：
1億1,600万USドル

探鉱費：
5,200万USドル

主要鉱産物と世界シェア（ランキング）： 金 三・二パーセント（七位）、銅鉱石 一・四パーセント（一五位）

主要事業： 非鉄金属鉱山・精錬所、主として金

権益保有国： カナダ、アメリカ、チリ、オーストラリア、パプア・ニューギニア、南アフリカの七ヵ国で一八鉱山を経営している。

探鉱戦略： 二〇〇二年の探鉱費は、主要非鉄金属鉱山会社中七位であった。売上高のうち金が約八〇パーセントを占めるため、探鉱対象は主に金である。二〇〇三年の探鉱予算の四六パーセントが北米に当てられている。探鉱段階では既存鉱山周辺が六〇パーセントを占め、草の根探鉱が四〇パーセントとなっている。

テック・コミンコ社（Teck Cominco Limited）

本社：
カナダ・バンクーバー

従業員数：
5,700人

売上高：
21億8,700万USドル

当期利益：
3,000万USドル

探鉱費：
3,400万USドル

主要鉱産物と世界シェア（ランキング）：銅鉱石 一・五パーセント（一四位）、亜鉛鉱石 八・二パーセント（二位）、鉛鉱石 四・六パーセント（五位）、亜鉛地金 三・八パーセント（九位）、鉛地金 〇・八パーセント（一〇位）、金 〇・三パーセント（三七位）、原料炭 六八八万九〇〇〇トン

主要事業：非鉄金属鉱山・精錬、石炭

権益保有国：カナダ、アメリカ、ペルー。アメリカのレッド・ドッグ鉱山は、亜鉛・鉛の埋蔵量、鉱石生産量ともに世界最大である。

探鉱戦略：探鉱事務所を、カナダ、アメリカのほかにメキシコ、ペルー、チリ、ブラジル、オーストラリア、トルコに置き、ナミビアにもプロジェクトに関連して事務所を置いている。多くのメジャー企業と共同して探鉱活動を行っている。二〇〇二年の探鉱費は第一六位であった。対象とする鉱種は亜鉛、銅、金で、各々三〇パーセント程度ずつ予算を割り当てている。対象

地域は、中南米地域に約四〇パーセント、北米に約三〇パーセントを当てている。探鉱段階としては、草の根探鉱に八五パーセントを当てていることが目立つ。トルコ、ナミビアでは、亜鉛を対象とした初期探鉱を行っている。

WMCリソースィズ社（WMC Resources Limited）

本社：
豪・メルボルン

従業員数：
4,300人

売上高：
14億5,600万オーストラリアドル

当期利益：
4,400万オーストラリアドル

探鉱費：
1,600万USドル

主要鉱産物と世界シェア（ランキング）：ニッケル鉱石 八・五パーセント（三位）、ニッケル地金 五・五パーセント（五位）、銅鉱石 一・三パーセント（一六位）、銅地金 一・二パーセント（一五位）、酸化ウラン（U_3O_8）八パーセント（五位）

主要事業：非鉄金属鉱山・精錬、化学肥料

探鉱戦略：WMC社の探鉱部門は、オーストラリアのパースとアメリカのデンバーに事務所を置き、さらにペルーのリマ、中国の北京、昆明にも事務所をもっている。

草の根探鉱に積極的で六〇パーセントを当て、事業化調査に二六パーセント、鉱山周辺探鉱

に一四パーセントを当てている。主な対象鉱種は銅、金、ニッケルであるが、二〇〇三年には探鉱予算の五〇パーセント強をニッケルに当てている。対象地域としては、オーストラリアが三六パーセントで、アフリカのモザンビークでは塗料などの原料となる酸化チタンの鉱物の調査を行っている。また、中国の雲南省で八〇パーセントの権益を得て、ニッケルと銅の調査を進めている。四川省ではニッケル、モンゴルでは銅—金のプロジェクトを開拓している。そのほか、ペルー、カナダ、アメリカでもプロジェクト探索を行っている。

ＷＭＣリソースィズ社はオーストラリアの独立系大手鉱山会社で、国際資源大資本には入らないかもしれないが、ニッケルとウランでは世界で大きな地位を占めている。とくに、ウランでは南オーストラリアに世界の埋蔵量の四〇パーセントにも及ぶ大鉱山であるオリンピック・ダム鉱山をもっている。しかし、このＷＭＣリソースィズ社も世界的な業界再編の波をかぶり、二〇〇五年にはＢＨＰビリトン社の傘下に入った。

以上、非鉄金属メジャ一六社について各社の事業活動の概要を述べてきたが、個別の鉱山の操業規模はどのようなものであろうか。金鉱山を例にとって、以下で見ていこう。

露天掘り金鉱山の規模の大きさ

貴金属と言われる金は原鉱石のなかに普通わずかな量しか入っていないので、世界で一年間に生産される金はわずか二五〇〇トン程度でしかない。したがって、とくに露天掘り鉱山の場合はその規模が想像以上に大きくなり、採掘しなければならない原鉱石は膨大な量になる。ただし、金の含有量がずっと多い鉱脈を坑内掘りで採掘する場合はその規模は小さくなる。

図1－2は、フィリピンで発見された金鉱山で開発前に数一〇本のボーリングを行って、その鉱床の金の含有量と鉱脈の規模を調査した結果を断面図に描いたものである。この鉱床の品位は平均一グラム、また周辺では〇・三グラムになっており、十分採掘対象になることがわかる。

世界の大規模な金鉱山を、大きい順から三つ挙げてみよう。

世界最大の露天掘り金鉱山はインドネシアのグラスバーグ鉱山で、鉱石採掘量が年間一・六億トンにも及ぶ。金の品位は鉱石一トン当たり一グラムで、鉱石埋蔵量は二五億トン（金二五〇〇トン）である。この鉱山で産出される鉱石の種類は金、銀、銅で、アメリカの非鉄金属鉱山・精錬所の国際大資本である「フリーポート・マクモラン・カッパー・アンド・ゴールド社」の主要生産拠点である。膨大な埋蔵量を誇る金・銀・銅の価値は、開発当時六〇〇億ドル以上と言われた。

第二位がペルーのヤナコチャ金鉱山で、鉱石採掘量は年間一・三二億トン、金の品位は〇・九

図１－２　フィリピン金鉱山鉱床断面図

鉱山の開発計画を立てるために数10本のボーリングを行って鉱脈の形や品位を確かめる。

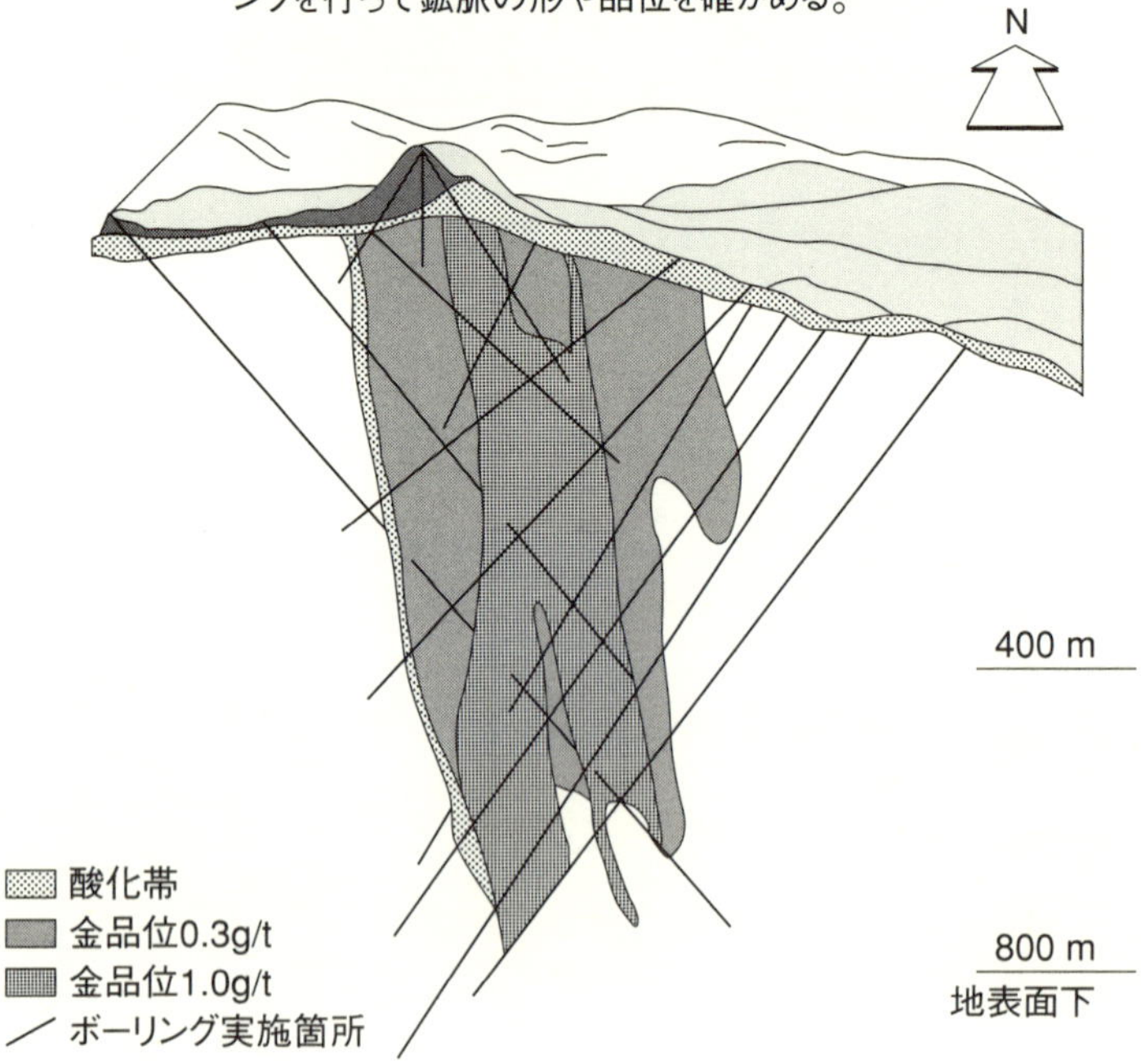

グラム、鉱石埋蔵量一二億トン（金一一〇〇トン）となっている。この鉱山はラテンアメリカ最大の金鉱山で、やはりアメリカの非鉄金属鉱山会社で、金生産では世界一の「ニューモント社」の主要拠点の一つとなっている。

　第三位は、アメリカ・ユタ州にあるビンガム・キャニオン銅・金鉱山で、年間採掘量は一・二六億トンで、埋蔵量一一億トン、金の品位は〇・三グラム（金三三〇トン）である。この鉱山はイギリス系の最大手国際大資本である「リオ・ティントグループ」傘下の鉱山で、一九七六年に筆者が訪れた当時の鉱山全景写真を見ると、その規模の大きさと古さがわかる。その際、もらった同鉱山のパンフレットの表紙には、全景写真とともに「Mining is beautiful」と書いてあった。スリバチ状の鉱山の深さは、現在、直径四キロメートル、深さ一・五キロメートルとなっている。

　ちなみに、世界の一〇〇ヵ所の鉱山において選鉱工程で発生しているテーリング（尾鉱）の平均的な量は、金一トン当たり一一〇

ビンガム・キャニオン鉱山全景

表１－１　世界100金鉱山の埋蔵量、品位、金生産量、鉱石生産量

	鉱　山　名	国　名	埋蔵量 (Mt)	品位 (g/t)	金生産量 (Koz/Y)	鉱石生産量 (Kt/Y)
1	グラスバーグ	インドネシア	2,515.00	1	2,436	160,266
2	サウスディープ	南アフリカ	215.6	8.4	325	1,471
3	ヤナコチャ	ペルー	1,211.60	0.9	1,795	132,172
4	スホイ・ログ	ロシア	384.1	2.5	F/S	
5	ネバダ・コンプレ	USA	309.9	2.6	3,044	71,737
6	クルフ・ディオビ	南アフリカ	59.4	12.7	1,322	3,864
7	セーロ・カサーレ	チリ	1,035.00	0.7	F/S	
8	ドリフォンテイン	南アフリカ	69.5	10.1	1,394	5,239
9	パスクア・ラーマ	チリ	298.7	2	F/S	
10	ベッツエ・ポスト	USA	105.6	5.3	1,647	15,184
11	リヒル	P・ニューギニア	108.8	3.7	606	8,094
12	カルグーリーS・P	オーストラリア	186	2.1	715	21,110
13	ブリアンウールー	タンザニア	25	14.7	F/S	
14	ビンガムキャニオン	USA	1,137.30	0.3	529	125,697
15	オリンピックダム	オーストラリア	707	0.5	70	10,612
16	バツー・ヒジャウ	インドネシア	856.8	0.4	320	53,379
17	ボディントン	オーストラリア	397	0.9	229	17,858
18	オブアシ	ガーナ	47.1	7.3	641	3,740
19	ロシア・モンタナ	ルーマニア	225.7	1.4	F/S	
20	パングーナ	P・ニユーギニア	691	0.5	F/S	
21	ムポネン	南アフリカ	35.3	9.1	402	1,684
22	ベトリックス’	南アフリカ	46.4	6.6	498	3,242
23	モアブ・コツォン	南アフリカ	18.5	16.4	F/S	
24	エバンダー	南アフリカ	49.4	6.1	418	2,927
25	マクドナルド	USA	448.6	0.7	F/S	
26	グレート・ノリワ	南アフリカ	25.5	11.4	971	3,149
27	ポルゲア	P・ニューギニア	78.5	3.3	910	13,525
28	オク・テディ	P・ニューギニア	287.6	0.9	534	40,708
29	コルテス・P・P	USA	172.4	1.5	1,010	41,958
30	アルンブレラ	アルゼンチン	402.1	0.6	529	56,367
31	ゲイタ	タンザニア	63.5	3.8	177	2,264
32	ハーモニー	南アフリカ	45.5	5.3	779	7,141
33	ブルブルイチクト	南アフリカ	45.6	5.2	214	2,018
34	エランドスクラル	南アフリカ’	31.1	7.5	529	3,057

	鉱　山　名	国　　名	埋蔵量 (Mt)	品位 (g/t)	金生産量 (Koz/Y)	鉱石生産量 (Kt/Y)
35	ザラフシャン	ウズベキスタン	153.7	1.4	499	21,605
36	タルクワ	ガーナ	142.9	1.4	362	16,166
37	ノース・ウエスト	南アフリカ	67.4	3	680	11,253
38	コパナング	南アフリカ	21.6	8.4	481	2,189
39	バトルマウンテン	USA	136.7	1.3	25	1,199
40	チェポン	南アフリカ	20.2	8.8	320	1,386
41	ピエリナ	ペルー	84.3	2.1	822	24,314
42	アグア・リカ	アルゼンチン	681.4	0.3	——	0
43	ラウンドマウンテン	USA	248	0.7	640	67,151
44	クレッソン	USA	156.7	1	248	16,764
45	モリラ	マリ	27.5	5.5	142	1,096
46	カディア	オーストラリア	191.3	0.8	320	28,057
47	ハーベストフォンテイン	南アフリカ	31.4	4.8	507	5,212
48	クムトール	キルギスタン	29	4.3	670	7,633
49	モーロ・ド・オーロ	ブラジル	283	0.4	229	41,689
50	カサンドラ	ギリシャ	14.2	8.3	——	0
51	スコリエス	ギリシャ	129.5	0.9	——	0
52	フォート・ノックス	USA	125.1	0.9	363	27,751
53	レッド・レーク	カナダ	2.9	38.4	85	79
54	ウイリアムス	カナダ	22.8	4.8	414	4,238
55	ラロンド	カナダ	30.5	3.4	174	2,453
56	サディオラ	マリ	32.6	3.2	611	9,485
57	タウ・トナ	南アフリカ	8.8	11.2	599	1,970
58	ジョエル	南アフリカ	16.9	5.7	210	1,574
59	ケメス・サウス	カナダ	145.9	0.7	242	25,057
60	バンバナニ	南アフリカ	13.4	7.1	441	2,621
61	カナデラリア	チリ	417.5	0.2	100	36,448
62	シアルナ	マリ	26.7	3.1	169	2,626
63	グラニースミス	オーストラリア	28.4	2.9	412	6,810
64	メイクル	USA	4.4	185	806	1,579
65	タウ・レコア	南アフリカ	16.4	4.9	314	3,112
66	セロ・バンガルディア	オーストラリア	8.4	9.5	285	1,125
67	マッセル・ホワイト	カナダ	14.2	5.6	245	1,840
68	コワル	オーストラリア	49.9	1.5	——	0

	鉱　山　名	国　　名	埋蔵量 (Mt)	品位 (g/t)	金生産量 (Koz/Y)	鉱石生産量 (Kt/Y)
69	シグイリ	ギニア	60.4	1.2	303	15,914
70	パムール／ホイル	ギニア	37.1	1.9	100	3,226
71	ケリアン	インドネシア	30	2.3	338	9,218
72	モーロ・ヴェロー	ブラジル	8.8	7.8	211	1,161
73	イドゥア・プリエム	ガーナ	40	1,7	167	6,073
74	マクラエス	ニュージーランド	45.9	1.5	173	7,219
75	エスケイ・クリーク	カナダ	1.5	44.9	333	275
76	ケン・スナイダー	USA	3	21.6	195	323
77	キング・キング	フィリピン	87.5	0.8	――	0
78	サンライズ・ダム	オーストラリア	14.3	4.6	225	2,408
79	エルゴ	南アフリカ	160	0.4	321	62,773
80	ジャンディー	オーストラリア	10.2	6.1	359	2,517
81	セント・ヘレナ	南アフリカ	10.9	5.7	141	1,057
82	ムラトス	メキシコ	51.2	1.2	――	0
83	セント・アイブス	オーストラリア	8.2	7.1	408	2,421
84	クヌング・ポンコール	インドネシア	5.2	11.1	105	344
85	ターゲット	南アフリカ	5.2	11	34	120
86	マウント・プレザント	オーストラリア	15.1	3.7	124	1,635
87	ヒル 50	オーストラリア	13.3	4.2	185	2,148
88	レフジオ	チリ	61	0.9	170	12,674
89	タルムーラ	オーストラリア	32.8	1.7	180	6,560
90	ゲッチェル	USA	4.6	11.8	――	0
91	ダルナン／アボック	ガーナ	27.3	1.9	330	10,599
92	クラウン・セクション	南アフリカ	82	0.6	155	16,448
93	ラ・コピア	チリ	46.1	1.1	152	9,635
94	ゴールド・リッジ	ソロモン諸島	25.2	2	50	1,575
95	シグマ	カナダ	16.3	3	75	1,201
96	キャンベル	カナダ	3.2	15.3	229	548
97	ドーマ	カナダ	27.7	1.7	314	11,597
98	インペリアル	USA	79.9	0.6	――	0
99	フリーステート SFC	南アフリカ	120.6	0.4	83	16,312
100	ドイヨン	カナダ	7.5	6	23	1,581
	合　　計				39,141	1,390,507

＊品位が1 g/t 以下は26鉱山、1～5 g/t は38鉱山、5 g/t 以上は36鉱山。

万トンに及んでいる。このテーリングの処理が問題なのである。第一位に挙げたグラスバーグ鉱山の一日に発生するテーリングの量は十数万トンにも上っている。**表1－1**は、世界の主要な一〇〇金鉱山について、金の品位、埋蔵量、金の生産量、鉱石の採掘量を表したものである。金の生産量に対して、鉱石採掘量がいかに膨大なものであるかがわかっていただけるであろう。

世界の鉄鉱石需給――原料争奪戦がはじまる

二〇〇四年の、世界の粗鋼(18)生産量は一〇億三五〇〇万トンであった。そのうちの一億一三〇〇万トンを日本が生産している。EU主要一五ヵ国の合計では約一億七〇〇〇万トン、北アメリカの合計で約一億トンである。これらの数字は、一〇年前に比べていくらか伸びてはいるが比較的に安定したものだ。しかし、中国の生産量二億七二〇〇万トンとなっており、一〇年前の九三〇〇万トンに対して二・九倍となっている。実に、年率一一・四パーセントの伸び率で、とくにここ五年間の伸び率一六パーセントと恐ろしいほどの数値を示している。

世界経済の拡大にともなう恐ろしいまでの鉄鋼需要に対して、原料の鉄鉱石の需給状況はどうなっているのであろうか。

(18) 製鋼炉から得られるすべての鋼のこと。鉄鋼生産高を示す指標として使われる。

図１－３　粗鋼生産量

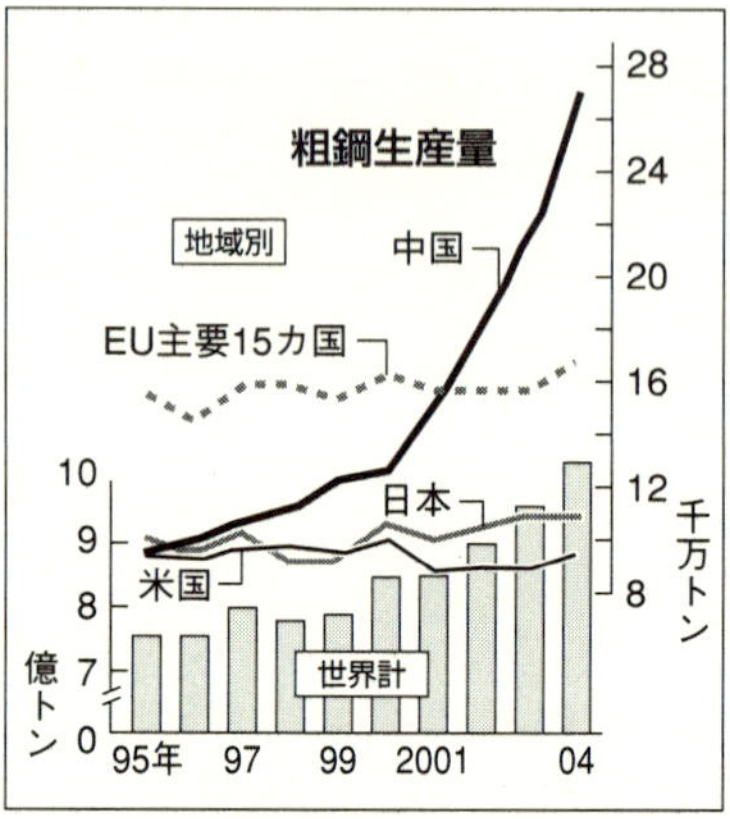

出典：国際鉄鋼協会まとめ。日経新聞の記事に2004年の実績追加。

鉄鉱石採掘量は、二〇〇四年予想ではあるが、世界合計（二〇〇四年一～六月実績の二倍）約一三億三〇〇〇万トンのうち、主要生産国であるオーストラリアが二億トン、ブラジル二億四〇〇〇万トン、中国二億トン、インド一億トンで、これら四ヵ国の合計が八億四〇〇〇万トンとなって全体の六三パーセントを占めている。

このなかでも中国は、世界でも有数の鉄鉱石の産出国であるだけでなくその需要量も多く、二〇〇四年には三億五〇〇〇万トンに上ったため、不足分の一・五億トンはオーストラリア、ブラジル、そしてインドから輸入した。この数字からも明らかなように、中国の資源需要は脅威的である。そして、すべてを輸入に頼っている日本の鉄鉱石の使用量は一億三〇〇〇万トンに達している。この勢いで、インド、ブラジルまでもが急速な経済成長にともなって資源需要が増えていくと資源枯渇という問題も生じてくることになる。

筆者が本章の原稿を書いている最中にも、新聞紙上に「鉄鋼、世界で原料争奪戦」、「鉄鉱石価格高騰」のような大見出しの記事が踊り、鉄鋼メーカー、そして大手商社の資源需給の逼迫を受けて安定確保を急ぐ動きが報じられている。

鉄鉱石の埋蔵量は、世界合計で約一〇〇〇億トン、現在の生産量が変わらず続いたとして七五年分ということになる。当然、七五年後の人類と資源に関する世代間衡平性が問題となってくる。七五年後に突然、鉄の生産をゼロにするということは考えられないので、今から鉄の生産や消費をスローダウンさせるか低品位の未利用資源を開発するか、もしくは代替材料を開発するなどしなければならないであろう。

ちなみに、国別に埋蔵量を見てみると、オーストラリアが最大で二〇〇億トン、ブラジルが一八〇億トン、ロシア、中国が各一五〇億トン、カナダ、ウクライナが各一〇〇億トン、インド、南アフリカが各六〇億トン、スウェーデンが二〇億トンとなっている。これら鉄鉱石の鉱床は非常に大きく、先にも述べたように需要も膨大となるので、大規模に採掘されることになる。ここで、世界のベスト3とされる鉱山会社を挙げておこう。

西オーストラリア州ピルバラ（Pilbara）地区に、鉄・非鉄金属資源の国際大資本であるリオ・ティント・グループが保有する鉄鉱石鉱山会社「ハマースレー社」と「ローブリバー社」傘下の九鉱山の合計で、二〇〇三年には実に年間一億二〇〇〇万トンを採掘・出荷している。埋蔵量は、確定鉱量と推定鉱量を合わせて約一〇億トンで、品位を落とせばさらに約一九億トン増えると言われている。なお、二〇〇三年には中国への出荷が二〇パーセントも増え、九鉱山のうちの一鉱山に対して中国の会社が四〇パーセント出資している。

次も同じく、オーストラリアのピルバラ地区にある会社で、やはり鉄・非鉄金属資源の国際大資本のＢＨＰビリトン社である。同社は、二〇〇三年、マウント・ニューマン鉱山、ヤンディー鉱山、ゴールズワージー鉱山のほか二鉱山の合計で八〇〇〇万トン生産している。

三番目は、ブラジルの鉄・非鉄金属鉱山会社の「リオ・ドセ社」である。世界最大の鉄鉱石生産者であり、二〇〇三年にはカラジャス鉱山とイタビラ鉱山を中心に五鉱山でブラジルの鉄鉱石生産の九五パーセントを占める約二億三〇〇〇万トンを生産している。

これら三社の生産量は世界の三〇パーセントを占め、輸出量は世界の七〇パーセントに達している。二〇〇二年の世界の輸出量は五億一〇〇〇万トンであったわけだが、そのうちブラジルとオーストラリアの輸出量は約三億五二〇〇万トン（前者が一億六九〇〇万トン、後者が一億八三〇〇万トン）で、両者の

鉄鉱石鉱山の採掘状況

割合は三三：三六とほぼ拮抗している。西ヨーロッパと日本の製鉄所は、両国の三社による寡占化のために価格交渉に難渋している。とくに、中国の急激な需要増加、そして日本と同じく資源のない韓国の好調な経済を支える世界一の粗鋼生産能力を誇る「ホコウ製鉄」の存在などによる需給のタイト感は強く、これら二国の影響は大きい。

鉄鋼生産に欠かせない資源として重要なのが原料炭で、コークスをつくる原料として使われている。コークスは、鉄鉱石に含まれる酸素を取り除いて鉄にするための、いわゆる還元剤としての役割を果している。この原料炭は、蒸し焼きにしてコークスをつくる際に必要な粘結性という性質をもった「瀝青炭」(19)という種類の石炭で、その性質から「粘結炭」(20)、あるいはその用途から「コーキング・コール」とも呼ばれている。この鉄鋼用の原料炭については、第４章において発電用などの一般炭とともに述べることにする。

(19)　粘結性のある石炭。鉄鉱石の還元剤として製鉄には重要な役割を果すコークスの製造原料。

(20)　もっとも一般的な石炭。黒色でつやがある石炭で炭素含有量が八〇～九〇パーセント。炭化度は褐炭と無煙炭の中間。一般の燃料や都市ガスに使われる。粘結性のあるものはコークス原料に使われる。

日本の非鉄金属鉱山および鉄鋼各社は……

これまで、世界の金属資源メジャーの主要企業について、その動向、探鉱戦略、特徴などについて説明してきた。そのようななかにあって、資源貧乏国である日本はどのような行動をとっているのであろうか。

自主的な探鉱活動によって開発輸入を進めることの重要性は三〇年以上も前から叫ばれているが、現実にはメジャーによる寡占状態のために非常に難しい。せいぜい、メジャーが権益を取得して開発した鉱山にマイナーな出資をする程度である。その主なものをピック・アップしてみよう。

世界最大の銅―金鉱山の一つであるチリの「エスコンディーダ鉱山」は、BHPビリトン社が五七・五パーセント、リオ・ティント社が三〇パーセントに対して、日本企業は合計で一〇パーセント（三菱商事六パーセント、三菱マテリアル二パーセント、日鉱金属二パーセント）である。北米最大の銅鉱山であるフェルプス・ドッジ社の「モレンシー鉱山」には、住友金属鉱山が一五パーセントの権益を取得して経営に参画している。同じくフェルプス・ドッジ社の「チノ鉱山」とその精錬所に、日本企業が三三・三パーセント（三菱マテリアル社二〇パーセント、三菱商事一三・三パーセント）を出資している。

インドネシアにおける世界最大級の銅―金鉱山であるニューモント社が開発した「バツ・ヒジャウ鉱山」は、ニューモント社四五パーセント、日本企業によるインドネシア現地法人三五パーセント（住友商事二六パーセント、住友金属鉱山五パーセント、三菱マテリアル二・五パーセント、古河機械金属一・五パーセント）となっている。やはりインドネシアにおいて、ニッケル鉱石のメジャーであるインコ社の「ソロアコ鉱山」は、インコ社五九パーセントに対して日本企業の合計は二一パーセント（住友金属鉱山二〇・一パーセント、志村化工〇・五パーセント、東京ニッケル〇・五パーセント）の出資となっている。

現在、世界に三三一ヵ所ある銅―金鉱山のうち日本企業がマイナーで資本参加している鉱山は、上記の銅―金鉱山を含めて一〇ヵ所程度でしかない。日本の企業としては、住友金属鉱山社が資源確保について唯一もっとも積極的で、本業回帰の戦略が見える。しかし、日本の近代産業を勃興期から資源面で支えてきたそのほかの財閥系の鉱山会社は、電子材料、ニュー・セラミックスなどの川下の素材産業に進出して多角化戦略をとっている。これが、日本の非鉄金属資源関係各社の動きである。

鉄鋼関係では、鉄鉱石の確保のために、オーストラリアにおいて伊藤忠商事、三菱商事がＪＶ（ジョイント・ベンチャー）でＢＨＰビリトン社のマウント・ニューマン鉱山に一〇パーセントを出資している。同じくオーストラリアで三井物産は、リオ・ティントグループのローブリバー鉱山に三三パーセント、ＢＨＰビリトン社のマウント・ニューマン鉱山などの二鉱山に各七パーセント、そしてブラジルでは、三井物産はリオ・ドセグループのMBR鉱山に四四パーセント、フェルテコ鉱山に五〇パーセントの出資をしている。いわゆる権益確保である。ちなみに、二〇〇二年における世界の鉄鉱石の貿易量である五億一〇〇〇万トンのうち、七パーセントに当たる三八〇〇万トンを三井物産が輸入して日本国内の各製鉄所に供給している。今後、日本のオーストラリアとブラジルへの依存度は、量的な意味においてもコスト面を含む安定供給の点からしてもますます高まっていくであろう。

このように、日本の資源買い付けや権益確保は主として総合商社の主導のもとに行われており、メーカーは原料購買部署が外部購入資材として購入している。したがって、非鉄金属鉱業の一部を除いて、原料資源の権益を自ら保有して自主開発するという一貫生産体制ではない。しかし、日本の鉄鋼業は、とくに製鉄所が鉄鉱石・原料炭を大量輸送する大型船が接岸可能な水深の海岸に立地していることと、世界に冠たる技術開発による品質ならびにコスト競争力をもっているがゆえに、原料調達面のハンディキャップを克服してわが国産業の優等生の地位をほしいままにしてきた。

長期資源戦略と資源外交の必要性

国家的な資源戦略がないなかで日本のモノづくりを支える、川上の資源確保を担ってきた旧財閥系の鉱山会社には、世界のメジャーに伍して資源争奪戦を演じ、大きなリスクをとって多額の探鉱ならびに開発資金を投入するだけの財務的な体力はない。前項で述べたように、融資買鉱か単純買鉱、あるいはマイナーな出資をする程度である。しかし、世界では、国際大資本による国を巻き込んだ資源争奪戦が行われている。その、最近の事例を紹介しておこう。

一九九八年、南米最大の金鉱山であるペルーのヤナコチャ鉱山の部分的な所有権をめぐって、フランスとアメリカの鉱山会社がペルーの法廷で争ってアメリカ側が勝訴した。後日、フジモリ大統領の特別顧問で、陰で国家を支配していたと言われた悪名高きブラディミロ・モンテシーノス（一九四六～）が、担当の裁判官にアメリカ企業を勝たせるように依頼しているビデオがマスコミによって暴露された。モンテシーノスはそのビデオのなかで、「アメリカ勝訴という判決が出れば、ペルーとエクアドルとの国境紛争に対してアメリカがエクアドルに圧力をかけてくれることになっている」と言っている。「まさか」というような資源争奪戦が、発展途上の資源産出国のあちこちでしばしば行われているのである（田中宇氏の国際ニュース解説、二〇〇一年八月一三日号。www.tanakanews.com より）。

もう一つ、欧米が資源争奪のためには戦争も辞さないことを示す話を紹介しておこう。フレデリック・フォーサイス[21]という小説家が、『戦争の犬たち（The Dogs of War）』（篠原慎訳、角川書店、一九八一年）という本を書いている。その内容は次のようなものである。

イギリスのある大手鉱山会社が、アフリカの親ソ連、独裁政権下にある某小国で、ふとしたことからプラチナの鉱床を発見する。鉱山会社は政府を転覆して、傀儡《かいらい》新政権のもとでプラチナの独占的採掘権を獲得して巨大な利益を得ようと、極秘裏に傭兵を雇ってクーデターを起こすことを計画する。プラチナの存在をソ連の秘密警察（ＫＧＢ）に察知されるが、独裁政権を倒すことには成功する。しかし、最後になって理想主義者である傭兵のリーダーに裏切られて鉱山会社の野望は実現せず、公正な新政権のもと、プラチナ鉱床の調査・開発が進められることになる。

この小説を地で行くような事件が、二〇〇四年八月二七日の〈読売新聞〉に掲載された。それは、一九九五年、西アフリカの小国である赤道ギニア領の海底に油田が確認され、その開発にアメリカ系の石油資本が進出したときからはじまった。そして、二〇〇二年には、サハラ砂漠以南のアフリカではナイジェリア、アンゴラに次ぐ石油大国になった。この石油利権をめぐって政争が海外に波及し、サッチャー元イギリス首相の長男が現政権に対するクーデター計画に関与した疑いで逮捕された。そのクーデターを計画したのは、元イギリス特殊空挺部隊員が経営する軍事顧問会社であった。まさに、「戦争の犬たち」である。

このように、国の枠組みを越えて資源の利権を確保するために世界中で活動している資源メジャーとわが国政府とその資源会社を比較してみると、その差の大きさに今さらながら痛感させられる。

わが国の非鉄金属鉱山会社の業界団体に「日本鉱業協会」というのがある。二〇〇四年二月の

〈日本経済新聞〉に大木和男会長（当時）の談話が載っていたので、本章を締めくくるうえにおいてもその記事を紹介しておこう。記憶している人は少ないと思うが、いまだに資源戦略、資源外交なき日本の資源事情を如実に表している、はなはだ心細い内容となっている。

「中国などの需要増で原料鉱石の価格が高騰しており、〝まったくの異常事態、どうしたものか〟と思案顔。〝国内の非鉄メーカーが（このまま）やっていけるのかと聞かれれば、もはややっていけない〟と語る。海外の鉱山に日本も積極的に投資し、自前の安価な原料鉱石調達ルートを確保したいところだが〝優良鉱山は海外資源メジャーに抑えられている〟のが実情。〝提携や再編など業界全体で合理化策を模索するしかない〟と話している」

(21)（一九三八〜　）イギリス生まれの作家。一九七〇年、『ジャッカルの日』でデビュー。逸話として、一九七二年に『ジャッカルの日』の印税で傭兵部隊を雇い、赤道ギニア共和国で政府転覆のクーデターを図ったが発覚し、未遂に終わった。

第2章

日本産業のアキレス腱

レア・メタル、レア・アース

産業の調味料かビタミンか

レア・メタル（希少金属）とは、ニッケル、クロム、コバルト、白金族、タングステン、モリブデン、マンガン、バナジウム、チタン、タンタル、ベリリウム、ガリウム、ゲルマニウム、セレン、ニオブ、インジウム、テルル、リチウムなど天然に存在する量が少ないか取り出すのが難しいために生産量が少ない金属のことを言う。そして、レア・アース（希土類元素）はランタノイド元素およびイットリウムなどのことを言うが、これらの元素を「レア・アースメタル」と称してレア・メタルの範疇に入れる場合もある。やはり、天然に存在する量が少ないものである。

レア・メタル、レア・アースには三一種類の鉱物があるわけだが、ともに世界に偏在する資源である。これらの資源は、素材産業、エレクトロニクス、ＩＴ産業、そして環境関連産業には必要不可欠なもので、いわば産業の調味料かビタミンのような役割をしている。そして、そのほとんどを海外に依存していることを考えると、体内でつくれない必須アミノ酸のようなものと言えるかもしれない。しかもわが国では、この両方の供給を中国や南アフリカ、コンゴ民主共和国、そのほか政治・経済事情が不安定な国々に依存しているので、供給構造がきわめて脆弱となっている。ゆえに、安定供給の確保が大変重要な課題となり、日本産業のアキレス腱と言われているわけだ。

次に、その使用例などを紹介しておこう。

この両方を使って、用途に応じたいろいろな鉄鋼製品がつくられている。たとえば、錆びない鉄、高熱に耐える鉄、加工しやすい鉄、摩擦に強い鉄、表面をメッキした鉄、磁気特性のよい鉄、裂けにくい鉄、振動の少ない鉄などであるが、これらの製品をつくるためにはニッケル、バナジュウム、マンガン、クロム、シリコン、モリブデンなどのレア・メタルが加えられている。これらの金属を加えた鋼鉄のことを総称して「合金鉄（フェロアロイ）」と言い、現代の工業化社会、そして豊かな生活を支える基礎資材として、また軍艦、大砲、軍用車両、戦車、武器、砲弾などの軍需品の製造においては欠かすことのできない素材となっている。そして、これらは添加される金属によって「フェロマンガン」、「フェロニッケル」、「フェロクローム」、「フェロバナジウム」などと呼ばれている。

フェロマンガン系合金鉄はもろい鉄を強い鋼に変えるための基本的な添加金属材料で、主として製鋼用脱酸剤(1)として使われる。合金鉄のなかでは、もっとも多く生産されている。フェロニッケル系のステンレス鋼は、耐熱、耐腐食、耐酸、耐摩耗性にすぐれた特性があり、情報通信機器、生活機器、自動車、エネルギー産業機器、建築材料、化学工業装置、環境関連機器などに使われ

（1）　鋼をつくる工程で、製品の品質をあげるために酸素を取り除くのに使われる材料。フェロシリコン、フェロマンガンや金属シリコンなどのこと。

ている。フェロクロームは、主にステンレスなどの特殊鋼の原料として、そしてフェロバナジュウムも、ステンレス鋼、耐熱鋼、抗張力鋼といった特殊鋼の添加剤として使われる。

わが国では、三一種類のレア・メタルのうち、とくに代替が難しいうえに世界において偏在性が著しい七種類の鉱物（ニッケル、クロム、タングステン、コバルト、モリブデン、マンガン、バナジウム）を選んで一九八三年より備蓄を行っている。その目標量は、国家備蓄と民間備蓄を合わせて消費量の六〇日分としてきた。しかし、二〇〇〇年末の時点で目標は未達成となっている。そのうえ、供給をめぐる国際政治情勢の変化と生産構造、そして需要構造の変化も考えて、備蓄量と備蓄対象鉱種も当然のごとく見直しの必要がある。そして、鉱種によっても供給の安定性に違いがあるので、産出国の集中度（偏在性）、企業集中度、カントリーリスク、代替品の有無、リサイクル率などを評価しながらきめ細かな備蓄制度の運用管理が必要となる。

この七鉱種のうち、ニッケル、クロム、モリブデン、マンガンは相対的に供給リスクが低いものとされ、タングステン、コバルト、バナジウムは相対的にリスクの高い鉱種とされている。以下において、八鉱種の資源事情とわが国の需給状況を概略的に述べることにする。ただし、需給状況については、国際的、国内的な政治・経済・社会情勢によって資源の調達条件が時系列的に大きく変化することを、そして資料の出所によっても数値が異なることをお断りしておく。

❶ニッケルの資源事情

nickel　元素記号 Ni

可採埋蔵量：4,600万 t
オーストラリア：19.8%
ロシア：14.3%
カナダ：13.7%
キューバ：12%
ニューカレドニア：9.8%
中国：6.4%
インドネシア：5.5%
その他：30.4%

出所：独立行政法人　石油天然ガス・金属鉱物資源機構

鉱石生産量（2002年）：123万6,000 t（鉱石に含まれる金属量）
オーストラリア：21万1,000 t
ロシア：26万7,000 t
カナダ：18万8,000 t
キューバ：７万5,000 t
ニューカレドニア：９万9,000 t
中国：５万5,000 t
インドネシア：10万4,000 t
その他：23万7,000 t

出所：World Metal Statistics Yearbook

わが国の鉱石輸入量は、二〇〇二年で八八万九〇〇〇トン（金属純分ではなく不純物を含む総量）となっており、輸入先としてはインドネシア、フィリピン、ニューカレドニア、そしてインドネシアからの輸入が五〇パーセントであった。また、二〇〇〇年以前は長期間にわたって五〇パーセントをニューカレドニアだけに依存してきたが、現在のシェアは約二〇パーセントとなっている。

ニューカレドニアのニッケル鉱石は一〇〇年以上の歴史をもち、一九九九年までは世界の約一四パーセントを占め、生産量はロシア、カナダに次ぐ第三位であったが、現在は約一〇パーセントで第五位に低迷している。その理由としては、フランスからの独立問題とからんでニッケル鉱石の利権をめぐって独立派と保守派の争いが起き、日本のユーザーに対する鉱石供給契約の破棄や独立派の鉱山労働者によるストライキの多発、さらに現地精錬所への供給のための輸出制限という意見が出るなどして供給が不安定になり、その状態に嫌気がさした日本の商社が現地事務所を撤退および縮小し、主要輸入先をインドネシアにシフトしたことが挙げられる。また、世界一の埋蔵量を誇るオーストラリアが台頭してきたということも理由の一つであろう。

日本は、全世界のニッケル消費量の約二〇パーセントを消費しており、これは世界一である。したがって、ニッケル鉱石を安定的に供給してくれる所を確保するということは最重要な問題となる。輸入後のニッケルの用途は、六五パーセントがステンレス鋼用で、一二パーセントが非鉄合金用である。

❷クロムの資源事情

chromium　元素記号 Cr

可採埋蔵量：
11億5,000万 t
南アフリカ：83.3%
カザフスタン：8.9%
ジンバブエ：3.9%
フィンランド：1.1%
インド：0.8%
その他：２％

出所：独立行政法人　石油天然ガス・金属鉱物資源機構

鉱石生産量（2002年）：
1,333万 t（鉱石に含まれる金属量）
南アフリカ：643万 t
インド：271万 t
カザフスタン：261万 t
その他：157万 t

出所：World Metal Statistics Yearbook

わが国のクロム鉱石輸入量は、二〇〇二年に三五万五〇〇〇トンであった。そのうちの一八万九〇〇〇トンが南アフリカからで、一四万四〇〇〇トンがインドからであった（一二ヵ国で約九四パーセント）。それ以外には、マダガスカル、パキスタン、カザフスタン、オマーンなどから少量を輸入している。

埋蔵量では南アフリカが圧倒的に多く、実に八三・三パーセントを占めている。この数字からして、クロム鉱がいかに偏在しているかがわかるだろう。世界第二位の埋蔵量といっても第一位との差がかなりあるカザフスタンは、鉱石生産量では世界第三位を誇っている。アラル海の北方アクトベ州（Aktobe）に一九三八年から採掘がはじまった高品質のドスコイ鉱山（Donskoy）があり、ここで全生産量を採掘している。ナザルバエフ大統領（一九四一〜）は、この鉱山に対して「世界最大のクロム鉱生産者になれ」という目標を課したと言われている。実際、二〇〇二年および二〇〇三年の生産量の対前年比は一五・八パーセント、一〇パーセントの増加となっており、一鉱山ではすでに世界一の生産量となっている。

一方、非鉄金属メジャーによるクロム鉱石の生産は南アフリカのアングロ・アメリカン社、BHPビリトン社が最大手で、世界のシェア上位を占めている。イギリスで発行されている金属業界誌〈メタル・ブレティン（Metal Bulletin）〉によると、将来的に世界のフェロアロイ（合金鉄）[2]を含めたクロム産業で生き残れるのは、南アフリカとカザフスタンの二カ国だけと言われている。

（2）マンガン、ニッケル、クロムなどの元素を多く含んでいる。それぞれ、フェロマンガン、フェロニッケル、フェロクロムなどと呼ばれ、特殊鋼の添加剤などに使われている。

二〇〇二年八月、三菱商事がクロム鉱石の採掘から精錬までの一貫事業会社の過半数の株式を取得した（五〇・九七五パーセント）。ほとんどが国際メジャーのプロジェクトへのマイナーな資本参加にすぎないなかで、この過半数の権益取得はわが国の資源戦略上試金石ともなる事業として評価できる。しかし、相変わらずの商社依存という体質である。

クロムは、ニッケルとともにステンレス鋼をはじめとした各種合金に使われる。鋼の調味料としてのクロムの代表的な効能は、磨耗に強くなることと錆びにくくなることで、機械構造用の合金鋼材や特殊用途の鋼材をつくるのに使われている。合金鉄をつくる金属元素としてはこれまでニッケルがもっとも多く使われてきたが、前述したように、資源の埋蔵量が少なく価格も高いため、近年ではクロムや、次に紹介するモリブデンが比較的よく使われるようになってきた。

❸モリブデンの資源事情

molybdenum　元素記号 Mo

可採埋蔵量：1,200万ｔ
アメリカ：49.1%
チリ：20%
中国：9.1%
カナダ：8.1%
ロシア：4.4%
その他：9.9%

出所：独立行政法人　石油天然ガス・金属鉱物資源機構

鉱石生産量（2002年）：13万4,000ｔ（鉱石に含まれる金属量）
アメリカ：３万2,000ｔ
チリ：３万ｔ
中国：３万9,000ｔ
カナダ：8,000ｔ
ロシア：5,000ｔ
その他：２万ｔ

出所：World Metal Statistics Yearbook

わが国の鉱石輸入量は、二〇〇二年現在で三万一九〇トンとなっており、その輸入先は、チリ（一万三二五八トン）、メキシコ（四六〇〇トン）、カナダ（三九九〇トン）、アメリカ（一〇八八トン）、その他（七二五三トン）となっている。

モリブデンは北米、南米の山岳地帯に賦存しており、主として銅の副産物として産出されるために、当然のごとく銅の生産に依存する供給構造になっている。したがって、銅の生産が旺盛な近年、モリブデンの供給力も増えてきており、本来、希少性、偏在性、そして生産企業の集中度が高いにもかかわらず供給の安定性は低くない。

主な生産企業としては、アメリカ鉱業界をリードするアリゾナ州（Arizona）のメジャーであるフェルプス・ドッジ社が世界の二〇パーセント強のシェアをもって第一位である（銅生産では世界第二位）。一方、銅生産では世界一のチリのコデルコ社は、モリブデンでは第二位で一八パーセントのシェアとなっている。そして、メキシコのグルーポ・メヒコが一二パーセントで第三位となっている。いずれもが南北アメリカ大陸にあることは、ほかの鉱種から見ると特異な存在である。

銅の副産物ではない世界最大のモリブデン鉱山をもっているのがフェルプス・ドッジ社で、その鉱山はヘンダーソン鉱山（**Henderson**）と言い、コロラド州（**Colorado**）のロッキー山脈内の標高四〇〇〇メートルの大陸分水嶺（コンチネンタル・ディバイド）の地下深くに発見された鉱床で、坑内採掘を行っている。この鉱山だけで、フェルプス・ドッジ社の五〇パーセント近くを生産している。筆者は、一九七六年の操業開始間もないころにここを訪れ、当時、四億ドル（約一〇〇〇億円）で開発された鉱山の壮大さに驚いたことを記憶している（**図2－1**を参照）。

モリブデンは、融点が非常に高く、鉄の約一・七倍というすぐれた高温特性をもっているので、非鉄合金やステンレスのほか、電球用フィラメント、電極、電子管の構成材料、発熱体熱遮蔽材、潤滑剤などのさまざまな産業分野で使用されている。

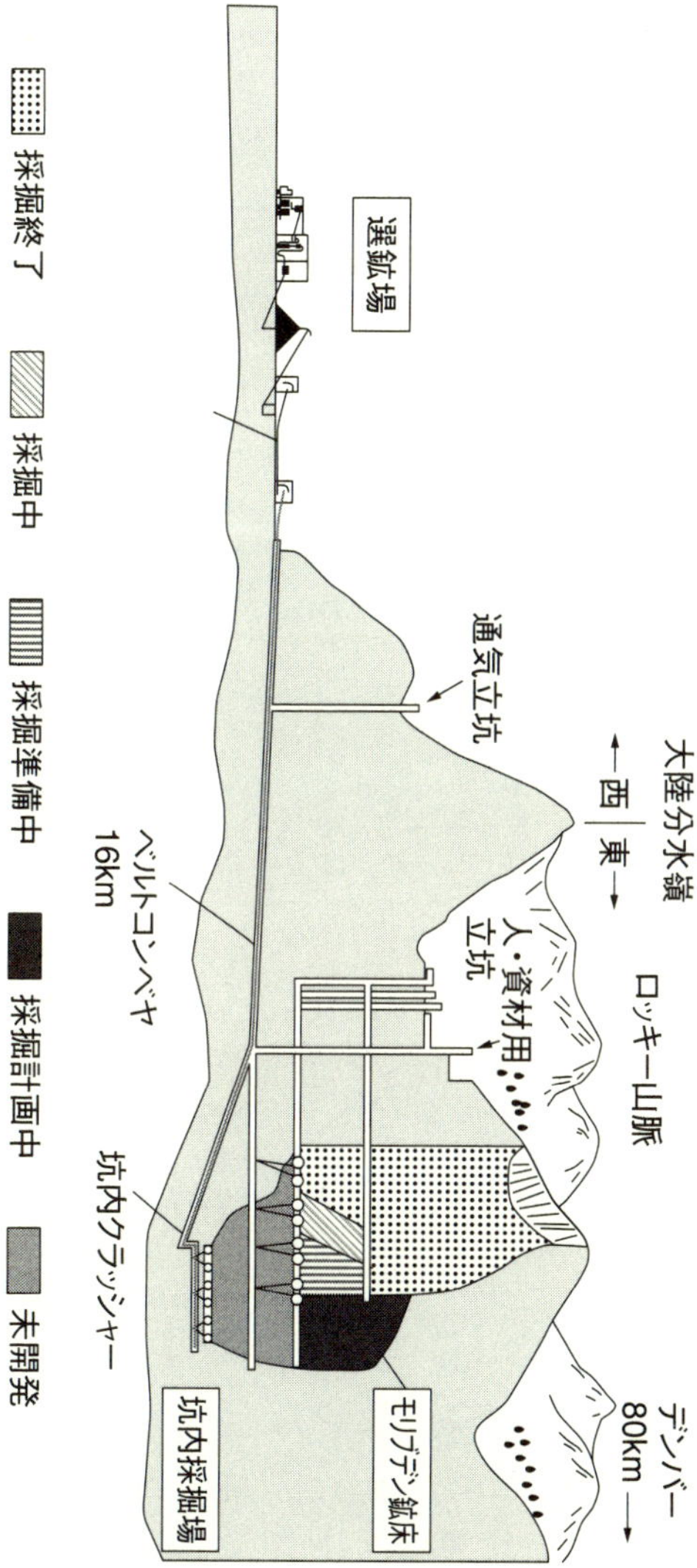

図2－1　ヘンダーソン鉱山の断面図

❹タングステンの資源事情

tungsten　元素記号 W

可採埋蔵量：320万 t
中国：42.5%
カナダ：13%
ロシア：12.5%
アメリカ：7%
韓国：2.8%
その他：22.1%

出所：独立行政法人　石油天然ガス・金属鉱物資源機構

鉱石生産量（2002年）：3万2,631 t（鉱石の中に含まれる金属量）
中国：2万7,000 t
ロシア：3,000 t
その他：2,631 t

出所：World Metal Statistics Yearbook

わが国の鉱石輸入量は二〇〇二年現在で八八七トンで、輸入先はロシア（七八七トン）、ポルトガル（八〇トン）、その他（二〇トン）であった。一九九七年ごろまでは世界の七〇パーセント以上のシェアをもっていた中国から主に輸入していたが、価格の乱高下など不安定な要素があったので、それ以後、主としてロシアに切り替えられた。

タングステンは融点が高く、ほかの金属のように溶かして精錬ができないので粉末で精製される。特殊鋼をつくるための調味料として加えると、耐熱性にすぐれ、硬くて磨耗しにくい特性を付与するので、超硬合金[3]として切削工具や自動車エンジンの高圧回路、白熱電球のフィラメントなどに使用されている。また、軍需用の重要物資ではあるが鉱床も小さく、大規模かつ大量に採掘する資源ではないために国際メジャーの主要な事業対象にはなっていない。

とはいえ、タングステンというと何といっても思い浮かぶのが兵器、とくに砲弾である。砲弾は、戦車などの厚い装甲板を貫通させるのに十分な、非常に大きな運動エネルギーをもった高密度金属でつくる必要がある。砲弾の弾頭に使う金属の密度が高ければ高いほど運動エネルギーも大きくなるため、鉄の二・四倍、鉛の一・七倍の密度をもつタングステン鋼が使用されている。

アフガニスタンでタリバンに対する攻撃やイラク戦争で使用されて有名になった「バンカーバスター」と呼ばれる岩盤や厚いコンクリートを突き抜けて地下豪などを破壊する爆弾は、このタングステンか劣化ウラン[4]を使った「貫通体」と言われていた。しかし、最近の調査では、タングステンと同様の密度をもつうえにそれよりも高い焼夷性（高熱を発して燃える性質）があることから劣化ウランの可能性が高いと言われている。

タングステンをめぐる逸話を紹介しておこう。時は第二次世界大戦末期。敗色が濃くなったナチス・ドイツは、対戦車砲弾などをつくるために同盟国の日本から、わざわざ大変な苦労をしてUボート[5]や日本海軍の潜水艦を利用して国内に不足してきたタングステンを運んだ。日本はその

（3）耐磨耗工具、切削工具、金型など機械部品の精密加工あるいはトンネル用岩石掘削機の刃先などに使われるきわめて硬い合金。

（4）核分裂を起こすウラン235の割合が少なくなったウラン。天然ウランからウラン235を取り出した残りのものや、原子炉で使用済みの核燃料から再処理によって回収したものなど。減損ウラン。

（5）第一次・第二次世界大戦当時のドイツの潜水艦の通称。商船の破壊戦に活躍し、連合国から「海の狼」と恐れられた。

見返りに、レーダーなどの軍事機密の技術を手に入れている。もっとも実際には、潜水艦による航海はあまりに遠距離であるばかりか、敵の厳しい監視と攻撃にあって思うようには成果が上がらなかったようである。このことについては、『深海の使者』（吉村昭著、文藝春秋社、一九七六年）に詳しく書かれているので参照されたい。

ナチス・ドイツはまた、中立国ポルトガルに出所不明の金塊と引き換えにポルトガルの植民地であったアンゴラのタングステンを手に入れていた。ポルトガル政府は、その金塊をマカオ（ポルトガル領）で処分をしていた。

一方、日本は、タングステンについては錫とともに世界的にも重要な産地であったミャンマー、マレーシアなどの南方地域を支配下に置いていたのでそれほど問題にはならなかった。ちなみに、マレーシアでは、錫鉱と一緒に産出するタングステン鉱やチタン鉱はその後の乱掘によって枯渇してしまっている。とくに、マレー半島の「漂砂鉱床[6]」と呼ばれる西側沿岸部は、見るも無残に掘り返された採掘跡が空から確認することができる。

⑤コバルトの資源事情

cobalt　元素記号 Co

可採埋蔵量：960万 t
コンゴ：44.4%
キューバ：22.2%
オーストラリア：15.1%
ザンビア：８%
ニューカレドニア：5.1%
その他：5.2%

出所：独立行政法人　石油天然ガス・金属鉱物資源機構

鉱石生産量（2002年）：3万9,675 t（鉱石の中に含まれる金属量）
フィンランド：8,200 t
ザンビア：6,144 t
カナダ：4,545 t
ロシア：4,200 t
オーストラリア：3,901 t
コンゴ：2,149 t
中国：1,842 t
ベルギー：1,135 t
モロッコ：1,100 t
ブラジル：960 t
その他：5,499 t

出所：World Metal Statistics Yearbook

わが国のコバルト地金輸入量は、二〇〇二年の時点で九五二五トンで、カナダ（二〇三一トン）、オーストラリア（一七八一トン）、ザンビア（一四一六トン）、ブラジル（九六〇トン）、ベルギー（四六トン）、モロッコ（三二一トン）、コンゴ（一二四トン）、ロシア（一二〇トン）、南アフリカ（六一トン）、その他（二三〇四トン）となっており、対日輸出国の集中度は低い。

コバルトは、コンゴ、ザンビアなど中央アフリカの銅鉱床のなかに世界の五〇パーセント以上が賦存し、ニューカレドニアやキューバではニッケル鉱山の副産物として産出されている。したがって、その供給は、銅、ニッケルの生産に依存するために不安定性がない。わが国の輸入量は、

（6）岩石鉱物が風化作用を受けて比重の重い有用鉱物が分離され、海水の流れや波によって層をなして堆積、鉱床を形成しているもの。チタン鉄鉱、磁鉄鉱、錫鉱、ダイヤモンドなどに見られる。

電子材料向けの需要が旺盛であるために近年増える傾向にある。国家備蓄目標に対する現状備蓄量の割合（達成率）は七品目のなかでもっとも低く、二〇〇一年時点で五三・六パーセントでしかない。

コバルトをめぐるアメリカの泣き所を紹介しよう。少々古い資料だが、一九八二年のアメリカ上院の商務・科学・運輸委員会への答申書に次のようなことが書かれている。

「アメリカにはコバルト資源がなく、全量を輸入に依存している。コバルト合金は、多くの産業、とくに宇宙開発と防衛産業用に重要なものであるために、わが国の弱点として〝戦略鉱物〟の筆頭に挙げられる。コバルトの主要保有国がコンゴ、ザンビアという政治的に不安定な国々であるため、民需用もさることながら、軍需用として有事の際にコバルトの供給が途絶えたとしても戦争継続を可能にするだけの備蓄を行うことが最重要課題となる。国家戦略として、三年間は戦争を継続できるだけの量を備蓄目標とすべきである。一九八二年時点の備蓄量は目標の二分の一でしかないため、代替の戦略としては次のような方法が挙げられる。

- 自国資源探査を政府が助成する。
- コバルトとその代替品の供給拡大のために、連邦政府の研究開発予算を増額する。
- 自国鉱床の探鉱および開発のために、公有地の使用を容易にする。
- 太平洋の海底に眠る膨大な資源、コバルトを含んでいるマンガン団塊の採掘技術の開発を加速する（ハワイ諸島やそのほかのアメリカ領海内の比較的に浅い海域に、豊かなコバルト資源があることがわかっている）」

さて、この答申書から二〇年以上たっている現在のアメリカの戦略はいったいどうなっているのであろうか。

コバルトは磁性が強く、四分の一が永久磁石の製造に使われている。鋼にコバルトを添加すると高温に耐え、粘り強く、腐食しにくいという性質になるので、耐熱合金、超硬合金などがつくられている。また、コバルト六五パーセント、クロム三〇パーセント、モリブデン五パーセントの合金は、歯科用にも使われている。そして、「コバルトブルー」とも言われるその美しい色合いは、中国・唐代の七世紀ごろ、そして中近東では八世紀の中ごろから陶磁器やモスクのイスラミックタイルに使われ、洋の東西を問わず世界の人々を魅了してきた。

⑥マンガンの資源事情

manganese　元素記号 Mn

可採埋蔵量：
6 億8,000万 t
南アフリカ：54.4%
ウクライナ：19.9%
ガボン：6.6%
中国：5.9%
オーストラリア：4.1%
その他：9.1%

出所：独立行政法人　石油天然ガス・金属鉱物資源機構

鉱石生産量(2002年)：
2,231万 t（鉱石の中に含まれる金属量）
中国：530万 t
南アフリカ：308万 t
ウクライナ：274万 t
オーストラリア：219万 t
ガボン：186万 t
ブラジル：185万 t
インド：162万 t
その他：367万 t

出所：World Metal Statistics Yearbook

わが国の鉱石輸入量は、二〇〇二年時点で一一一万五〇〇〇トンであった。その輸入先は、南アフリカ（七〇万六〇〇〇トン）、オーストラリア（二三万六〇〇〇トン）、その他（一七万三〇〇〇トン）となっている。

鉱石生産者としては、南アフリカのサマンコール社が世界最大で四一パーセントのシェアをもち、次いでフランスのエラメット社が二一パーセント、ブラジルのリオ・ドセ社が一五パーセントと三社で七七パーセントを占め、世界的な規模で再編による寡占化が進んでいる（シェアの数値は二〇〇〇年）。サマンコール社は、一九九八年、世界第三位のBHPビリトン社のマンガン事業を買収してトップ企業となった。それが理由で生産企業の集中度が高まり、日本のマンガン系合金鉄メーカーは、サマンコール社、エラメット社と戦略的な提携を進めてマンガン鉱石の安定供給を図っている。

マンガンは、レア・メタルといっても価格は比較的に安い合金用の元素で、鋼に強靭性、すなわち強さと硬さに粘りを与えるきわめて重要な元素である。そして、各種の合金にも少しずつ加えられており、焼きが入りやすくするのにも有効な金属であり、鋼の質を調節するのになくてはならないものである。

太平洋などの深海底には、「マンガン団塊」と呼ばれる黒褐色のジャガイモのような形をした一～一〇センチメートルぐらいの塊が敷き詰められたように存在している。このマンガン団塊には、マンガンだけでなくコバルト、ニッケルといったレア・メタルや銅、鉄など有用金属も多く含んでいるため、かなり以前から重要な海底鉱物資源として世界各国から注目されて、競って調査研究が行われてきた。しかし、これまでのところ、石油・天然ガスのように商業ベースでの開発には至っていない。

マンガン団塊の存在は、一八七二年から一八七六年までのイギリスの海洋科学調査船「チャレンジャー号（Challenger）」による世界探検航海の途上に、採泥器によって海底から数一〇個の黒褐色の石の塊を採取したときに明らかになった。この塊を持ち帰って分析した結果、多くのマンガンと鉄を含むことがわかったが、当時はほとんど重要視されなかった。そして、二〇世紀後半になって合金鉄・非鉄合金用のマンガン、そのほかのレア・メタルとしての重要性が高くなったために、このマンガン団塊が先進国を中心に注目されるようになった。とくに、一九七〇年代の初め、銅の価格が世界的な好況によって需要が急増するとともに資源ナショナリズムの台頭、一九六八年にチリ、ザンビア、ザイール、ペルーの四ヵ国によって設立された銅輸出国政府間協議会（ＣＩＰＥＣ）の活動、そして一九七一年、チリの銅鉱山国有化などの影響で急騰したこともあって海底資源開発の機運が高まった。

もっとも有望な海域は中部太平洋とされており、分布する資源の推定埋蔵鉱量は、マンガン二〇〇〇億トン、ニッケル九〇億トン、コバルト三〇億トン、銅五〇億トンで、マンガンの鉱量は陸上全体の七五パーセントにも上ると言われている。これら海底の資源は、国連海洋法[7]において人類共同の財産と定められ、国際海底機構の管理下に置かれている。そして、調査・開発に一定の投資をした国に鉱区が割り当てられ、排他的な権益が認められている。

日本は、旧通産省の委託で旧金属鉱業事業団（現・独立行政法人　石油天然ガス・金属鉱物資源機構）が一九八〇年から一九九七年までの一七年間にわたってマンガン団塊の本格的探査と採鉱技術開発研究を行った。その結果、ハワイ南東沖に鉱区を取得することができた。そして、これまでの研究によってマンガン団塊の採掘が技術的に可能であることが示されたが、今のところこの技術が商業ベースで実用化される時期は見えていない。あくまでも、二一世紀における陸上資源の残存鉱量とレア・メタルの価格の動向しだいとなっている。しかし、二一世紀に入って数年がたつ現在、マンガンのみならずニッケル、コバルトなどの陸上における埋蔵量から考えると、二一世紀中には枯渇することが懸念されており、しかも陸上の偏在性、そして中国の著しい経済規模の拡大などによる価格の高騰によって再び開発機運が高まると考えられている。

なお、このマンガン団塊には「鉄・マンガン・クラスト」と「マンガン・クラスト」の二種類があり、前者は「多金属団塊」とも呼ばれ、有用金属としてはマンガン、銅、ニッケル、コバルトで、後者は「コバルト・リッチ・クラスト」とも呼ばれて主にコバルトからなっている。

⑦バナジウムの資源事情
vanadium　元素記号V

可採埋蔵量：1,000万t
ロシア：50%
南アフリカ：30%
その他：20%

出所：独立行政法人　石油天然ガス・金属鉱物資源機構

鉱石生産量（2002年）：6万7,000t（鉱石の中に含まれる金属量）
中国：3万9,000t
南アフリカ：1万8,000t
ロシア：9,000t
その他：1,000t

出所：World Metal Statistics Yearbook

わが国は、二〇〇二年に南アフリカから鉱石ではなく、フェロバナジウムおよび五酸化バナジウムとして、それぞれ二五一七トン、一〇一二トンを輸入している。

バナジウムは鋼に強靭性をもたせる元素で、フェロバナジウムとして、その耐摩耗性から強力な切削工具用の鋼にかかせない金属である。そして、バナジウム資源は偏在性が強く、供給国の

（7）　海洋法に関する国際連合条約、一九八二年、第三次国際連合海洋法会議を経て採択。発行は一九九四年。

集中度も企業の集中度も高い。

バナジウムは、鉱石としてだけではなく、石油のなかにもニッケルとともに少量ながら含まれている。また、ベネズエラのオリノコ川流域には「オリノコタール」と呼ばれる粘性の強い油が大量に存在しており、ニッケルとバナジュウムの含有量が比較的高いことがわかっている。このオリノコタールの埋蔵量は二六七〇億バーレルで、サウジアラビアの原油二五八〇億バーレルより多いことは注目に値する。このオリノコタールは粘性が高いため、水と少量の界面活性剤[8]を加えてその粘性を低くしてから普通の原油のようにタンカーで輸送されている。輸送しやすくしたオリノコタールのことを商品名で「オリマルジョン」と称し、量は多くないが、デンマーク、イギリス、イタリアなどのヨーロッパ諸国や日本に対して発電用として供給されている。また現在、シンガポールにおいてもオリマルジョンの発電所が計画されている。

ここで重要なことは、オリマルジョンを発電所で燃やしたあとにバナジュウム、ニッケルが重金属として灰のなかに残ることである。これらの重金属はレア・メタルとして貴重な資源であり、回収することができれば、その分だけ鉱石として採掘する必要がなくなる。回収技術はすでに確立されているので、オリマルジョンを積極的に使用するようにすれば、石油の中東依存がきわめて高いわが国ではその緩和につながるうえにレア・メタルが手に入ることになる。しかも、オリマルジョンの使用によって、石炭火力発電などに比べて二酸化炭素（CO_2）の発生が一六パーセントも低くなるという利点もある。また、レア・メタルを回収したあとの灰はセメント原料として利用が可能となり、エネルギー資源戦略上、希少資源対策上、そして地球温暖化対策上有利となることは言うまでもない。

⑧白金族金属（白金、パラジウム、オスミウム、ルテニウム、イリジウム、ロジウム）の資源事情――白金、パラジウムを中心として

白金：platinum　元素記号 Pt
パラジウム：palladium　元素記号 Pd

可採埋蔵量：８万 t
南アフリカ：７万 t
ロシア：6,600 t
アメリカ：2,000 t
カナダ：390 t
その他：1,010 t

出所：Mineral Commodity Summaries 2003

鉱石生産量（2002年）：
白金182 t、パラジウム約250 t（鉱石の中に含まれる金属量）
南アフリカ：白金138 t
パラジウム57 t
ロシア：白金29 t
パラジウム168 t
北米：白金13 t
パラジウム20 t
その他：白金２t
パラジウム５t

出所：白金：World Metal Statistics Yearbook

わが国の白金族金属の輸入量は、二〇〇二年に一一四・六トンであった。輸入先は、南アフリカ六六・二トン、ロシア一四・七トン、アメリカ一〇・四トン、ドイツ七・四トン、イギリス八・七トン、その他七・二トンであった。

白金は、資源量、生産量ともに圧倒的に南アフリカが占めており、ロシアと合わせると九五パ

（８）界面によく吸着されて、界面の表面張力を著しく低下させる働きをもつ物質。石鹸・合成洗剤など。「表面活性剤」とも言う。

ーセント強になる。通常、パラジウムは白金と平行して採掘されるが、ロシアでは、ニッケル鉱山において副産物として白金とともに産出している。とくに、ロシアは世界の六七パーセントのパラジウムを生産し、南アの二三パーセントと合わせて九〇パーセントを占めている。

白金族金属は、もっとも偏在性の強い金属であるとともに世界の埋蔵量が八万トンしかなく、もっとも希少性の高い金属である。生産企業としては南アフリカのアングロ・アメリカン社が断然強く、二〇〇二年の実績生産量は、白金族合計一〇四・九トン、白金とパラジウムの世界シェアとランキングはそれぞれ、四一・七パーセント（第一位）と二二・四パーセント（第二位）であった。パラジウムについては、ロシア最大の非鉄金属鉱山会社であるノリリスク社のニッケル鉱山が世界シェアの第一位である。なお、ロシアの貴金属に関する情報は、国家機密保護の諸法令によって公開が制限されているので正確な数値はつかめていない。

白金の用途は、宝飾用と工業用がほぼ半々となっている。宝飾用については日本が最大の消費国で、世界の需要の約二三パーセントを占め、日・米・欧の合計は四〇パーセントとなっている。しかし、中国における宝飾用需要もここ数年驚異的な伸び（二桁）を示している。その理由は、金の製造販売には中国人民銀行による割り当てを受ける必要があるのに対して白金は政府の規制がないために、主要都市における宝飾品としての地位が確立されて小売店舗の拡大が続いているからである（世界最大の貴金属精錬会社であるイギリスのジョンソン・マッセイ社が、世界のプラチナの需給動向、価格動向などを毎年調査発表している報告書「プラチナ2003（Platinum

2003)」による)。

工業用については、自動車用触媒が全需要（宝飾用を含む）の三六パーセントを占めるが、そのうち二三パーセントがリサイクル品である。そのほかの用途としては、パソコンのハードディスクなどの電子機器需要、そして化学、電気、ガラス、石油などと幅広い産業用として使われている。歴史的に見ても白金族金属は金、銀とともに電子材料に使われ、現代エレクトロニクス産業の発展、そして半導体をはじめとする先端技術の進歩とＩＴ産業の発展には欠かせないものであった。

しかし、何といってもこれから注目していかなければならないのが燃料電池[9]の電極触媒用としての使用である。燃料電池は、自動車用、携帯電子機器用、家庭用など、世界各国の自動車メーカー、電機メーカー、そしてガス会社などがしのぎを削って開発競争をしており、日・米・欧の各国政府も開発支援に乗り出している。つまり、この燃料電池は脱化石燃料、水素エネルギー社会実現のためのキーテクノロジーとして期待されているわけだ。とはいえ、その技術のハードルは大変高いようで、燃料電池車の普及は、水素供給インフラの整備の必要性を考えると早くても二〇二〇年と言われている。そのうえ、今のところ自動車一台当たりの白金使用量が数百グラム

（9）天然ガスやメタノールから、あるいは水の電気分解によって水素を取り出して、大気中の酸素と化学反応させて電気エネルギーをつくり出す装置。

（排ガス処理用触媒としての白金族は約三グラム）必要で、もし世界の自動車メーカーが同時に燃料電池車をつくりはじめたとしたらまたたく間に白金資源は枯渇してしまうことになる。したがって、白金使用量を大幅に減らすか代替材料を開発するか、あるいはＢＭＷ社のように内燃機関に水素を供給する方式を導入する必要がある。

一方、パラジウムも、白金とともに近代科学の進歩に計り知れない貢献をした。一九九九年における用途別割合は、自動車触媒六三パーセント、電子機器二一パーセント、歯科用合金一二パーセント、宝飾用四パーセントで、自動車用の割合が白金と比べて大きい。しかし、二〇〇一年には、自動車向けが一三ポイントも下がって五〇パーセントになった。これを理由づける二つの出来事が、一九九九年から二〇〇一年にかけて起こっている。

自動車排ガス浄化システムの触媒用としてのパラジウム、白金、ロジウム（白金族の一つ）の使用について、各自動車メーカーはその調達の仕方や在庫量は企業秘密として絶対に明らかにしていない。希少資源であり、パラジウムの場合はとくにロシアの政治情勢、南アフリカの鉱山のストライキ、排ガス規制の強化、投機筋の動きなどによって価格の変動幅が大変大きいためである。

一九九三年一月、パラジウムは一トロイオンス[10]当たり一一一ドルであった。また、世界の自動車向けのパラジウム需要は一九九二年から一九九六年にかけて五倍近くに増えた。しかし、各自動車会社は、ロシアが旧ソ連時代からの大量の備蓄をもっているうえに、エリツィン大統領の政府は資金難に苦しんでおり、国際通貨基金（ＩＭＦ）に対する債務返済のために過去幾度もスポットのバーゲンセールを行った実績もあったため、今回も売りに出ると予測して需給均衡は続くと判断していた。ところが、一九九七年にロシアは、突然パラジウムの出荷を停止して市場を震え上がらせた。理由はよくわかっていないが、結果的に一九九八年の前半、価格は三五〇ドルという過去にないレベルまで高騰した。大手自動車メーカーは、二〇〇〇年に施行が予定されている厳しい排ガス規制に対応するためにパラジウムの購買を増やすつもりであっただけに慌てふためいてしまった。各社のエンジニアたちは、パラジウムの使用量を減らして新しい規制をクリヤする方法を必死になって研究した。その間も価格高騰の圧力は強まるばかりで、一九九九年一二月にエリツィン大統領が辞任するとその懸念はいっそう強まり、二〇〇〇年春には七〇〇ドル、二〇〇一年にはとうとう一〇九四ドルというピークに達した。

ホンダは、二〇〇一年四月、パラジウムなどの使用量を五〇～七〇パーセント削減できる排ガス浄化システムの開発に成功した。ほかのメーカーも白金やロジウムに替えたり、代替材料の開発に懸命に努力した。ところがフォードだけは、二〇〇〇年、パラジウムを過去最高水準にある価格で購入して在庫の積み増しに走った。そしてそれは、二〇〇一年に入っても続いた。とはいえ、フォードの技術陣も触媒に使われるパラジウムの寿命を延ばす研究で成果を上げ、二〇〇一年後半までに使用量をこれまでの半分に減らすことが可能になった。それでは、フォードが備蓄

(10)　ヤード・ポンド法における質量の単位。約三一・一〇三グラム。貴金属や宝石に用いられる。

した大量のパラジウムはいったいどうなったのであろうか……。

二〇〇一年後半には、供給が安定する一方で各社の使用量削減のための研究が成功することによって需要は減りはじめていた。世界経済の停滞するなか電子機器用も減り、しかも南アフリカの鉱山会社が増産に拍車をかけたうえにロシアからの供給も再開し、価格も安定しはじめた。その結果、二〇〇二年一月には価格は四一四ドルにまで急落し、そのためフォードはパラジウムの過剰在庫によって一〇億ドル規模の評価損を出した。これ以外にも大規模なリストラ損があって、二〇〇一年の決算においては九年振りに赤字に転落し、株価は二〇〇一年に三〇ドルであったものが二〇〇二年一月には一五ドルに下がってしまった（以上のような自動車排ガス処理用パラジウムをめぐるフォードの失敗については、〈日経ビジネス〉二〇〇二年二月二五日号を参照）。

このように白金族金属は、エレクトロニクス、IT（情報技術）、自動車排ガス処理、燃料電池、そのほかの先端技術の進歩には欠かせない金属であると同時に、その希少性と世界での偏在性からきわめて重要な資源である。そして、このような資源にもっとも影響力をもっているのがロスチャイルド・グループである。

ロスチャイルド家は、過去一八〇年間にわたってヨーロッパ金融界に君臨してきたユダヤ人一族である。その歴史は、西ヨーロッパの裏面史であるとも言える。今なおヨーロッパ最大の財閥であり、近代から現代にわたってビジネス界でもっとも成功した一族と言える。そのロスチャイルド財閥は、二一世紀に入った今も金融と情報を支配するだけではなく、全世界で金、ダイヤモンド、ウラン、石油、そのほかの主要な地下資源の権益を保有し、操業している多国籍企業を傘下に収めている巨大なコンツェルンである。

ロスチャイルド・グループ傘下の資源関係企業を、白金というキーワードで結んでみると面白いことが見えてくる。まず、地球上の白金資源の九〇パーセント近くがある南アフリカにおいて、世界の四〇パーセント以上の白金族金属を生産するのが世界最大の鉱山会社であるアングロ・アメリカン社の主要関連会社「アングロ・アメリカン・プラチナム社」である。次に、白金族金属の精錬・加工・販売会社で、川上のアングロ・アメリカン社とは資本関係にあり、世界の白金需要の三〇パーセントを供給して市場支配力をもつ「ジョンソン・マッセイ社」、そして石油スーパー・メジャーの一つであるロイヤル・ダッチ・シェル社の関連会社の「シェル・ハイドロジェン（水素）社」、さらに燃料電池技術では世界をリードしてきたカナダの「バラード社」との提携となれば、白金資源採掘（アングロ・アメリカン・プラチナム）→製錬・加工・流通（ジョンソン・マッセイ）→燃料電池（バラード）→天然ガス改質による水素エネルギー供給（シェル・ハイドロジェン）→水素社会創生（ロスチャイルド―金融）という図式が浮かんでくるわけである。

資源の採掘という川上から、最終製品あるいは消費まで一貫して支配しようとするしたたかさである。このことは白金にかぎらない。わが国の加工貿易による立国、言い換えればモノづくり立国の限界を感じさせる現実である。

情報化社会を支え、科学技術の進歩を促すレア・メタル、レア・アース

これまで資源事情を述べてきたレア・メタル七品目とそれ以外のレア・メタル、白金族金属、そして「レア・アース」あるいは「希土類」と呼ばれる元素は、パソコン、携帯電話、デジタルカメラなど、IT関連製品、そして軍需・宇宙開発に必要な先端材料（半導体、コンデンサー、二次電池、磁石、蛍光体、光学レンズ、光ファイバーなど）として欠かせないものである。

先にも述べたように、レア・メタルにはベリリウム、ガリウム、ゲルマニウム、セレン、ニオブ、インジウム、テルル、タンタル、リチウムなどがあるわけだが、そのなかでも重要なレア・メタルで、需給が不安定で価格の高騰によって供給障害がよく取りざたされるのがタンタルである。タンタルは、主に携帯電話やノートパソコンのコンデンサーなどに使われているが、IT産業の急成長にともなって二〇〇〇年の夏ごろから世界でもっとも品不足となった。需要が対前年比で三〇パーセント以上も増加し、それまで一ポンド（約四五〇グラム）当たり五〇ドル弱のタンタル鉱石の国際価格はピーク時には約七倍の三六〇ドルまで急騰した。その後、アメリカの戦略物資備蓄局の放出やIT不況、あるいは代替材料としてのセラミック・コンデンサーの開発などもあって需要は減退気味に推移したために二〇〇一年に入ってから国際価格は急落し、一九九九年の水準に戻っている。しかし、需給構造が大きく変わったわけではないので供給基盤は依然

図2－2　パソコンに使用されている物質周期律表

1A	2A	3A	4A	5A	6A	7A		8		1B	2B	3B	4B	5B	6B	7B	0
H																	He
Li	Be											B	C	N	O	F	Ne
バッテリー												IC LCD CRT(ガラス) HDD	抵抗各種 各種コンデンサ	IC		筐体 LC	
Na	Mg											Al	Si	P	S	Cl	Ar
LCD CRT(ガラス)	ボード(ガラス) コンデンサ1 筐体											LCD CRT(ガラス) IC ボード コンデンサ1、2 HDD	IC LCD(ガラス) CRT(ガラス) ダイオード コンデンサ10	ボード IC 端子		ケーブル	
K	Ca	Sc	Ti	V	Cr	Mn	Fe	Co	Ni	Cu	Zn	Ga	Ge	As	Se	Br	Kr
	LCD CRT(ガラス) ボード		コンデンサ1 トランス LCD		端子 筐体 HDD	バッテリー コンデンサ 1、2、3 トランス HDD	筐体 HDD コイル CRT	HDD	コンデンサ 1、2、3 抵抗各種 電極バッテリー	配線 ボード IC コイル コンデンサ各種 抵抗各種 トランス	LCD バリスタ	IC	IC	IC		ボード	
Rb	Sr	Y	Zr	Nb	Mo	Tc	Ru	Rh	Pd	Ag	Cd	In	Sn	Sb	Te	I	Xe
	コンデンサ1 圧電製品	CPU	コンデンサ1	コンデンサ1 HDD	圧電トランス		抵抗2		電極はんだ HDD	電極	バッテリー CRT	LCD	LCD はんだ	電極			
Cs	Ba	La	Hf	Ta	W	Re	Os	Ir	Pt	Au	Hg	Tl	Pb	Bi	Po	At	Rn
	コンデンサ1			コンデンサ3 HDD	コンデンサ1 IC				HDD	端子	バッテリー スイッチ バックライト		ハンダ CRT LCD(ガラス)	はんだ 鉛フリー素子			
Fr	Ra	Ac															

ランタノイド	La	Ce	Pr	Nd	Pm	Sm	Eu	Gd	Tb	Dy	Ho	Er	Tm	Yb	Lu
	コンデンサ1		HDD				CRT		CRT						
アクチノイド	Ac	Th	Pa	U	Np	Pu	Am	Cm	Bk	Cf	Es	Fm	Md	No	Lr

抵抗内訳
1　金属皮膜
2　酸化金属皮膜
3　カーボン
4　金属箔
5　巻き線

コンデンサ内訳
1　セラミック
2　アルミニウム電解
3　タンタル
4　メタライズドフィルム
5　メタライズドペーパー
6　ポリエステル
7　ポリプロピレン
8　PPS
9　ポリスチレン
10　石英
11　ポリカーボネイト

その他部品・部材
LCD
CRT
IC（CPU 含む）
バリスタ
ボード
HD（ボード、Al、Fe、Cu、部品）（FDD 含む）
バッテリー
筐体
コイル
トランス
圧電製品

脆弱なままである。二〇〇四年にはＩＴ産業の急回復が見られ、最近また供給不足による価格高騰が懸念されている。

タンタルは、利用されはじめたのが最近ということもあって、埋蔵量についてはまだ十分な探鉱がされていないが、全世界の埋蔵量は一一万トンぐらいとされ、そのうちオーストラリアが五万八〇〇〇トン、そのほかには南北アメリカ、アフリカ、中国にあるとされている。そして、その消費量は、アメリカが世界の三五～四〇パーセントを占め、欧州が二五～三〇パーセント、日本は二〇～二五パーセントとなっている。ちなみに、パソコンに使用されている物質を周期律表[11]に表してみると**図2-2**（一二一ページ）のようになる。タンタルを含む、いかに多くの種類の希少資源が使われているかがわかる。

先端材料の魔術師

レア・アースは、タンタルはじめとする前述のレア・メタルと同じく情報化社会を支え、科学技術の進歩発展を促す素材である。その高い機能性から「先端材料の魔術師」とも言われ、付加価値の高い製品を生み出すのには欠かせないものである。たとえば、イットリウム、ユウロピウムはカラーテレビの蛍光体、発光体として、ネオジウム、ジスプロジウムは永久磁石の材料、ランタンは光学レンズ、テルビウムは光磁気記録材料、「ミッシュメタル」と呼ばれる希土類元素の混合物は二次電池などに使われている。

レア・アースの資源事情としては、その名の通り世界に偏在しており、世界の埋蔵量一億五〇〇〇万トンに対して中国が八九〇〇万トン（五九・三パーセント）で第一位、第二位はロシアであるが詳細不明、第三位がアメリカの一四〇〇万トン（九・三パーセント）、第四位がオーストラリアの五八〇万トン（三・九パーセント）となっている。二〇〇二年における世界の生産量は八万五〇〇〇トンであったが、そのうち中国が七万五〇〇〇トン（八七・八パーセント）を生産し、続くアメリカは五〇〇〇トン（五・八パーセント）にすぎない。

約六〇パーセントの資源を保有して、世界最大の供給国である中国の動向は大変重要である。中国は、一九九〇年代以降、世界的なIT産業の進展による需要増、そして自国の高度経済成長にともなってレア・アース産業も急成長を遂げた。しかし、無秩序、無計画な採掘による環境問題、精製・分離の設備過剰、違法採掘、違法輸出業者の出没、異常な価格変動などの問題が顕在化してきたことと、一九九九年末からそれまでの過剰輸出による価格低迷から脱するために、また資源保護のためにも輸出規制を続けている関係上、その後国際価格は騰勢に転じた。

さらに、二〇〇一年より中国政府はレア・アース業界に対してマクロ的な業界再編政策を強め、

---

(11)　元素を原子番号順に並べたとき、その物理的、化学的性質が周期的に変化するという法則に基づいてつくられた表。

外国企業に対する川上の鉱山採掘および精錬・分離部門への単独企業の参入規制は継続している。一方では、レア・アースの高度加工、新素材、高付加価値新製品の開発分野への外国企業の投資を奨励するなど川下側にも力を入れてきている。したがって、日本のレア・アース産業界との競合は避けられなくなっているばかりか、日本はレア・メタル、レア・アース資源の確保に今後は影響が出そうである。

あらゆる製造業に言えることであるが、川上の資源をもって世界から資本と技術を集めて川下まで一貫生産するところが一番強いのは当然である。世界に資源を求めて、商社が右往左往している日本の資源戦略はいったいどうなっているのであろうか。技術開発力の優位性だけをもって、原材料となる資源は世界中から安いものを買い集めてくるという方式はいつまで継続することが可能なのだろうか。また、原料地立地で海外進出することも当然進展するであろうが、企業の社会的責任（ＣＳＲ：Corporate Social Responsibility）が叫ばれるなか、採掘・精錬など上流側の環境破壊に無関心でいられる時代ではなくなってきているのだ。

少し古いが、一九八五年から一九九二年にかけてマレーシアで起こった公害問題が思い出される。日本企業が三五パーセント出資している現地法人の「マレーシア・レア・アース社」は、錫の廃鉱石を化学処理してイットリウムなどを抽出する事業をしていた。ところが、廃棄物のなかに放射性物質トリウムを含んでいたため、廃棄物堆積場で遊んでいた子どもが放射能による白血病で亡くなり、流産や新生児死亡、そのほかダウン症などの地域住民の健康被害が発生したために公害訴訟が起こされた。単純買鉱であれば、これまでは告発されることもなく資源産出国の問題として責任を感じなかったが、これからは以下で説明するコンゴ産のタンタルのケースのように、CSRの問題として捉えられるようになるであろう。

タンタル資源をめぐって数年前から問題になっているのが、アフリカのコンゴ民主共和国である。コンゴでは金、ダイヤモンドが産出されているが、新しいダイヤモンドとも呼ばれるタンタルの大鉱床が二〇〇〇年年に発見され、現在の調査によると世界の三分の二の埋蔵量があると言われている。内戦状態にあるコンゴでは、隣国ウガンダとルワンダの介入、それに欧米各国の特務機関もからんで、旧宗主国(12)のベルギーをはじめとする欧米企業に中国、カザフスタンの企業までが入り込んでの汚い資源争奪戦が展開された。時あたかも、タンタル価格がピークに達しようとしていたときである。この内紛において、タンタル鉱石は非人道的な武装勢力の資金源になっていた。そして、二〇〇一年四月、国連軍までがこの国に派遣された。

コンゴ産のタンタルを購入して携帯電話の部品をつくっていたフィンランドの「ノキア社」は、NGOや国連機関からコンゴの現状を指摘され、本国以外で起きている環境破壊や人権侵害であるにもかかわらずCSRの立場から現在は購入を止めている。ちなみに、そのタンタルが採掘さ

---

(12)　以前、他国を従属国としてその国の内政・外交に関する権限をもち、支配下に置いていた国家。たとえば、インドに対するイギリス、インドネシアに対するオランダなど。

れている地域は、絶滅に瀕しているマウンテンゴリラが生息している「オカピ野生動物保護区」域内でもある。

第3章

現代金属器文明の名脇役たち

機能性原材料としての工業用鉱物

鉄、非鉄金属、石油などのように現代における金属器文明の主役のような存在ではなく、地味ではあるが工業化社会を支え、国民生活に密着した「工業用鉱物」（非金属鉱物の世界共通語＝Industrial Minerals）と呼ばれる多種多様な脇役たちとして非金属鉱物資源がある。これらの用途分野としては、鉄鋼、電力、金属工業、化学工業、肥料、陶磁器、ガラス、耐火物、製紙、石油、土木建設など、ほとんどあらゆる製造業を挙げることができる。国際的に工業用鉱物として分類されているものは四八種類に上るが、本章では紙幅の関係上すべてを網羅することはできないので、用途とその機能が多彩で使用量の多い資源、あるいはとくに環境への影響が大きいものを選んで説明していくことにする。

二酸化炭素（CO_2）の化石、石灰石――地球環境の敵か味方か

石油・石炭などのことを化石燃料というのはご存じの通りである。では、石灰石はというと、貝や珊瑚などの生物の遺骸が海底に堆積してできたか、あるいはそのカルシウム分が沈殿してできたという成因から「化石鉱物」と言える。石灰石の化学成分は炭酸カルシウム（$CaCO_3$）である。摂氏七〇〇～九〇〇度で加熱すると分解し、石灰石中に固定されていたCO_2が大気中に放出されてそのあとに石灰（CaO）が残る。放出される炭酸ガスの量は、石灰石一トン当たり四四〇キログラムである。

石灰石の最大の用途はセメントで、ついで鉄鋼、非鉄金属、化学、ガラス、製紙、石油精製・電力など多岐にわたるが、大きく分けて、原料として使われるケースと環境保全用の材料として使われるケースがある。前者は、セメントの主原料、製鉄副原料、製紙副原料などで、後者は、非鉄金属鉱山の選鉱・精錬の排ガス、廃酸中和剤[1]、火力発電所の排煙脱硫剤[2]、化学工場の排水処理剤などである。

世界のセメント生産量は年間にして一六億トン、その石灰石使用量は二〇億トンである。鉄鋼用の石灰石使用量は、粗鋼生産量年間一〇億トンに対して二億五〇〇〇万トンとなっており、セメントと鉄鋼だけで合計二二億五〇〇〇万トンとなっている。この二業種だけで、石灰石を高温で加熱することによって発生する炭酸ガス量は九億九〇〇〇万トンにも上る。そのほかの業種で使用される石灰石も環境保全の用途であってもおおむねCO_2を発生させるので、石灰石を起源とするCO_2の量は、世界中の地球温暖化ガスの発生総量である二三〇億トンに占めるシェアは決し

（1）金属鉱山や精錬所において、硫酸などを使って有用金属を取り出したあとに排出される酸を中和して、排出しても無害な状態にするための物質で、主に石灰や消石灰が中和剤として使用される。

（2）石炭や石油を燃料として発電する発電所の煙突から燃料中に含まれる硫黄分が硫黄酸化物のガスとして排出されると酸性雨の原因になるので、排出される前に炭酸カルシウム（石灰石）などと反応させて硫酸カルシウムとして回収すれば煙突から排出されない。このように、硫黄酸化物の中和剤としての役割を果す炭酸カルシウムのことを排煙脱硫剤という。

て小さなものではない。

わが国は石灰石資源が比較的豊富にあり、唯一一〇〇パーセント自給であるばかりかオーストラリア、香港などへ鉄鋼用、セメント用として輸出までしている。二〇〇三年の石灰石生産量は一億六三五二万五〇〇〇トンで、セメント用が四八パーセント、鉄鋼用が一四パーセント、土木・建設用が二六パーセント、その他として一二パーセントであった。このうち、土木・建設用以外の七四パーセント（一部製紙原料用などを除く）からCO_2が発生するので、わが国の石灰石を起源とするCO_2は約五三〇〇万トンということになる。日本全体の排出量を一二億トンとすると、約四パーセントの寄与率ということになる。

電力関係では、日本の火力発電所には高性能の排煙脱硫装置が設置されており、石炭・石油のなかに含まれる硫黄分と脱硫剤として働く石灰石の粉を化学反応させて石膏として回収している。したがって、日本の火力発電所からは酸性雨の原因となる硫黄酸化物は大気中にほとんど排出されることはない。また、非鉄金属鉱山・精錬所などは、排出される廃硫酸などもやはり石灰石粉や石灰で中和処理を行っている。しかし、いずれの場合においてもCO_2の発生に関してはまぬがれない。また、セメント、鉄鋼の場合、燃料として使う石炭、コークスのなかにはやはり硫黄分が入っているわけであるが、石灰石を原料として使う関係から硫黄酸化物は大気に放出されることがなく、石灰石と反応して石膏（硫酸カルシウム）の形になって固定化されるので大気汚染の原因にならない。そのほか、酸性雨(3)によって酸性度が上がった土壌の中和にも石灰石が使われている。

このように、多くの分野において石灰石は大気・水質・土壌汚染の防止あるいは浄化には欠かせないもので、しかも安価安定供給可能な資源であるが、高温で過熱したり化学反応させるとCO_2を発生するという欠点がある。

今、高度経済成長を遂げつつある中国においてはセメント生産量が六億トンと言われ、世界の三七パーセントを占めている。しかも、ほとんどの工場がきわめて旧式で石灰石および燃料の使用量が多いため、必然的にCO_2の発生量も多くなっている。また、主要電源である石炭火力発電所にはほとんど排煙脱硫装置が設置されていないために硫黄酸化物による大気汚染も深刻で、日本を含めて酸性雨による広域的な汚染が懸念されている。さらに、急速な経済成長に電力供給が追いつかないことを理由として、さらに一五〇〇万キロワットの石炭火力発電所の建設計画があることは脅威でもある。

石灰石によって脱硫をすれば、硫黄分は石膏となって建材の石膏ボードやセメントの原料になり、天然の石膏資源を採掘しなくてもすむわけである。わが国では、一九八〇年代から最近まで

（３）　水素イオン濃度（PH）が五・六以下の酸性度の高い雨。石炭・石油などの化石燃料の燃焼で排出される硫黄酸化物、窒素酸化物などの大気汚染物質が雨に溶けて生成される。土壌や湖沼の酸性化による森林の枯れ死、魚介類の死滅など生態系に影響を与える。

石灰石鉱山・北海道

石灰石鉱山・マレーシア

各電力会社が七〇～一〇〇万キロワット級の大規模石炭火力発電所を雨後の筍のように建設していったが、大気汚染防止法による厳しい規制をクリヤするために高性能の排煙脱硫装置がそれぞれに設置された。その結果、石灰石の粉で脱硫されてできた良質の石膏が多くでき、それまでタイから天然石膏を年間三〇〇万トンも輸入していたのが現在は一〇〇万トン以下になっている。それだけ、タイの自然破壊をしないですむわけである。

現在、わが国の沿岸部には、各電力会社の石炭火力発電所が三五ヵ所設置されている。それ以外にも、製鐵会社やそのほかの製造業者も自家発電所や独立系発電事業者（ＩＰＰ）[4]をもっている。これらの発電所のほとんどすべてが、セメント会社の石灰石鉱山から石灰石を細かく砕いたタンカル（炭酸カルシウム）の供給を受けて排煙脱硫に使っている。そして、脱硫によってできた石膏（硫酸カルシウム）はセメント会社や石膏ボード[5]会社に供給するビジネス関係ができている。さらに、発電所で燃やされた石炭から出る大量の石炭灰もセメント工場に原料として供給される。

このように、日本全国の大規模火力発電所はすべてセメント工場とつながっており、いわゆる

（4）Independent Power Producer。独立系発電事業者、一九九六年よりわが国では、電力の自由化の一環として民間企業が発電事業に参入し、電力卸事業ができるようになった。

（5）建築用材料で主に内装・間仕切りなどに使われる。石膏に軽量な粒子を混ぜて水で練って両面に厚紙を密着させて板状にしたもの。防火性、遮音性、寸法精度などにすぐれるが、耐水性や衝撃性は比較的弱い。

ゼロエミッションのネットワークができている。いまや、切っても切れない共生関係にあると言える。この仕組みを中国はじめ全世界に拡げていけば、酸性雨問題と石膏、粘土などのセメント原料の採掘による自然破壊がどれほど軽減されるかは計り知れない。

なお、わが国の石灰石の採掘は年間一億六〇〇〇万トンにも上るわけであるから、やはり自然破壊は避けて通れないことになる。しかし、非鉄金属鉱山とは大きく違って、鉱石のなかから有用金属を取り出す工程がないために大量のテーリング（尾鉱）の発生や有害物質の排出はなく、掘ったものはほぼすべて原料になるというメリットがある。しかし、森林伐採や表土除去などは必要となるため、採掘終了後の植林などの環境復元が求められる。

情報通信産業のコメ――石英（珪石）

石英（結晶したものを水晶と言う）は鉱物名で、その化学成分は二酸化ケイ素（SiO_2）で「シリカ」とも言う。地殻を構成する岩石をつくっている鉱物の化学成分は、このシリカが約六〇パーセントを占めている。ついで、「アルミナ」と呼ばれる酸化アルミニウム（Al_2O_3）が約一五パーセントで第二位であるが、その差は歴然としている。石英は単一の鉱物として世界で多量に産出するが、その産出状況、品位、あるいは用途によって「水晶」、「石英」、「珪石」、「珪砂」などと呼ばれている。純度がそれほど高くないものは、珪石、珪砂としてセメント、建材、板ガラスなどに使用されている。コメにたとえれば、さしずめ玄米と言ったところである。

情報通信産業用としては、純度の高い水晶や石英が使われている。まず原料は、第一段階として還元することによって酸素とともに不純物を取り除き、シリカ（SiO_2）を粗製のシリコン（Si）にする。ついで、この粗製シリコンのなかに残っている不純物を塩素を介在させて除去し、高純度のシリコンをつくる。こうしてできた高純度シリコンを原材料として半導体シリコン、すなわちＩＣ（集積回路）の基板となる円盤状の「シリコンウエハー」と呼ばれるものがつくられ、最終的には情報通信機器用ＩＣチップや太陽光発電用のソーラー・セル(6)に加工される。また、高純度シリコンに酸素を再びくっつけて高純度シリカにして溶融し、直径三〜六ミクロン（一ミクロン＝一〇〇〇分の一ミリ）程度のガラス繊維にしたものが光通信の基幹部材として使用されている光ファイバーである。

図3‐1は、石英を出発原料として純度を上げて、光ファイバーやマイクロチップス(7)、そして太陽光発電用のソーラー・セルをつくる概略のプロセスを示している。太陽光発電の本格的な普及のためには、高純度シリコンを低コストにおいて量産できるだけの技術開発が必要となってく

(6)　太陽電池のこと。太陽の光のエネルギーを直接電気エネルギーに変換する装置。シリコンなどの半導体の光起電力効果を利用したもの。

(7)　集積回路と呼ばれる超小型電子回路。トランジスター、抵抗などの多数の回路素子が、一枚の基盤上に分離できない状態で結ばれている。小型で消費電力が少ないため、各種電子機器に利用されている。

図３－１　シリコン製造プロセス概要　（筆者作成）

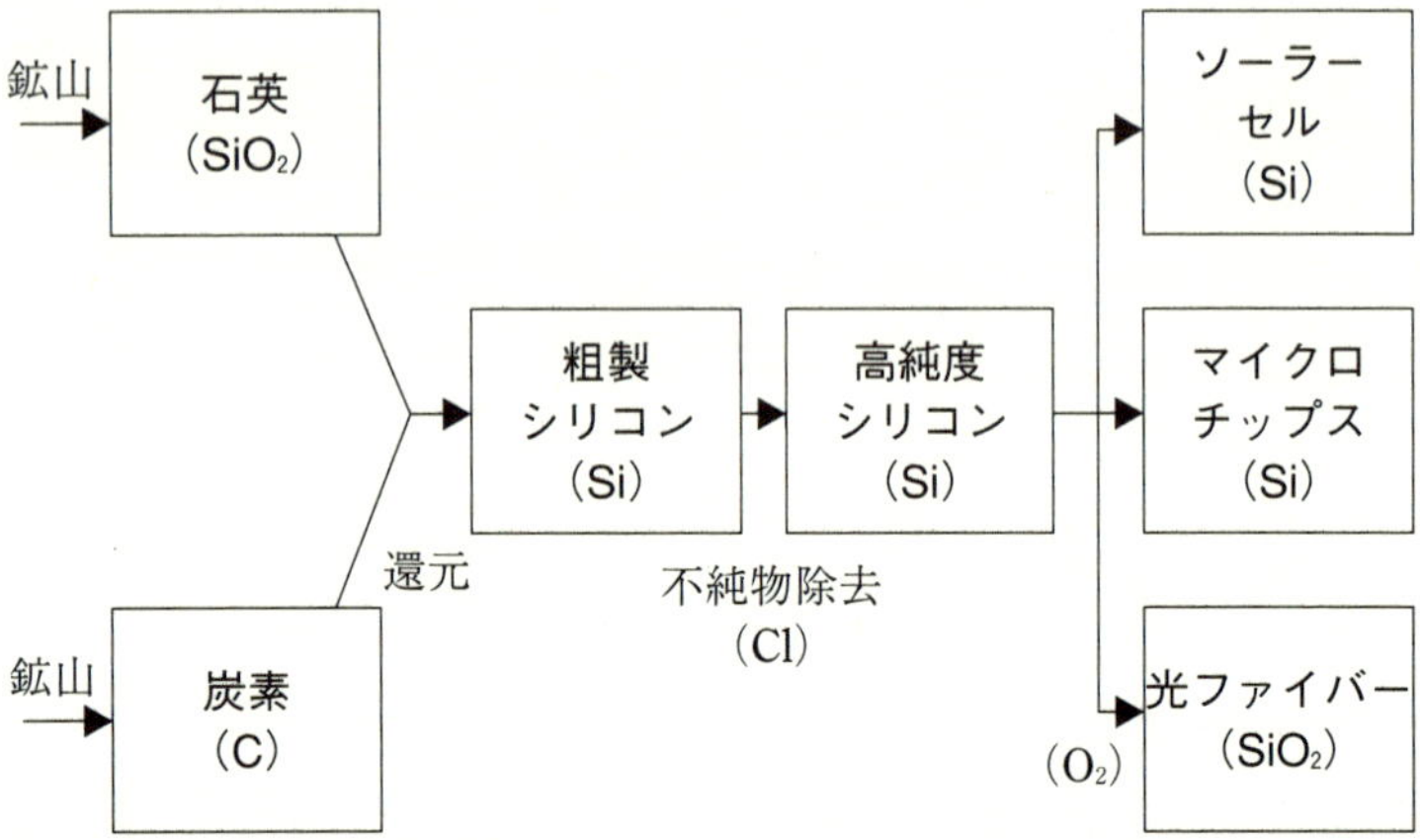

る。そのためには、安価で安定した原料シリコンの確保が重要となる。現在は、主に半導体用シリコンのスクラップ品が利用されており、半導体産業の動向に影響されるためにエネルギーコストとともに将来の低コスト量産化のボトルネックになる恐れがある。現在のシリコン製造におけるプロセスのエネルギー消費量は、「電気の缶詰」と言われるアルミニウムの一〇〇〇倍、鉄の一万倍と大変大きいものとなっている。いまや高純度シリコンは、ＩＴ革命時代のパソコン、携帯電話などとともに、環境革命とも言われる時代の再生可能なエネルギーの太陽光発電において欠かせない素材となっている。

　蛇足ながら、この光ファイバーのメーカーは非鉄金属鉱業出身の電線メーカーがほとんどを占めている。銅の電線に代わって、ＩＴ革命にともなう光ファイバーによる情報通信ネットワーク時代への変化に対応したビジネス転換ということであろう。

その光ファイバーをつくる電線会社は、その中間原料である四塩化珪素を塩化ビニールや各種無機化学品をつくっている化学会社から購入している。四塩化珪素はオーストラリアなど海外から塩と珪砂を輸入してつくられるわけだが、化学会社としては、もともと四塩化珪素をつくることを目的として塩を買ってきているわけではない。

塩を電気分解すると、「苛性ソーダ」と「塩素」ができることはご存じであろう。苛性ソーダからソーダ灰をつくって、板ガラスやガラス製品のほか、洗剤や無機薬品と各種化学品の原料としてや有機化学品の製造にも使われている。塩素のほうは、エチレンとともに「塩ビモノマー」と呼ばれる塩化ビニールの原料をつくるのに利用されている。

しかし、苛性ソーダと塩素は、それぞれを原料とする製品の需給状況によっては塩素に過不足が生じる。これを「塩素バランス」と呼んでおり、常に調整が必要となる。そのため、化学会社が珪砂を輸入して、余った塩素を利用して四塩化珪素をつくって電線メーカーに光ファイバー原料として供給しているわけだ。電線メーカーは、四塩化珪素を水素で還元して高純度の光ファイバー母材をつくるわけだが、その過程で同じく化学会社から買ってきた苛性ソーダで塩素を中和して塩に戻して、それから下水を通して海に捨てている。これでわかるように、光ファイバー用の高純度シリコンは、一貫生産ではなく異業種の垂直分業となっている。

なお、素材の純度を高めるためにいったん塩化物にして再び塩素を取り除く方法は、自動車の白色の下地塗料として大きな需要がある酸化チタンをつくるためにも利用されている。この場合、塩素は化学会社から買うが、リサイクルして使われるので塩を捨てることはない。それに、酸化チタンの原料は珪砂のように誰でも容易に手に入れることができるという資源ではないので、非鉄金属鉱業会社が川上の四塩化チタンの製造から行っている。

なお、高品質の水晶が産出して日本にも輸出しているブラジルでは石炭が産出されないので、水晶から最初の粗製シリコンをつくるための還元剤として熱帯雨林を伐採してつくった木炭を使っている。このため、水晶の採掘による環境破壊とともに問題となっている。

石膏——天然と合成（副生）の攻防

天然の石膏資源は世界に広く分布しているが、日本には品質のよい天然石膏はない。わが国の年間の石膏消費量は約九〇〇万トンで、主に建物の内装や間仕切りに使われる石膏ボードの主原料として使われている。また、セメントが早く固まりすぎないように、硬化時間を調整するための副原料として五パーセント程度使用されている。消費量の約四〇パーセントはほとんどタイから輸入されている天然石膏であるが、市況、為替の状況によってはオーストラリアやメキシコからもスポットとして輸入されている。残りの六〇パーセントは、火力発電所から出る排煙脱硫石膏と肥料工業、燐酸工業、酸化チタン工業、フッ酸工業など、化学工業から出る副産石膏（合成石膏）である。

石膏の化学成分は硫酸カルシウムであるので、需給関係においては硫黄と硫酸の需給状況が深くかかわることになる。わが国では、非鉄金属精錬、石油精製、火力発電によって回収された硫黄によって不可避的に硫酸が生産されているが、その量は年間約六八〇万トンに上っている。この硫酸が上述の化学工業用に供給される量は約五六〇万トンでしかないため、残りの一二〇万トンは中国、東南アジア、遠くは南米のチリまで輸出しなくてはならない。しかし、環境問題から諸外国においても硫黄の回収や硫酸の生産が急速に進められており、日本から硫酸の輸出ができなくなる可能性がある。そのうえ、電力、石油精製、非鉄金属精錬からの供給が増加する一方なので、需要側である化学工業の衰退から硫黄・硫酸の需給のインバランスが進むことが予想される。

現状では何とか需給のバランスがとれているので、副産石膏は全量利用されて不足分は天然石膏の輸入で賄われているが、バランスが取れなくなったときには、この輸入分を余剰の硫酸による合成石膏生産に向けて、大気汚染防止のために回収された硫黄あるいは石膏を廃棄物とすることなく利用することができる。

一方、天然石膏の輸出国であるタイ国では、日本が副生石膏の比率を上げて輸出量が減少しつつあるため、採掘業者は外貨獲得のために安売りに走っている。その結果、買い付ける日本の商社はいっそうの値下げを迫ることになる。タイ政府の再三にわたる指導にもかかわらずこの悪循環を続けていくと、リサイクル資源である副生石膏は廃棄物として埋めたて処理されることになる。そして、天然石膏の採掘現場では、植林などの環境修復がなされないままに放置されることになる。

筆者は、そのような現場をタイにおいて数多く見てきた。そして、その際、タイ王室のシリキット王妃(8)が環境破壊の現場を視察されて、嘆いておられたという話を聞いた。それ以外にも、オーストラリア北部準州(9)のウラニウム鉱山で使う硫酸をつくるために、わざわざカナダのバンクーバー（Vancouver）から回収硫黄が運ばれてダーウイン（Darwin）の海岸に野積みされているところを見た覚えがある。そして、バンクーバーの港では、当の硫黄が大量に堆積されているのを実際に見た。

硫黄の需給あるいは硫酸の需給を左右する要因として、銅鉱山の動向も挙げる必要があ

タイの石膏鉱山

る。南米のチリは世界最大の銅生産国であり、精錬所で回収される硫黄に対して銅鉱山自体で消費される量がそれを上回っている。それは、約一〇年ほど前から急速に伸びてきた溶媒抽出法という銅の精錬方法を採用した鉱山においてのことで、大量に硫酸を使用するようになったことが原因となっている。日本では、川上における銅採掘部門がないために、硫酸はこれらの国に輸出しなければならないのが現状である。

以上のように、一口に石膏と言っても、非鉄金属鉱山・精錬所、火力発電所、製油所、そしてセメント、建材、肥料工業などの化学工業が供給側と需要側に分かれており、そのうえ環境問題もからんで複雑な物流および流通形態をなしている。言い換えれば、工業用鉱物としても、石膏、硫黄、石灰石は密接にからみあっているということがわかる。

リン鉱石——枯渇がもっとも心配される資源

農業生産にはかかせない植物の三大栄養素といえば、窒素、リン酸、カリウムである。窒素肥

(8)　Sirikit（一九三二〜　）現在のタイ王国プミポン国王（ラーマ九世）の妻。

(9)　オーストラリアの中央北部に位置する州の一つ、ノーザン・テリトリー（Northern Territory）とも呼ばれる。州都はダーウイン。

料の原料は、天然の鉱物資源に頼らなくても空中窒素を固定してアンモニアを合成することによってできるし、カリ肥料は、原料の岩塩（カリ塩）の産出国がかぎられてはいるが比較的多量にあるため心配はない（わが国はカナダから輸入している）。しかし、リン酸肥料の原料であるリン鉱石は、わが国では全量を輸入に頼っているのが現状である。そのうえ、リン鉱石の埋蔵量はあと五〇～一〇〇年と言われている。

リン鉱石の産出国としては、アメリカ、中国、モロッコ、南アフリカ、ヨルダン、セネガルなどである。埋蔵量は、アメリカが三三パーセント、中国が一五パーセント、モロッコおよび西サハラが一五パーセントとなっている。世界最大の資源保有国であると同時に最大の供給国であったアメリカは、一九九六年より資源保護を理由として輸出を禁止にしたために、現在わが国は、モロッコ、中国、南アフリカ、ヨルダンなどにその輸入を依存している。輸入量は年間約九〇万トンで、産出国もかぎられているリン鉱石の安価・安定供給は将来の食糧安全保障のうえにおいても重要な問題となっている。

また、リン鉱石は肥料用としてだけではなく、リン化学工業品、とくにリン鉱石を精製してつくる黄リンは、医薬品、食品添加物、鋼板の表面処理、難燃剤、燃料電池など多様な用途に利用されている。アメリカが黄リンを国家戦略上重要な物資として輸出を禁止にしたために、わが国では年間二万五〇〇〇トンを必要とする黄リンをすべて中国に依存している。しかし、近年の価格上昇のため、最近では生活排水処理にともなう汚泥に含まれているリンを回収して肥料化する技術の開発が製鉄会社や環境機器メーカーによって盛んに行われている。

もともと、下水処理の際にリン分を高度に除去することは、湖沼や海域などのように閉鎖性の水域の富栄養化対策としても必要なことである。また、全国で発生する下水汚泥の埋め立て処分場の確保が難しくなってきたこともあって、年間三七万トン発生する汚泥焼却灰のなかに含まれるリン鉱石並の高濃度のリンを高純度の黄リンとして回収して、リン化学工業の原料にする試みもされている。もし、この技術が実用化されることになれば、二万トンの黄リンが回収できることになる。

近代欧米列強によるリン鉱石――〝鳥の糞〟の争奪戦

メラネシア、ミクロネシア、ポリネシアなどの中部太平洋の島嶼地域の小さな島々にリン鉱石が発見されたのは、一九世紀中ごろ以降のことである。このリン鉱石は、「グアノ[10]」と呼ばれる鳥獣の糞が長年にわたって堆積してできたものである。そして、このグアノは南米のケチュア族[11]が昔から肥料として利用していたが、一八二一年のペルーの独立以後、ペルー領のチンチャ島

(10) 熱帯地方の島に鳥類や動物の糞や骨が数万年にわたって堆積し、その間にリン分が濃縮して層をなしているもの。リン酸肥料の重要な資源として利用されてきた。

(11) 南米ペルー、エクアドル、ボリビアなどアンデス山脈地帯に住む種族。インカ帝国を築いた主な種族で、ジャガイモ、トウモロコシ、豆などを栽培し、家畜も飼育していた。言語はケチュア語を使用していた。

(Chincha)に堆積していたものを採掘してアメリカへ輸出していた。一九世紀半ばに中部太平洋の無人島や有人島でグアノが発見されると、アメリカをはじめとしてヨーロッパ列強はきそって植民地編入を行い、権益を確保して採掘事業を進めていった。

しかし、これらの島々は広大な太平洋のなかにおいては豆粒のように小さく、そのうえリン鉱石は表層にあるだけなので一九四〇年代にはあらかた掘りつくしてしまった。現在においても採掘が続けられているのは、埋蔵量が豊富であったメラネシアのナウル島（現在のナウル共和国）[12]のみである。しかし、この島もグアノの枯渇は時間の問題と言われている。ちなみに、ナウル島は当初ドイツの支配下にあったが、第一次世界大戦後は国際連盟の委任を受けてイギリス、オーストラリア、ニュージーランドによる統治下に置かれて、その結果、この島のグアノはこの三国に輸出されることになった。

太平洋戦争時、日本軍はこのナウル島とその隣のバナバ島を占領してリン鉱石の採掘を計画したが、戦局が悪くなったために輸送船を送ることができず、一度も積み出すことなく終戦を迎えた。そして、太平洋戦争が終わると、国際連合の信託を受けて先に挙げた三国において操業が再開された。

約一〇〇年間にわたって日本も、欧米列強に加わって太平洋上の島々のリン鉱石を採掘し、先進諸国の農業生産にかかせないリン肥料として利用してきたわけだが、いまやグアノ型のリン資源は完全に枯渇するときを迎えようとしている。

かくしてグアノはなくなった

資源の枯渇ということとは別に、資源産出発展途上国の資源採掘にともなう社会・経済的なネガティブな影響、いわゆる南北問題がある。この問題は、金属資源、エネルギー資源だけでなく非金属鉱物（工業用鉱物）資源の場合にも共通する。

もっとも大掛かりに採掘が行われたナウル島を例にとると、一九〇六年に採掘が開始されて以来ロイヤリティが住民に支払われたわけだが、その金額は鉱石積み出し価格のわずか七〇〇分の一でしかなかった。そして、採掘量や山元売却価格の決定に参加する権利は与えられなかった。また、鉱山開発にともなって中国や周辺諸国から労働者が、そして鉱山の操業に従事する白人居住者が増えていった。その結果、それまで自給自足で生活していた原住民は貨幣経済に移行し、採掘によって農地が破壊されたために農耕可能な土地は減少していき、外来の食料、生活物資の流入によって生活様式が激変してしまった。

一九六八年、ナウル島は共和国として独立し、イギリス、オーストラリア、ニュージーランドの三国から権益を買い戻すとともに、国営企業としてナウル人自らの手で採掘、輸出することが

(12)　ミクロネシア系人種。人口二万人弱、首都ヤレン、言語は英語を公用語とし、ナウル語も使用。キリスト教徒が多い。一七九八年にイギリスの捕鯨船が発見。一九二〇年、オーストラリア、ニュージーランド、イギリスによる国際連盟の委任統治領となる。一九四二年に日本軍により占領されるが、戦後一九四七年、上記三国による国連信託統治地域となる。一九六八年独立。

できるようになった。そのおかげで莫大な利益がもたらされ、一九七〇年代から一九八〇年代にかけて大変〝豊かな国〟になり、無税、高福祉政策によってナウル人は欧米風の〝豊かな生活〟を享受して、周辺の島々に住む人々からうらやましがられた。しかし、リン鉱石は遠くない将来、あるいは二〇世紀中にも枯渇すると言われていたため、ナウル政府は基金を設立して慣れない証券投資などの資産運用によって財政基盤をつくろうとしたがこれがうまくいかず、逆に莫大な損失を出してしまった。

二〇世紀初頭から行われた鉱石採掘による土地の荒廃は激しく、独立時点までに破壊された土地を農地として復旧するための費用を旧宗主国に要求して、その責任を追及するために国際司法裁判所に訴えた。そして、一九九三年、最終的に一億七〇〇〇万オーストラリアドルで和解が成立した。しかし、欧米風の〝便利で快適な〟ライフスタイルを今さら変えて自給自足の農耕生活には戻れず、また復旧した土地に産業誘致をすることもできず、いまやナウル共和国の将来は大変不安をかかえている（以上、小川和美、一九九八年「太平洋島嶼地域におけるリン鉱石採掘事業の歴史と現在」を参照）。

ナウル共和国で代表されるように、中部太平洋島嶼におけるリン鉱石の採掘は単なる部分的な環境破壊にとどまることなく、島そのものの破壊をもたらした。まさに、資源収奪文明の犠牲者と言える。そして、同じようなことが今も世界各地の発展途上国の資源採掘にともなって起こっているのである。パプア・ニューギニアで、インドネシアで、アフリカで、そして南米で……。

ボーキサイト——アルミニウム原料

現代の工業化社会で、軽金属のアルミニウムとその合金のない生活は考えられない。アルミサッシ、車両、ボート、航空機とそのエンジン、ビルの外壁、高電圧電線、家庭用品、ビールの缶など、きわめて広範にわたる分野で大量に使用されている。二〇〇二年における世界のアルミニウム地金生産量は二六〇〇万トンで、金属としては鉄に次いで多い。この現状からすると、金属器時代の脇役というよりは主役の一人と言うべきかもしれない。

アルミニウムは、クラーク数[13]が七・五六で、酸素、珪素についで三番目に多い。アルミニウムの原料資源は「ボーキサイト」と呼ばれる赤褐色の水酸化アルミニウムを多く含む赤土状か塊状の鉱石で、主として熱帯地域や亜熱帯地域に産出する。

ボーキサイト資源は序章で述べたように、原油、銅とともに発展途上国が世界の埋蔵量の過半数を占めている。世界の埋蔵量三三〇億トンに対して、オーストラリアが八七億トン、ギニア共

---

(13)　アメリカの地球化学者、F・W・クラークが地球の表面に近くに存在する元素を、平均的な重量パーセントで表したもの。一番多いのが酸素で四九・五%、二番目が珪素で二五・八%、三番目がアルミニウム七・五六%、次いで鉄四・七〇%、カルシウム三・三九%、ナトリウム二・六三%、カリウム二・四〇%、マグネシウム一・九三%、これら八元素で九七・九一%を占める。

和国八六億トン、ブラジル二九億トン、ジャマイカ二五億トン、中国二三億トン、インド一四億トン、そしてベネゼラが四億トンとなっている。また、輸出についても発展途上国の割合が圧倒的に多いが、日本は主としてオーストラリアから輸入している。

世界のボーキサイト採掘量は、二〇〇二年段階で一億四二〇〇万トンなので資源量としては問題がなさそうである。埋蔵量、生産量ともにオーストラリアについで世界第二位のギニアは、欧米ならびにロシアの外資を主体として採掘が行われている。そして、ギニアの国庫収入の八〇パーセントがボーキサイト部門によるものである。また、オーストラリア、ギニアに次いで世界第三位の埋蔵量と生産量を誇るブラジルは一三〇〇万トンの生産を行っている。

チタン鉱石——ミネラルサンド（重い砂）

チタンの鉱物は、主として「ミネラルサンド(14)」と呼ばれる海浜の砂のなかに含まれている。ミネラルサンドのなかのチタン鉱物としては、「イルメナイト(15)（チタン鉄鉱、$FeTiO_3$）」、「ルチル（TiO_2）」などであるが、チタン鉱物のほかに「ジルコン（$ZrSiO_4$）」を含んでいる。これらの鉱物は比重が重いために「重砂」とも言われ、海浜の砂のなかに層状に堆積した、いわゆる漂砂鉱床をなしている。したがって、比重で選り分けることができるとともにイルメナイトには磁性があるために磁力による選鉱が可能である。

イルメナイト、ルチルなどのチタン鉱物は、全量の約九〇パーセントが高純度の酸化チタンの原料として使用され、白色顔料がつくられている。この白色顔料は、車両、船舶、建築・建材などの分野で使われる塗料として、そして印刷用インキ、プラスチック、化繊・合繊、紙のコーティング材などに使われている。最近は、酸化チタンの光触媒反応(16)を利用した自動車排ガスによる大気中の二酸化窒素（NOx）除去など、汚染大気の浄化やクリーン・ルーム、外壁の汚れ防止にも利用されるようになって脚光を浴びている。

残りの一〇パーセントはというと、チタン金属（軽量、強靭性、耐熱性、耐食性をもった素材）として、原子力、航空宇宙開発、石油化学、火力発電、自動車、土木・建築構造物、医療機器、眼鏡フレーム、ゴルフクラブ、そのほかスポーツ・レジャー用品などきわめて広範な分野で使用されている。なお、チタン鉱物の副産物として採れるジルコンは、ファインセラミックス、電子材料、耐火物、ガラスなどの原料として幅広い分野の工業材料として使用されている。

---

(14)　チタン、ジルコニウム、錫など、有用金属の原料鉱物を層状に多く含む砂鉱のことをいう。

(15)　ジルコニウムを含む有用鉱物、レンガなど耐火物やセラミックス材料をつくる原料となる鉱物。比重が四・七と比較的重く、化学的にも物理的にも強い性質をもつ。透明なものは宝石になる。

(16)　葉緑素は太陽光があたると、触媒の役割を果して炭酸ガスと水を反応させ、澱粉と酸素にする。いわゆる光合成すなわ光触媒反応である。二酸化チタンなども、こような触媒作用をもつことから、車の排気ガス中の有害な窒素酸化物を分解したり、臭いの成分や雑菌を殺したりするのにこの光触媒反応が利用されている。

変遷の激しいミネラルサンドの主力供給元

以上のように、チタン鉱物を含むミネラルサンドはきわめて利用価値が高いが、高品質の資源は世界に比較的偏在している。その主な鉱床は、オーストラリア、南アフリカ、カナダ、インド、ノルウェー、アメリカ（フロリダ）などである。その産出状況は、二〇〇二年度、世界のチタン鉱石生産量が、酸化チタン換算で四一一万三〇〇〇トンであった。産出国別では、オーストラリアが一二八万一〇〇〇トンで約三〇パーセントを占め、南アフリカが八五万トンで二位、カナダが六五万八〇〇〇トンで三位で、この三ヵ国で六八パーセントを占めている。

わが国は、ミネラルサンドの二〇〇二年度の総輸入量は三八万五〇〇〇トンであった。その輸入先は、オーストラリアから約四〇パーセント、ベトナムから約三〇パーセント、インドから約九パーセント、マレーシアからが約七パーセントとなっている。かつて、一九八〇年代にはマレーシアからの輸入が第一位であったが、現在はほとんど枯渇の状態で、それが理由でしだいにオーストラリアに移っていった。

マレーシアのミネラルサンドの産地は、マレー半島の西海岸のいわゆる「ティン・ベルト（錫ベルト）」と称する沿岸部の海浜漂砂鉱床帯である。[17] なぜ、チタン鉱石が錫と関係するかというと、ティン・ベルト地帯はもともと戦前から錫の砂鉱を採掘していた所であり、以前は選鉱によって錫を採取したあとの残渣（尾鉱）は「アマン」と呼ばれて採掘現場に大量に捨てられていた。しかし、その残渣のなかにはチタン鉱石、主としてイルメナイトが多く含まれていた。高度経済成長にともなって白色顔料（塗料）としての酸化チタンの需要が自動車用などとして大幅に増加したことと、イルメナイトからの酸化チタン製造技術の進歩もあってマレーシア産のチタン鉱石輸入が盛んに行われたが、資源の枯渇とともにオーストラリア、インド、ベトナムなどに移行していった。

マレーシアの西海岸を空から見ると、沿岸部にてんてんと錫、そしてチタンのミネラルサンドを採掘した跡が水溜りになっているのが見える。今述べたように、マレーシアのチタン鉱石が枯渇していくにつれてオーストラリアの東海岸に主力が移っていったわけだが、環境規制が厳しくなるとともに資源量も少なくなってきたため、今度は南西部沿岸地域が主要供給元となっていった。しかし、やがてオーストラリア南西部も高品位の資源が少なくなっていき、同じく環境問題も厳しくなって供給能力が制約されるようになったため、一九八〇年代になると今度は南アフリカにおいて資源国際大資本のリオ・ティント社やＢＨＰビリトン社などが次々にミネラルサンドの生産を開始し、主要生産地は南アフリカに移行していった。

一九九〇年代以降には、チタン製品の利用分野の拡大による需要増と精錬技術の進歩もあって、オーストラリアで積極的に探鉱が行われた結果、今再び主要産地として脚光を浴びようとしている。今度の採掘対象の鉱床は、「マレイベーズン（Murray Basin）」と呼ばれる中央南部、ニュー

（17）　第2章の（註6）を参照。現在の海浜近くに位置する漂砂鉱床のこと。

サウスウェールズ州（New South Wales）、ヴィクトリア州（Victoria）、サウスオーストラリア州（South Australia）にまたがる広大なミネラルサンド鉱床の賦存地域である。このように、資源の枯渇、環境問題、低品位鉱石の利用技術の進歩、新しい製品技術および利用分野の拡大などによって、世界における資源の需給関係は大きく変化することになる。

なお、チタンの生産は、ほかの鉄鋼・非鉄金属事業に比較して高い収益率を上げているが、最近の中国の著しい経済成長にともなって需給はタイトになりつつあり、利益率はさらに上がることが予測されている。ミネラルサンドに含まれるジルコンも、やはり中国の影響でファインセラミックス、ガラス向けに需要が伸びており、とくに高品位のものの需要増加は著しく、オーストラリアと南アフリカの増産が期待されている。

ミネラルサンドの大手生産者は少なく、主要資源は偏在しているとともに寡占化が進んでいると言えるが、政情の安定性、資源保有量、そして資源が存在する地域の環境条件などからも、最終的にはオーストラリアの地位がもっとも優位になりそうである。とくに、一大ミネラルサンド供給地として新しく開発が期待されているマレイベースン地域は民家が少なく辺境の乾燥した平原で、海岸の砂浜を掘り返すこともなく環境負荷も比較的小さいために、開発にあたっては政府による税制そのほかの優遇措置も講じられている。

かくも多種多様な工業用鉱物

本章では、現代金属器文明をささえる名脇役たちとして工業用鉱物資源あるいは非金属鉱物資源のうち、その機能の多様性、生産量、環境への影響、主要産業との連関などの視点から、石灰石、石英、石膏、リン鉱石、ボーキサイト、チタン鉱石を取り上げて説明した。しかし、これらのほかに工業用鉱物としては四一鉱種もある。これらすべてを取り上げて説明したいところであるが、すべての鉱物資源を網羅することが本書の趣旨ではないので、あえて割愛した。以下、〝脇役〟たちの鉱物名を工業用鉱物に関する国際的な専門誌〈Industrial Minerals〉の分類によってアルファベット順に挙げて、その主な用途を簡単に説明しておく。

なお、本書執筆中にしきりに石綿（アスベスト）の健康被害が報じられていた。この問題は一〇年以上前から指摘され、業界を挙げてノン・アスベスト化に取り組んできた。アスベストの特性がきわめて優れているため、代替の天然鉱物によって同等の性能を得ることが難しかったが、現在は珪灰石（wollastonite）が主に使われている。

鉱物名	英名	主な用途
カンラン石	Olivine	研磨剤
パーライト	Perlite	軽量断熱建材、水処理材
リン鉱石	Phosphate/Apatite	燐酸肥料
カリ塩	Potash	アルカリ化学品、カリ肥料
軽石	Pumice	建材、研磨剤、ろ過材
パイライト	Pyrite	石炭液化触媒
パイロフィライト	Pyrophyrite	紙·ゴム·塗料·プラスチック充填材
レア・アース	Rare earths	電子材料
塩	Salt	塩化ビニール、無機化学品
珪石／石英	Silica/Quartz	セメント副原料、セラミックス、ガラス
シリマナイト	Silimanite minerals	セラミックス、耐火物
スレート	Slate	屋根材、建材
ソーダ灰	Soda ash	ガラス製品、無機化学品
硫酸ナトリウム	Sodium sulphate	浴用材、洗浄剤、医薬品
スピネル	Spinel	耐火レンガ
ストロンチウム鉱物	Strontium minerals	花火、磁性材料
硫黄	Sulphur	非鉄金属用硫酸、無機化学品
滑石	Talc	紙·ゴム·塗料·プラスチック充填材
チタン鉱物	Titanium minerals	塗料、チタン金属、合金
蛭石	Vermiculite	建材、水ろ過材、園芸用材
珪灰石	Wollastonite	陶磁器、溶接棒、釉薬
ゼオライト	Zeorites	脱臭剤、建材、土壌改良剤

＊上記、工業用鉱物として分類されているものの中には、レア・メタルやレア・アースも含まれている。なお、最初のアルミナのように、天然鉱物としてのボーキサイトから不純物を取り除いてアルミニウム金属を取り出す過程でできる中間製品としての酸化アルミニウムを、主にセラミックス原料などに利用される工業用鉱物として分類されている。

表３－１　工業用鉱物一覧表

鉱　物　名	英　　名	主　な　用　途
アルミナ	Alumina/Bauxite	セラミックス、耐火レンガの原料
アンチモン	Antimony	合成樹脂、繊維の難燃剤
石綿	Asbestos	建材、耐熱保湿材
ボールクレー	Ball clays	陶磁器原料
バライト	Barytes	石油・天然ガスの井戸掘削
ベントナイト	Bentonite	土木工事用薬剤、水処理用薬品
ベリリウム鉱物	Beryllium minerals	軽量金属加工、
ボロン	Borates	セラミックス、耐熱ガラス原料
臭素・ヨウ素	Bromine/Iodine	金属中間体原料
クロマイト	Chromite	陶磁器用原料
ダイヤモンド	Diamond	切削工具
ダイアトマイト	Diatomite	住宅壁材、左官材料
ドロマイト	Dolomite	製鉄副原料、耐火炉材
長石	Feldspar	ガラス、衛生陶器
蛍石	Fluorspar	製鉄副原料
黒鉛	Graphite	塗料、特殊炭素製品
石膏	Gypsum	石膏ボード主原料、セメント副原料
酸化鉄	Iron oxide	顔料、磁性材料
カオリン	Kaolin/Halloysite	陶磁器原料、製紙充填材料
石灰石	Limestone	セメント主原料、製鉄副原料、中和剤
リチウム鉱物	Lithium minerals	ガラス、セラミックス、電池触媒
マグネサイト	Magnesite	アルミニウム合金、鉄鋼脱硫、鋳造
マンガン	Manganese	乾電池、合金鉄
雲母	Mica	耐熱・絶縁物、コンデンサー絶縁物
硝石	Nitrates	黒色火薬

第4章

エネルギー資源

石炭とウラン

資源というと、わが国ではどういうわけか、一般的に石油、天然ガスといったエネルギー資源を意味することが多い。たしかに、二〇世紀は石油の時代、まさに工業化社会・経済の血液であり、二一世紀に入った現在も、その安価・安定供給は国家的な最重要課題になっていることはまちがいない。そのため、石油、天然ガスについては多くの資料や文献、新聞記事、雑誌、書籍が出ており、一般的に知られるところとなっている。しかし、ほかの鉱物資源とは性格を異にする面が多いうえに、本書において鉱物資源の一種類として論ずるには大きすぎるテーマとなるため、本書ではあえて割愛し、本章では石炭とウランについて取り上げることにする。

とはいえ、一般にあまり知られていないそのほかの石油系のエネルギー資源を簡単に紹介しておこう。オーストラリア、ロシア、アメリカ、中国、ブラジル、モロッコなどに「オイル・シェール」と呼ばれる頁岩《けつがん》など緻密な堆積岩(1)のなかに含まれる油、そしてカナダやベネズエラに「オイル・サンド」と呼ばれる比較的浅い砂の層に含まれている、流動性をもたない高粘度の油がある。オイル・シェールの埋蔵量は採れる油の量で約三兆バーレル、オイル・サンドの埋蔵量は二・三兆バーレルと言われている。

オイル・シェールについては、一九七〇年代の石油ショック後、アメリカやオーストラリアを中心として盛んに油を採り出す技術開発が行われたが本格的な操業には至っていない。そして、オイル・サンドのほうは、カナダのアルバータ州北部の埋蔵量が世界一とされており、とくに「オイル・サンドの町」とも言われるフォート・マクマレイ（Fort McMurray）において生産されている。これまで、採掘のために技術開発を含めて数百億ドルという多額の投資がなされ、今ではカナダの石油消費量の二五パーセントを占めるまでになっている。主要物質は「ビチューメン」と呼ばれる粘り気の強い重油で、主な用途は発電用である。ちなみに、ここには日本の石油会社も投資している。

もっとも安定したエネルギー資源——石炭

石炭は、発電用あるいはセメント、化学、製鉄など製造業用として直接燃焼して用いられる一般炭、主にコークス、高炉による製鉄の原料として使われる原料炭、そのほか無煙炭、褐炭などに分類される。石炭は採掘可能な埋蔵量が確認されているものだけでも九八四〇億トンと豊富であり、比較的偏在性が少なく、資源保有国の政情が安定しているためにエネルギー資源としてはすぐれていると言える。資源エネルギー庁の石炭課が二〇〇三年に発表した「わが国のエネルギーにおける石炭の位置付けと今後の石炭政策」によると、採掘できる年数も二一五年で、石油四〇年（一兆五〇〇〇億バーレル）、天然ガス六〇年（一五五兆立方メートル）、ウラン六〇年（三

（1）　海底・湖底・地表などにおもに岩石片、鉱物粒などが堆積してできた岩石。大部分は地層をなし、化石を含むことがある。

九三万トン）と比べてはるかに長い。

数字だけを見ると、マクロ的には石炭はエネルギー資源としてもっとも安定していると言える。しかし、近年の中国をはじめアジアにおける一般炭の需給動向を見ると、今後、逼迫化が予想されて楽観できない情勢となっている。

世界でもっとも荷動きの激しい貨物

世界三大貨物と言われるのが「石炭」、「鉄鉱石」、「穀物」で、なかでも石炭が、輸送トン数、輸送船舶隻数でも一番多く、荷動きが激しい。

二〇〇二年における石炭の国別生産量は、**図4－1**に示すように中国（三三・七パーセント）、アメリカ（二四・六パーセント）が突出しており、二ヵ国で約六〇パーセントを占め、三位のインドを加えると六六・五パーセントに上る。ただし、三ヵ国とも国内消費がほとんどで、輸出の割合は非常に少ない。一方、オーストラリア、南アフリカ、インドネシア、ロシア、カナダを見ると、輸出の割合が高いことが特徴となっている。なかでも、オーストラリア、インドネシア、カナダの生産量に対する輸出割合が高く、それぞれ七四・九パーセント、七一・九パーセント、八八パーセントとなっている。また、南アフリカとロシアも、それぞれ二七・七パーセント、二〇パーセントと高い数値を示している。

図4－1　世界の石炭生産量と輸出量（2002年）

（単位：百万トン）

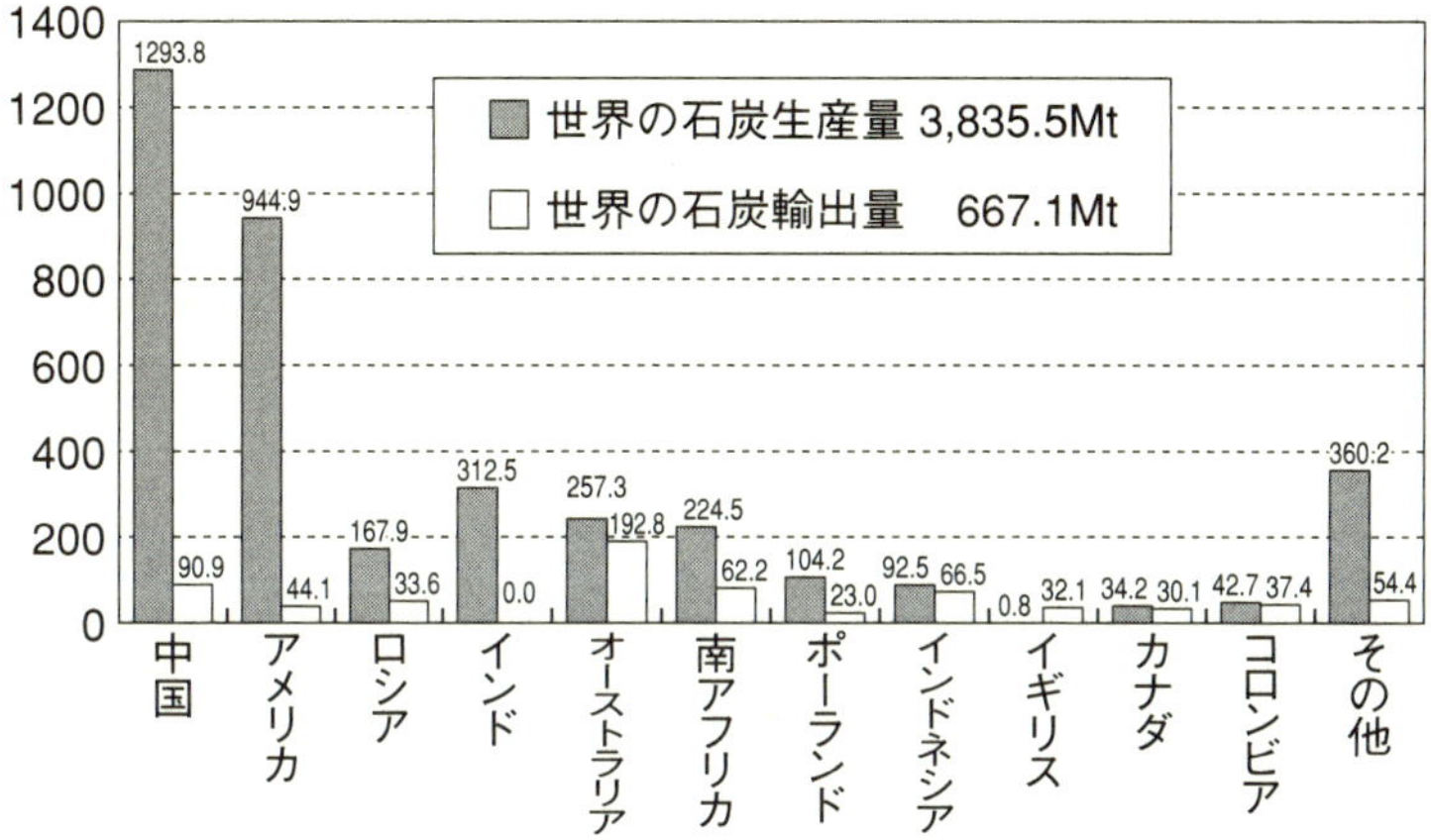

出典：資源エネルギー庁（編）：エネルギー2004、エネルギーフォーラム（2004年1月21日）、p105。

輸出量がもっとも多いのがオーストラリアの一億九二八〇万トンで、世界の石炭貿易量である六億六七一〇万トンの二九パーセントを占め、中国の九〇九〇万トンとインドネシアの六二六〇万トンを加えると五一パーセントを超え、アジアを中心とした世界的な需要の拡大を示している。

一九九二年から二〇〇二年までの一〇年間の世界の貿易量の推移を見ると、原料炭はほぼ横ばいであるが一般炭は倍増している。なお、産出各国の一般炭と原料炭の輸出割合を見ると、オーストラリア、アメリカ、カナダの原料炭が一般炭を上回っているのに対して、中国、インドネシア、ロシア、南アフリカなどは一般炭が大幅に上回っている。そして、二〇〇三年以降、鉄鋼用の原料炭も伸びてきており、世界の全石

図4－2　世界一般炭貿易フロー（2002年推定）

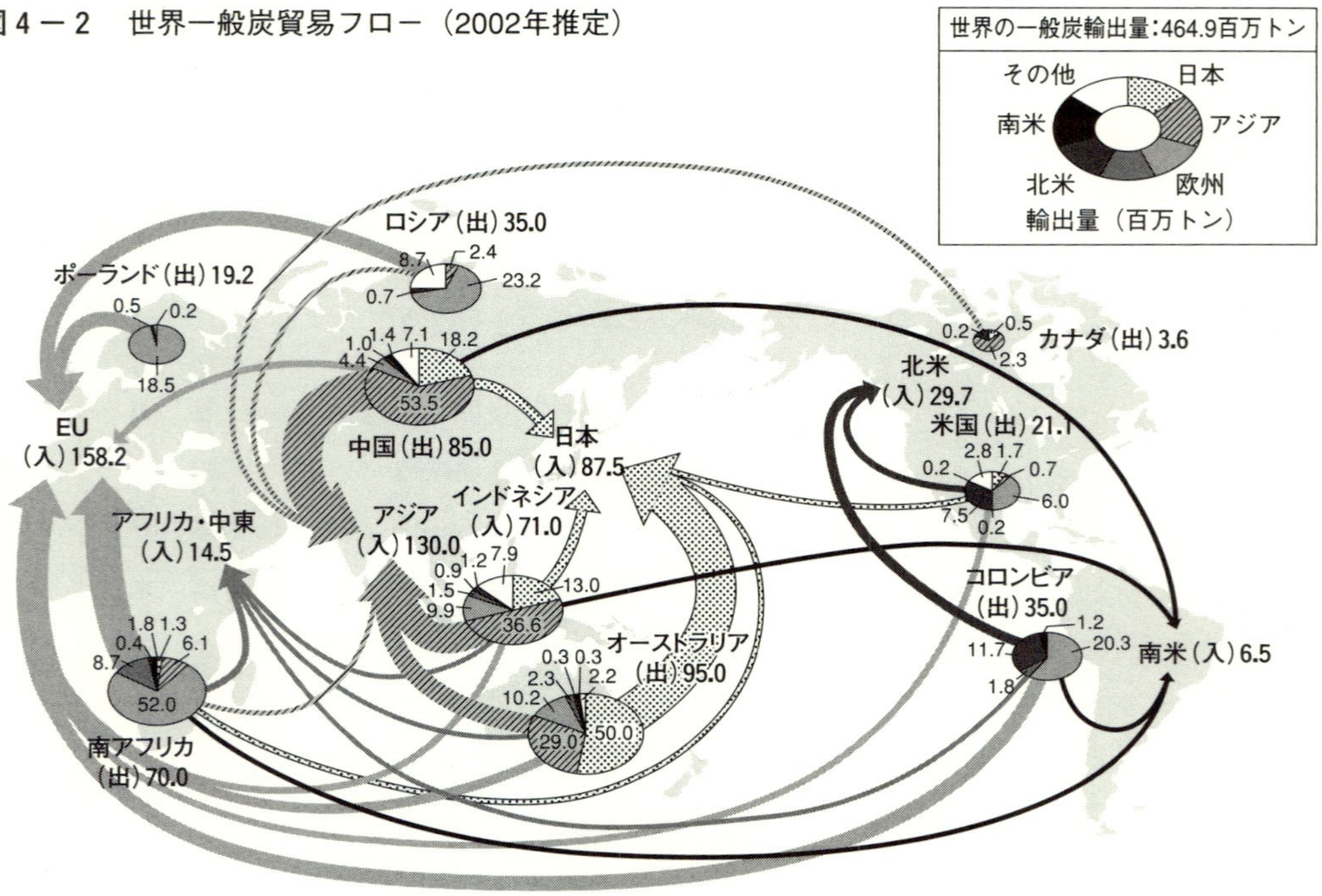

出典；IEA Coal Information 2002。

図4－3　世界の原料炭貿易フロー（2002年推定）

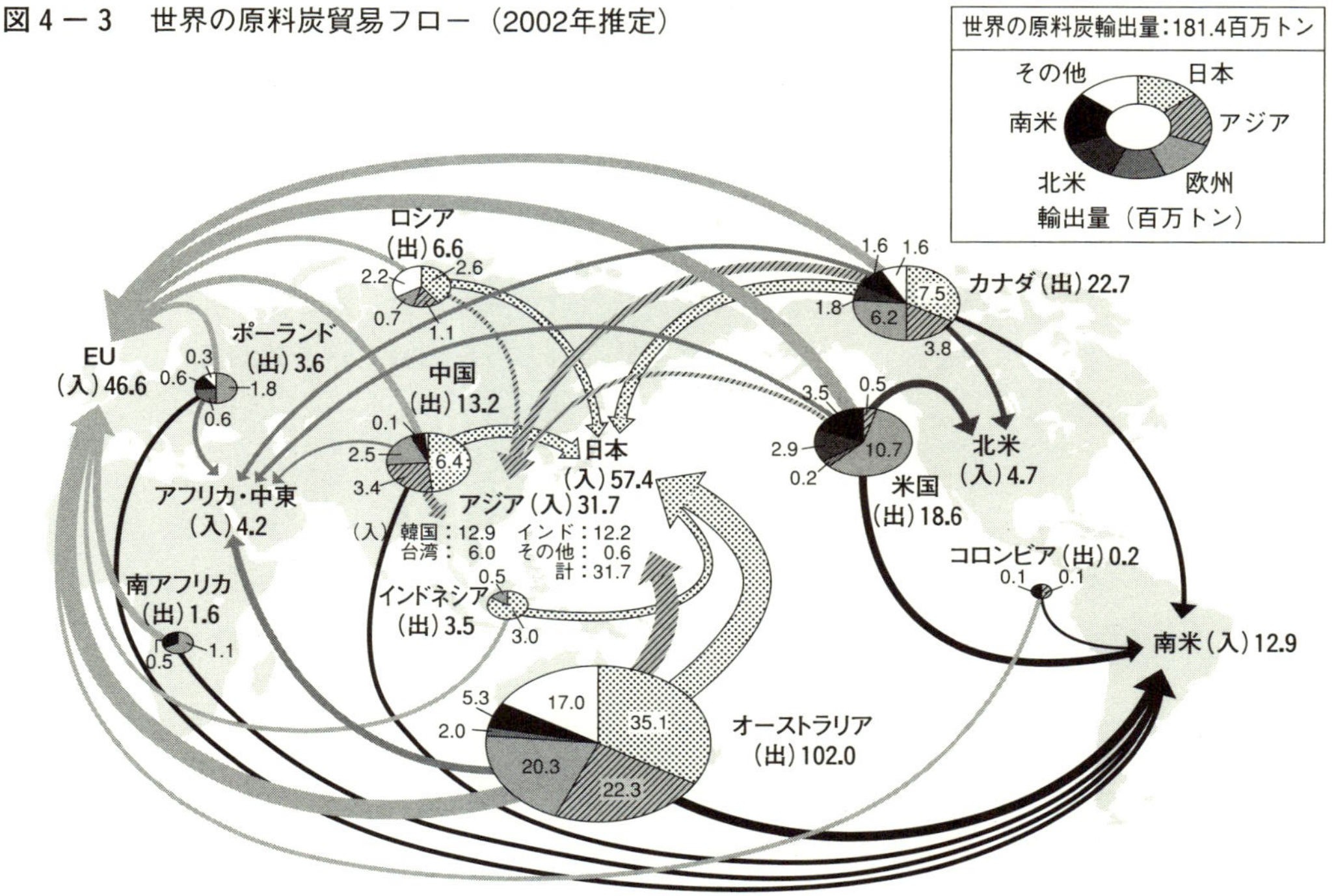

出典；IEA Coal Information 2002。

炭貿易量は現在もさらに伸びる勢いである。
これらのデータから、世界の石炭資源と貿易の姿が浮かんでくる。

世界一の石炭輸入国――日本

わが国の輸入量は推定一億四四九〇万トン（二〇〇二年）で、世界の貿易量の二一・七パーセントを占めており世界一の輸入国である。このうちオーストラリアへの依存度がもっとも高く、八五二〇万トン（五九パーセント）となっている。ついで中国、インドネシア、カナダとなっているが、中国、インド、そのほかのアジア諸国の高い経済成長率を考えると、今後、オーストラリア、インドネシア、カナダへの依存度はますます高まるであろう。

海外からの輸入炭の安定供給のために、政府は民間企業による海外の石炭開発プロジェクトへの資本参加に対して助成、融資、税制などの支援を実施して、権益取得を促している。また、二〇〇二年度における海外炭開発プロジェクトへの参加実績では、九六パーセントがオーストラリアに集中している。そのオーストラリアからの輸入量の六五パーセントが開発プロジェクトへの投資によるもので、三五パーセントは単純買鉱となっている。

これら、海外炭開発プロジェクトへの投資による権益取得は伝統的に大手総合商社が行っており、近年の日本をはじめアジア市場などの電力、鉄鋼、セメント向けなどの需給逼迫と価格上昇を受けて各社ともにしのぎを削っている。とくに、オーストラリアにおいては、国際資源大資本の御三家とも言えるＢＨＰビリトン社、リオ・ティント社、アングロ・コール社（アングロ・アメリカン系列）などの開発プロジェクトへの投資が盛んに行われている。

高度経済成長期には石油への転換が行われてほとんど鉄鋼用などの原料炭に使用がかぎられていたところに二度にわたる石油危機に見舞われ、石炭火力発電用の燃料やセメント用燃料として再度石炭への転換が行われた。そのために石炭の輸入が急激に増えたわけであるが、海外の大規模石炭鉱山の出荷基地から大量の石炭を輸入するにあたっては、「ケープクラス（一一～一五万トン）」、「パナマックスクラス（五～七万トン）」、「ハンディクラス（三～四万トン）」と呼ばれる各種の大型石炭輸送船が接岸できる港湾と石炭のストック・ヤード、あるいは「コールセンター」と言われる中継備蓄基地の整備が必要であった。また、同時に、輸入後の国内における流通システムの整備も必要であった。

石炭を大量に輸入するために、大型船が接岸するバース（停泊岸壁）の水深は、ケープクラスで18m、パナマックスクラスで15m、ハンディークラスで12mが必要。海に囲まれた日本は、この点で有利。

高騰をはじめた一般炭

一般炭の輸出価格については、オーストラリア産の二〇〇四年度の対日輸出価格は前年に対して最大七〇パーセントの大幅値上げで決まり、続いて中国産炭も約七〇パーセントの値上げで決着した。二〇〇〇年を境に原料炭の値上がりがはじまっていたわけだが、一般炭については二年遅れの二〇〇二年を境として上昇をはじめた。

中国は、高度経済成長にともなって電力需要も急増し、総需要は二〇〇四年度で二兆二〇〇〇億キロワット時と膨大なものとなっており、工業用、一般家庭用ともに深刻な電力不足が続いている。発電能力の増強に力を入れているが、石炭供給能力不足もあって需要増に追いつかない状況である。したがって、二〇二〇年までに七～八パーセントの実質経済成長を目標に掲げている中国は、一次エネルギーの八〇パーセント（約一億二〇〇〇万トン）を石炭に依存しており、豊富と言われている石炭についても、現在の純輸出国から純輸入国になるとも予測されているほどである。

最近、石炭の増産圧力が原因と思われるが、各地の炭鉱においてガス爆発などの大きな事故による死亡災害が多発している。また、石炭使用の大幅増加にともなう大気汚染などの環境汚染問題もますます深刻さの度合いを深めており、資源面とともに環境面からも経済成長の目標を疑問視する見方がある。また、アジアにおける石炭産出国であり有力な輸出国でもあるインドネシアでは、リオ・ティント・グループなどの国際大資本が進出して盛んに開発を行っているが、近年、労働条件改善をめぐってストライキが頻発しており、需給逼迫要因、あるいは価格上昇の原因ともなっている。

このような世界的な一般炭の需給の変化に対応して、発電用および一般産業用（セメント、製紙など）の一般炭を対象とした世界的規模の会員制の電子商取引市場の開設と運営を行う会社の「グローバルコール社」が設立された。設立のメンバーは、世界の一般炭貿易量の四〇パーセントを占める資源会社四社と電力会社四社、そのほかの一社から構成されている。そのメンバー会社には、やはり国際資源大資本の御三家と言われるアングロ・アメリカン社、リオ・ティント社、BHPビリトン社が名をそろえている。日本からは電源開発株式会社（現・株式会社J-power）の子会社である一社が六・一パーセントを出資しており、そのほかはイギリス、スイス、イタリア、ドイツといったヨーロッパ勢にアメリカのインターネット・ベンチャー・キャピタルが一社入っている。

設立場所はロンドンである。ちなみに、出資の六六・六パーセントは当然ながら上記の資源会社三社である。扱う石炭は、オーストラリア、南アフリカ、コロンビア産のものとなっており、その受け渡し場所は、オーストラリアのニューキャッスル（Newcastle）、南アフリカはリチャーズ・ベイ（Richards Bay）、コロンビアはプエルト・ボリバール（Puerto Bolivar）、ヨーロッパはロッテルダム（Rotterdam）、アムステルダム（Amsterdam）、アントワープ（Antwerp）で、いずれも石炭だけでなくそのほかの鉱物資源の大集積地である。

資源需給の変化に応じてすみやかに対応して市場支配力を獲得していくのが国際資源大資本で、その力は想像を超えるものがある。

原料炭の争奪戦がはじまる

世界の原料炭の貿易量は、二〇〇二年の推定で一億八一〇〇万トン、二〇〇四年予測では約二億トンになる。主な生産国の輸出量とその比率は、多い順からオーストラリア一億一〇〇万トン（五六パーセント）、カナダ二三〇〇万トン（一三パーセント）、アメリカ一八〇〇万トン（一〇パーセント）、中国一三〇〇万トン（七パーセント）、ロシア七〇〇万トン（四パーセント）、その他一〇パーセントとなっている（二〇〇二年推定）。

日本はどうかというと、二〇〇二年における原料炭の輸入量は五八〇〇万トンで世界の貿易量の三二パーセントを占めている。そのうち、オーストラリアからの輸入量が三五〇〇万トン（六〇パーセント）となっている。中国は一三〇〇万トン輸出しているが、そのうちの半分を日本が輸入している。しかし、中国は自国の鉄鋼生産の急激な伸びに対して国内需要優先政策を打ち出し、これまでの輸出奨励制度を転換して、二〇〇四年、原料炭についても一三パーセントの付加価値税の還付を廃止した。したがって、日本のオーストラリアへの依存度は、量、コスト、安定供給の点において、鉄鉱石とともにますます高まることになろう。ちなみに、オーストラリアの二〇〇二年の原料炭生産能力は世界の六二パーセントに達している。

鉄鉱石と同様、原料炭についても日本の場合は総合商社が活躍している。三菱商事のシェアが大きく、二〇〇二年における世界の原料炭貿易量の一億八一〇〇万トンのうち一一パーセントを扱い、三井物産が二パーセントのシェアとなっている。

前述のように、中国経済の急成長とインド、ブラジルの経済成長、そして世界的な景気回復基調の影響もあって、鉄鋼需給は二〇〇四年度になって逼迫の度合いを増している。中国の鉄鋼生産量の伸び率は、過去一〇年の平均が一一・二パーセントで、五年の平均は一六パーセントという脅威的な数値を示し、欧米、日本の高炉会社にブラジル、インドの高炉会社も増産に加わっている。

その結果、鉄鉱石ばかりでなく原料炭（強粘結炭）の需給も逼迫してきた。価格も、これまで五、六年は一トン当たり四〇ドルから五〇ドルで比較的に安定していたものが、二〇〇三年度から上昇をはじめて二〇〇四年度に入って五七ドルに達した。さらに、二〇〇五年度の国内高炉大手五社と石炭供給では世界最大手のＢＨＰビリトン社との価格交渉の結果、過去最高であった一

（2）　事業から生じる付加価値を課税標準として、その事業を行う個人・法人に対して課せられる租税。

九八二年の六六ドルをも大幅に上回る一二五ドルで決着した。新聞紙上では「前代未聞」という表現がされていたが、いよいよ「資源争奪戦」の様相を呈してきたように見える。

　以上のように、一般炭も含めた資源争奪戦のなかで日本の総合商社各社は、電力、鉄鋼、セメント、そのほか石炭多消費の業界各社の旺盛な需要を受けて、国際大資本が開発したオーストラリアをはじめとしてインドネシアなどの各地の鉱山、あるいは新しい開発案件に対して競って権益確保のための投資を積極的に行っている。その結果、資源輸入各社は、価格高騰もあり大きな利益を得ている。ただし、価格高騰のつけは需要家側の負担になることは言うまでもない。

原子力エネルギー――ウランの資源事情

　ウラン資源の確認可採埋蔵量は、「経済協力開発機構・原子力機関および国際連合・国際原子力機関（OECD／NEA&IAEA）」が発表した年報〈Uranium 2003〉によると、ウラン（U）換算で三五三万七〇〇〇トンとなっている（国別埋蔵量は**表4-1**を参照）。

　この可採鉱量は、世界のウラン需要量を約六万トンとすると、寿命は約六〇年と言われている。最近まで、六〇年分あれば新たなウラン資源の探鉱を行わなくても心配はないと考えられていた。しかし、二〇〇五年二月一六日の京都議定書が発効したことによって、地球温暖化ガスが排出されない原子力発電への世界的な関心が高まり、アメリカはブッシュ政権が原子力推進を打ち出し、中国も二〇二〇年までに二七基の発電所を新設する計画をもっている。したがって、現在、年間六万トンのウランの需要量が二〇〇八年以降に九万トンまで増加すると予測されており、確定埋蔵鉱量は四〇年分になると予測変更がされている。

わが国では、ウラン資源の供給国を多様化して各国と長期の購入契約を結んでいる。割合の多い順から、カナダ、オーストラリア、イギリス、アメリカ、ニジェール、南アフリカ、フランス、中国などとなっている。また、調査・開発段階から参加して権益確保の努力も一方でなされている。その調達量は世界の十数パーセントである。一九九九年三月末現在、八酸化ウラン（U_3O_8）で二万七二〇〇トン（資源エネルギー庁）、ウラン換算で約七七〇〇トンであった。

一方、世界原子力協会（World Nuclear Association）は、実際は次に挙げるような理由から、たとえ世界的に原子力エネルギーの需要が大幅に増えたとしても数百年は問題ないと報告している。

ウラン鉱の生産は、当初、核兵器の開発用とし

表4－1　ウランの国別埋蔵量

（単位：トン）

国　名	埋蔵量
オーストラリア	989,000
カザフスタン	622,000
カナダ	439,000
南アフリカ	298,000
ナミビア	213,000
ブラジル	143,000
ロシア	158,000
アメリカ	102,000
ウズベキスタン	93,000

出典：Uranium 2003。

てであった。一九六〇年代になって、発電に利用できることがわかったときにはウランは希少資源と思われていた。しかし、一九七三年の第一次石油危機のあと、増加するエネルギー需要を満たすための選択肢として多くの国から発電用原子炉の発注が相次いだ。そして、各発電所が原子炉の予定稼動年数分のウランを競って買いつけて在庫としてもったためにウランの価格はうなぎ登りに上昇し、各地で資源の探査が盛んに行われることになった。その結果、新しい鉱床がオーストラリア、北米、アフリカで次々と発見され、各国の発電所との長期契約に基づく資金によって多くの鉱山が開発された。

ところが、原子力発電の比率は予測されたほど急速には伸びなかった。一九八〇年代後半になると、各国の発電所には大量の在庫が積み上がっていた。そのためウランのスポット市場ができて、価格は一九七〇年代後半のピーク時の八分の一まで下落した。とくに、アメリカでは鉱山の閉山が相次ぐとともに、新規探鉱はほとんどされなくなった。そのほかの国の鉱山では操業は続けられたが、多くの発電所では主に在庫のウランを使用していたのである。そして、一九八五年以降、西側諸国のウラン生産量は原子炉の総需要量以下となり、二〇〇〇年には年間使用量の半分まで落ち込んだ。

OECD／NEA＆IAEAが共同で発表したウラン資源量が上記の三五三万七〇〇〇トンという数字であり、世界の年間使用量が六万トンとすると約六〇年となるわけである。しかし、世界原子力協会によると、これらの数字は単純すぎる見方であり、いまだ十分に探査されていないために実際には約三倍の一〇〇〇万トンオーダーの資源量があり、価格があまりに安いから採鉱のインセンティブが働かないだけであると言っている。また、原子力燃料は新しく採掘されたウランだけではないことを忘れてはならない。ご存じのように、使用済み核燃料の再処理がすでに各国で計画されている。この核燃料サイクル(3)が軌道に乗ると、新規に採掘されるウランを大幅に代替することにもなる。

わが国では、二〇〇四年一一月、多くの議論のすえに原子力委員会がすべての使用済み燃料を再処理する方針を確認した。使用済み燃料は、再処理してリサイクルする方法と再処理しないで地中に埋め立て処分する方法がある。リサイクルする方法には安全対策に多額の費用がかかるため経済性に問題はあるわけだが、ウラン資源の効率的な利用という考えが重視されたものであるということはまちがいない。そして、日本原子燃料公社(4)によって、一九九三年より青森県六ヶ所村に建設中であった再処理工場において、二〇〇六年七月の本格稼動を目指して試験運転がはじ

(3)　原子力発電所で使い終わった燃料は、発電所内外の再処理工場でウランやプルトニウムの再利用できる物質を分離・回収して再び燃料に加工して発電に利用できる。つまり、核燃料が再処理を行うことによって繰り返し使えるので、この一連の流れを核燃料サイクルという。

(4)　一九五六年の原子力基本法に基づいて設立されたもので、核原料物質の開発および核燃料物質の生産並びにこれらの物質の管理を総合的かつ効率的に行い、原子力の開発および利用の促進に寄与することを目的としている。

まった。

もう一つウラン資源の効率的使用の方法として、核兵器など軍事用に使用される高濃度のウランを低レベルの濃縮度に薄めることによって発電用として使用する方法がある。軍事用として核を保有している国が発電用に放出すれば、新規鉱山からは年間一万トン削減できるばかりか、新規に採掘する必要すらなくなる。そしてまた、新しい設計の高速増殖炉(5)によって単位ウラン当たりの発電量を約六〇倍上げることができると言われている。しかし現状では、核燃料サイクルも高速増殖炉の技術も、経済性に乏しいと言われている。

ウラン資源の開発会社としては、やはり国際大資本が大きな力をもっている。一九九〇年代の価格低迷時期に買収・合併による再編が進み、ほかの主要資源と同じく寡占化されて、英・豪系のリオ・ティント・グループ、フランスのコジェマ社、そしてカナダのカメコ社の三社で、六〇パーセントのシェアを占めるに至った。また、ごく最近では、やはり英・豪系のＢＨＰビリトン社が、世界的な寡占化の波のなかで、国際大資本ではない最後の独立系大手ウラン鉱山会社であるオーストラリアの「ＷＭＣ社」を約七六〇〇億円で買収するという提案を行った。このＷＭＣ社は、南オーストラリアに世界のウラン埋蔵量の四〇パーセントにも及ぶ大鉱山をもち、ウラン鉱石の生産量は世界第四位で、そのシェアは八パーセントとなっている。

ＢＨＰビリトン社はこれまでウラン資源にはほとんど手を出していなかったが、ここにきて、

図４－４　世界のウラン需給の見通し

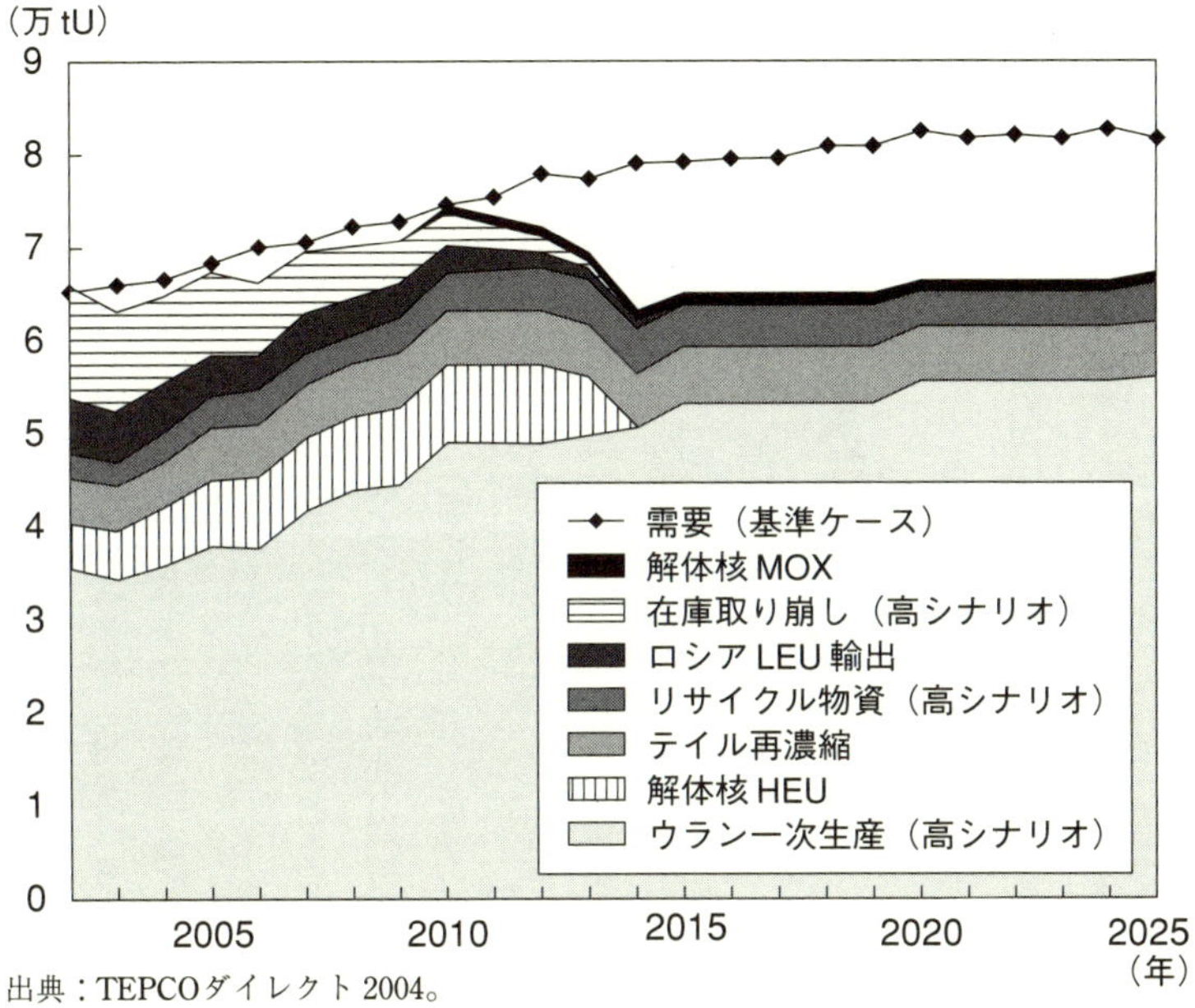

出典：TEPCOダイレクト2004。

中国、インドなど急成長を遂げつつある新興国のエネルギー需要を狙って参入しようという考えである。この買収劇が成功すれば、ウラン資源についても国際大資本による寡占支配がさらに進むことになる。

こうした国際大資本の動きは、二〇一〇年あるいは二〇一三年ごろからのウラン精鉱の需給逼迫を見越してのことであろう。現実に、価格も二〇〇三年までは一〇ドル前後と低水準であったのが二〇〇四年になって二〇年ぶりに高騰をしはじめ、一八ドルを超えたことによる素早い判断によるものであろう。[6]

需給逼迫の原因としては、二〇〇一年のオーストラリアにある世界最大のオリンピックダム鉱山（Olympic dam）の工場火災、二〇〇三年のカナダのマッカーサーリバー鉱山（McArthur River）の漏水事故、ナミビアのロクシング鉱山（Roxing）の減産などによる影響と、一九九五年からアメリカがロシアの解体核兵器の高濃度ウラン購入契約が二〇一三年には終了し、そのころには西側諸国の過去の過剰在庫がなくなるであろうということが挙げられている。また、中国の原子力発電所は建設中を含めて一一基で約九〇〇万キロワットとなり、二〇二〇年には実に四倍の三六〇〇万キロワット、つまり一〇〇万キロワット級をあと二七基増設するという計画がある。と同時に、高速増殖炉建設も急がれていることなどが原因として挙げられる。

エネルギー資源争奪戦がはじまった今、アメリカのブッシュ政権も原発建設再開を打ち出しており、世界的に原子力への回帰とも言える現象が起こっている。

わが国の進むべき道は？

フランスは、全エネルギー供給量の七七パーセントを原子力発電で賄っている。そして、そのうちの一〇パーセントを周辺国に供給している。さらに、使用済み核燃料サイクル事業も強力に推進しており、エネルギー独立を果たしていると言われている。

わが国は唯一の被爆国であり、核アレルギーも強く、また一九八六年四月に旧ソ連ウクライナ共和国のチェルノブイリ原子力発電所で起きた事故もあり、原子力発電の比率を今後大幅に上げていくことはまずないであろう。さりとて、石炭火力発電は温室効果ガスの排出という障害になる。しかも、比較的安定していると言われる石炭資源であるが、大量の石炭の長期安定的な確保の点では必ずしも問題がないわけではない。

とすると、わが国のエネルギー安全保障はどうなるのであろうか。石炭のガス化複合発電(7)によるCO_2削減など、クリーン・コール・テクノロジーの技術確立とともに、商社任せではない長期的な石炭資源確保の戦略策定、原子力発電の安全体制確立、使用済み核燃料サイクル技術の確立、石油・天然ガス資源の調達の多様化、そして、何と言ってもバイオマス、風力、太陽光などの再生可能な自然エネルギーも含めたベスト・ミックスによる最適化の道を探るしかないであろう。

---

(5)　発電しながら、消費した以上の燃料を生み出す、すなわち増殖することができる原子炉のこと。現在の原子炉に比べて、ウラン資源の利用効率を飛躍的に高めることができる。

(6)　採掘されたウラン鉱石を、主に化学的に処理して不純物を取り除いたあと、ウラン含有率を六〇パーセントくらいまで高めたものをウラン精鉱という。色が黄色のために「イエロー・ケーキ」と呼ばれている。ウラン鉱石は、このイエロー・ケーキの状態で国際的に取引されている。

(7)　石炭は、燃やすとCO_2と灰がほかの化石燃料よりも多く出るという欠点がある。資源埋蔵量が豊富なので、利用を促進するために、従来の微粉にして燃やす方式よりも効率が高く、CO_2発生量も約二〇パーセント少ないガス化複合発電方式が開発されている。

第5章

資源開発と地球環境問題

鉱山による環境破壊のはじまり——青銅器時代

規模の差があるとはいえ、資源採掘・選鉱・精錬にともなう環境問題は、青銅器時代以降、あるいは産業革命以前であっても環境保全技術が進歩していないうえに地域社会に対する配慮がされないで操業されることが多かったために現代より深刻であったかもしれない。なかでも、金属精錬のための燃料としては木炭を使用していたために鉱石の坑内掘鉱山の坑木用とともに膨大な量の木材が必要とされ、森林伐採が広範囲にわたって古代文明時の多くの森林が消滅していった。それは、紀元前三〇〇〇年ころからはじまる青銅器時代のアナトリア（トルコ）、ギリシャ、シリヤ、エジプトなど東地中海地域とその周辺の鬱蒼とした森に覆われていた古代文明から近代に至るまで四五〇〇年以上にわたって続けられてきたわけであるから、規模が現代の金属鉱山とは比較にならないものであったとしても森林破壊の影響の大きさは容易に想像できる。

たとえば、古代ギリシャ世界では、盛んに金、銀、銅、鉛の採掘・精錬が行われていたために現在のように森林などがほとんどなく、土壌も流出してしまって石灰岩の岩盤がむき出しになり、すっかり景観が変わってしまったようだ。このことは、紀元前五世紀のギリシャの歴史家であるヘロドトス(1)が『歴史』のなかで言及している。それは、エーゲ海の奥に位置するタソス島（Thasos）にあった鉱山が「伐採された森」と呼ばれていたこと、そして鉱山の名前が示す通り、採掘・精錬のために森は徹底的に伐採され、「山全体が金の探鉱のためにひっくり返されてきた」と述べられている。

また、森林破壊と金属精錬の関係についての研究者であるセオドア・ワータイム[2]は、古代ギリシャをはじめ地中海世界の森林が金、銀、銅などの金属精錬用木炭をつくるために伐採され破壊されていった様子について、アテネの南方のローリウム（Laurium）にあったいくつもの銀鉱山を例に挙げて次のように語っている。

「アッチカの風景の上にできた巨大なカサブタ（中略）紀元前一世紀？（ママ）のギリシャ生まれのローマの人文地理学者であるストラボン[3]の時代までには、地域いったいは鉱山の坑内採掘用坑木と鉱石精錬用木炭のために完全に樹木がなくなり、裸になってしまっていた」

そして、セオドア・ワータイムは、「ローリウムの銀鉱山では、三〇〇年間で銀を三五〇〇ト

（1）Herodotos（BC四八五?〜BC四二五?）古代ギリシャの歴史家。メソポタミアやエジプトを旅し見聞を広め、ヨーロッパ世界最初の歴史書を書き、「歴史の父」と呼ばれている。

（2）Theodore Wertime。金属考古学者。"The Coming of the Age of Iron" 1980. "The Furnace versus the Goat: The Pyrotechnologic Industries and Mediterranean Deforestation in Antiquity" 1983.

（3）Strabon（BC六四?〜二一?）古代ローマの人文地理学者。エジプト・ローマ各地を旅し、ローマ帝国の地理・風俗・神話・伝説などを述べた最古の世界地理書『地誌』を書いた。

ン、鉛を一〇〇万トン生産したが、製錬用に使った木炭の量が一〇〇万トン、その原木のために伐採された森の面積は一万平方キロメートルであった」と試算している。補足しておくと、銀とともに鉛も取り出すことができた。当時、鉛は神殿の列柱の心棒、水道管、食器皿などに使われていた。

また、ドナルド・ヒューズ(4)によると、ギリシャ・ローマ時代の地中海域では、「金属精錬によって少なくとも七〇〇〇万から九〇〇〇万トンの金属スラグが発生し、この量は伐採された森林の面積に換算すると二〇〇〇万平方キロメートルから二八万平方キロメートルになると言っている。この面積は、ギリシャの総面積一三万二〇〇〇平方キロメートルの約二倍に相当する広さである。

リチャード・コーエン(5)は、東地中海文明圏において、青銅器時代を通して最大の銅生産・供給地であったキプロス島（Cyprus）について次のように説明している。

「キプロスは、もともと素晴らしい松林で覆われていたが、製錬用木炭のために完全に伐採されてしまい、表土は流失してしまった。島には、今でも大量の銅スラグが堆積している。キプロスで銅が生産されなくなったのは、島で木炭用の木がなくなったばかりか東地中海周辺の森もなくなってしまい、安い木炭が入手できなくなり銅産業が崩壊したためである。完全に生産をやめた紀元三〇〇年ごろまでに二〇万トンの銅地金が生産され、そのために使った木は二億本で、キプロス島全体の森の一六倍に相当する。その間、ギリシャ、トルコ、レバノンなどの地中海周辺の森はほとんど伐採された」

こののち、域内の森林が枯渇してしまったために人々は、豊かな森林資源を求めて北ヨーロッパまで進出をしている。非鉄金属資源の採掘・精錬にはじまった環境破壊は、当然、森林だけではなく大気、水質土壌の汚染、そして表土流失などをともなった。それは、エジプト、小アジア、古代ギリシャ・ローマを中心とする地中海世界などの各文明圏とその周辺地域にまで及んだことが各種の文献からもうかがうことができる。ただ、森林破壊は、金属鉱山の採掘・精錬だけではなく、ヤギやヒツジなどの牧畜のために行った森林伐採も大きく影響していることを付け加えておかなければならない。

木炭から石炭へ――かくしてヨーロッパの森林破壊は終わった

非鉄金属の精錬だけではなく、鉄をつくるためにも古代から木炭を大量に使っていたために大規模な森林伐採という自然破壊がともなった。一八世紀初頭のイギリスでは、森林資源も枯渇しはじめ、木炭の不足によって鉄の生産も制約を受けるようになってきた。しかし、ちょうどその

（4）J.Donald Hughes。環境歴史学者。"Pan's Travail: Environmantal Problems of the ancient Greeks and Romans" Johns Hopkins University Press, 1994.
（5）Richard Cowen。地質学者。"The Bronze Age" University of California Davis, 1999.

ころ（一七〇九年）にダービー親子(6)によって木炭の代わりに石炭をむし焼きにしてつくったコークスを使う高炉が造られた。石炭は森林破壊をあまりしないで大量に手に入れることができるために、銑鉄・鋳鉄(7)は大量生産ができるようになった。

しかし、このコークス高炉でつくった鉄には炭素などの不純物が多く、強い鋼鉄は少ししかつくれず、低い温度で溶けるために加工はしやすいというメリットはあったが、ほとんどは硬くてもろい銑鉄・鋳鉄しかつくれなかった。したがって、依然として木炭製鉄も併用されていた。そして、革新的なベッセマー転炉(8)が発明されると、当時は非常に高価であった鋼鉄が大量かつ安価につくれるようになった。

このような製鉄法の変遷によって少なくとも製鉄による森林破壊は止められたが、すでに当時のイギリスの森林はほとんど伐り尽されていた。そのうえ、石炭の坑内採掘のためには「坑道」や「切羽」と呼ばれる採炭現場の岩盤を支えるための坑木が大量に必要となるため、森林破壊がまったくなくなったわけではない。

イギリスに遅れて産業革命期に入ったほかのヨーロッパ諸国も、製鉄ならびに炭鉱に必要な木材調達による森林破壊が広範囲にわたり、ドイツなどにある現在の森も植林による二次林で原生林はほとんどない。「黒い森」として有名なシュバルツバルトはドイツ南西部の広大な山地を覆う針葉樹林であるが、実はこれも二次林である。

日本の森は残った――『もののけ姫』の世界

日本の場合、幸か不幸か、近代産業勃興期にコークス炉とベッセマー転炉による近代製鉄技術が同時に導入されて鋼鉄の大量生産に移行したために、産業革命期のイギリスのように旧来の木炭製鉄による大量生産が行われることがなかった。それゆえ、大規模な森林破壊とそれにともなう自然破壊に至らなかったと考えられる。

日本に初めて近代製鉄所が誕生したのは一九〇一（明治三四）年で、明治政府の「殖産興業・富国強兵」[9]政策のもとに、飯塚、田川などの筑豊炭田を背後にもつ九州八幡に建設された「官営

（6）Abraham Darby（一六七八～一七一七）ヘンリー・ベッセマーとともに産業革命の母と言えるばかりでなく、ヨーロッパの森林破壊を止めた人とも言える。一九八五年には、園芸家デービット・オースチン（David Austin）によって作出されたピンクのバラの新種が「アブラハム・ダービー」と名付けられた。日本にもそのファンは多い。

（7）鋳物用の鉄。一般に炭素や珪素分などを多く含み、融点が鋼鉄より低い。

（8）一九世紀中ごろ、イギリス人のヘンリー・ベッセマーが開発した鋼をつくる炉で、溶鉱炉から出てきた銑鉄のなかに空気を吹き込んで不純物を取り除いて鋼をつくった。

（9）産業を盛んにして国の経済力を増し、軍事力を強化すること。とくに、明治政府が採用した基本目標。徴兵制度、近代的兵制を採用し、軍事産業を育成して、海外進出の方向をたどった。

八幡製鉄所」が最初である。それ以前は、八幡ではなく広島に「官営廣島鉄山」（本社は現在の三次市）が設立され、木炭製鉄が昔から盛んに行われていた中国山地の砂鉄を原料として鋼鉄の増産を開始したわけだが、その矢先に官営八幡製鉄所が建設されたためにここは閉鎖された。もし、そのまま操業が続けられていたとしたら、中国地方一帯の森林はすべてが禿山になっていたかもしれない。

なお、八幡製鉄所で使われたコークス用石炭を供給する筑豊炭田では、イギリスやドイツと同様の坑内採掘が行われたので木炭用の森林伐採はなかったが、坑木用の木材は大量に使用された。そののち、坑木用の木材資源の枯渇も手伝って、主としてドイツで発達した機械化採炭技術の導入によって坑木はやがて鉄製に変わっていった。それにより、日本の近代製鉄導入にともなう森林の伐採は、イギリスなど産業革命先進国に比べて軽微であったと言える。

とはいえ、六世紀ごろから行われてきた「たたら製鉄」[10]にともなう日本における森林伐採は環境に大きな影響を与え、地域一帯の森林は消滅していった。鉄の原料としては山砂鉄（風化花崗岩のなかに含まれる磁鉄鉱）が使われ、その産地は主として中国山地で占められていたために、この地域には今でも禿山になっている「毛無山」と呼ばれる山がいくつかある。これは、木炭用に長年にわたって森を伐採し続けて木がなくなったことを物語るものである。

『古事記』に、スサノオの命[11]がヤマタノオロチを退治したため、出雲の国の肥ノ川（現在の斐伊川）がオロチの血で赤くなったという伝説がある。このような伝説が生まれた理由は、当時、中国山地（奥出雲）で山砂鉄の原鉱から砂鉄を取り出すのに盛んに行われていた「鉄穴流《かんなが》し(12)」という方法があり、その排水中に残っている鉄分が酸化して赤くなって川底に堆積したことによる現象と思われる。また、よくご存じの宮崎駿監督の映画『もののけ姫』も、この地方の鉄にまつわる話を題材にしたものである。奥出雲の中国山地の山深い所で、製鉄用の木炭をつくるために木を伐採して「たたら製鉄」を営む人たちと、森を守ろうとする精霊と生態系の頂点に立つオオカミ(13)に育てられたもののけ姫、そして村を襲う異常発生したイノシシたちとの闘争の物語である。

今でも、出雲から斐伊川上流の中国山地には、たたら製鉄の原料となった砂鉄を採取する「鉄穴流し」の跡や、砂鉄から取り出したあとのスラグ（鉱滓）の堆積が見られる。そればかりか、島根県横田町(14)では現在も昔ながらの「たたら製鉄」の操業を行い、日本美術としての刀剣をつくるための玉鋼を生産している。

---

(10) 日本で古くから行われた砂鉄による製錬技術。炉に送風するための、足で踏む大きなふいごによる砂鉄製錬法を「たたら吹き製錬法」という。

(11) (素戔鳴尊　須佐之男命) 日本神話の神の一人、出雲の国で八つの頭をもつ八岐のオロチを退治して、体内から出てきた剣が後に三種の神器の一つとなったと言われる。この剣のことを「天叢雲剣《あめのむらぐものつるぎ》」と言う。

(12) 水流によって、砂鉄をそのほかの鉱物から比重の差を利用して選り分ける比重選鉱法。

(13) 森の生態系のなかで生息する動物の捕食者の頂点に立つのがオオカミであり、日本では古来より森の守り神とされた。

(14) 日本刀の製作に用いる、砂鉄を原料として得た純良な和鋼。「和鉄」とも言う。

資源開発は環境破壊そのもの

現代世界における、資源採掘による環境破壊の具体的な内容を説明すると次のようになる。露天採掘の場合は、採掘準備のための樹木の伐採、表土の掘削、鉱脈に至るまでの剥岩《はくがん》、鉱脈を採掘する際に発生する「ズリ」と称する品位の低い部分の処理、そして雨水、地下水、廃水処理などにともなう自然破壊と水質、土壌汚染、土壌浸食などがある。ついで「選鉱」と言って、採掘した鉱石の品位を上げて精鉱と言われるものにする工程、すなわち精錬所に供給する原料鉱石の前処理段階では、テーリング（尾鉱）と称して（とくに、金、銀、銅、そのほかの非鉄金属鉱物の場合）、鉱石から精鉱を選別した残りかすが大量に発生する。この選鉱工程では各種の薬剤を使用するため、廃水処理とともにテーリングの処理を誤ると流失したヘドロ状の大量の微細な砂で河川が埋まり、生物は死滅して生態系は破壊され、その結果、海洋も汚染される。さらに、精錬工程においても、鉱石のなかに含まれている砒素、硫黄など有害物質の排出、あるいはその工程で使用された硫酸などの化学薬品が中和されないまま排出されると、当然、大気、水質、土壌汚染、森林破壊などの原因ともなる。

明治時代の終わりごろ、日本の公害問題の原点といわれる足尾銅鉱山鉱毒事件は渡良瀬川流域の汚染であった。もちろん、現代においては、技術の進歩によって汚染物質の排出は規制値を守

森林破壊および表土の掘削

大量の尾鉱の堆積

「ズリ」の除去（岩石の剥離）

って十分安全なレベルに抑えられているはずである。しかし、資源収奪型文明の社会・経済を支えるのには避けて通れない鉱山開発そのものが、自然破壊の行為であることを頭に入れておかなければならない。たとえ、脱物質化を声高に叫んだとしても、現在の生活のあり方を続けていくかぎり地下資源を掘り続けなければならないのである。

ここで、各種資源の採掘による環境負荷の内容とその度合いの違いを説明しておこう。

環境に対する影響は、鉱物資源の種類、採掘を行う場所の植生、鉱床（鉱脈）の形と大きさ、そして採掘の方法などによって大きく異なるので、資源の種類によって測ることはできない。しかし、まちがいなく環境破壊が激しい地域と言えるのは、露天掘りによって鉱山開発が行われる地域が、豊かな森林、生態系、生物資源、そして水資源に恵まれ、そこで先住民が自然と共生して豊かに生活している所である。もちろん、このような地域でなくても生態系は存在するわけだから、比較の問題と言える。

たとえば、同じ金や銅などの非鉄金属鉱山でも、ブラジルやパプア・ニューギニアの熱帯雨林のなかの先住民が暮らす地域で開発が行われると環境破壊は深刻な影響を及ぼすことになる。[15] また、シベリアの「タイガ」と呼ばれる針葉樹林のなかで開発が行われると、永久凍土の上に広がっている森林を伐採することによってそのなかに閉じ込められていたメタンガスが大気中に大量に放出されることになる。地球温暖化効果が二酸化炭素の二一倍もあるメタンガスが大量に放出されることによる影響は計り知れないものがある。現に、鉱山開発ではないが木材資源としての開発が違法伐採も加わって急速に進行しており、その結果、永久凍土の南限がどんどん北に移動している。熱帯雨林の消滅もさることながら、シベリアのタイガの消滅による生態系の破壊、それによるメタンガスの大量放出も深刻な問題となっている。

一方、南米のペルーやチリのアンデス山脈の標高の高い所で、植生が豊かでない人跡未踏の砂漠のような地域で開発される銅鉱山の場合には少なくとも森林や生態系破壊という問題はないと言えよう。また、北アメリカのロッキー山脈のなかの地下数千メートルに存在する「モリブデン鉱山（Molybdenum）」のような場合には、必然的に坑内採掘となるために地下水の問題などは生じるが、地上の大規模かつ広範な破壊はまぬがれる。しかし、選鉱工程以降は坑外で行われるわけだから、規模の差はあるにしてもやはり問題は同じである。

エネルギー資源、なかでも石油の場合には、地下あるいは海底数千メートルにも及ぶ深い井戸を掘削して石油をくみ上げるわけであるから、環境負荷については原料鉱物鉱山とはまったく違った質のものとなる。問題は、原油をくみ上げる際と汲み上げたあとの輸送中の事故を含めて、石油そのものによる海洋汚染、湾岸戦争時のように人為的な油井の破壊などという深刻な問題を引き起こすことになる。

しかし、何といっても石油の場合、精製したあと全世界のあらゆる産業界、そして一般消費者

(15)　一年中地温が摂氏〇度以下で、凍結した状態にある土壌。シベリア、アラスカ、カナダ北部などに分布。

がエネルギー源として使用する量が膨大であるため、その環境負荷は、採掘から精製までの川上に比べてエネルギーとして利用する川下において比較にならないほど大きなものとなる。ご存じのように、自動車の排気ガス、発電所の排煙などに含まれる有害物質、浮遊粒子状物質、地球温暖化ガスなどによる影響である。

石炭のような固形燃料資源の場合、露天採掘では金属鉱物資源の露天採掘と同じように森林伐採、表土除去、岩盤掘削が必要であるため、炭鉱地域の生態系破壊や水質・土壌汚染が問題となる。そのほか、石炭層のなかに閉じ込められていたメタンガスが採掘にともなって大気中へ放出されるために地球温暖化への影響も大きい。このメタンガスの放出量は、地下深い坑内で採掘されるほうが地表近くで採掘される露天掘りに比べて多くなる。

また、金属鉱山の選鉱工程に相当する選炭工程は採掘場に隣接して設置されているが、金属鉱山のように大量にテーリングは発生しないので、採掘終了跡地に表土やズリとともに順次埋め戻したあとに植林をしたり、人工の池を造ったりして環境の復元を行うことが比較的容易になる。なお、石炭をエネルギー源として使用するときの環境負荷は石油の場合とほぼ同じ程度である。

一般的に、露天採掘と坑内採掘のどちらの方法を選ぶかは、前者の場合の表土除去、岩盤剥離および鉱石搬出のコストの比較、鉱床の大きさ、鉱石の品位、採掘の規模によって決まる。したがって、鉱床、鉱脈を覆っている表土と岩盤の厚さが薄いほど露天採掘が有利となるわけであるが、環境破壊の度合いは、とくに金属鉱山の場合は坑内採掘に比べてはるかに大きくなる。

図5－1　マスバランス（金）

（金1kgを取り出すために1,360トンの廃棄物が出る）

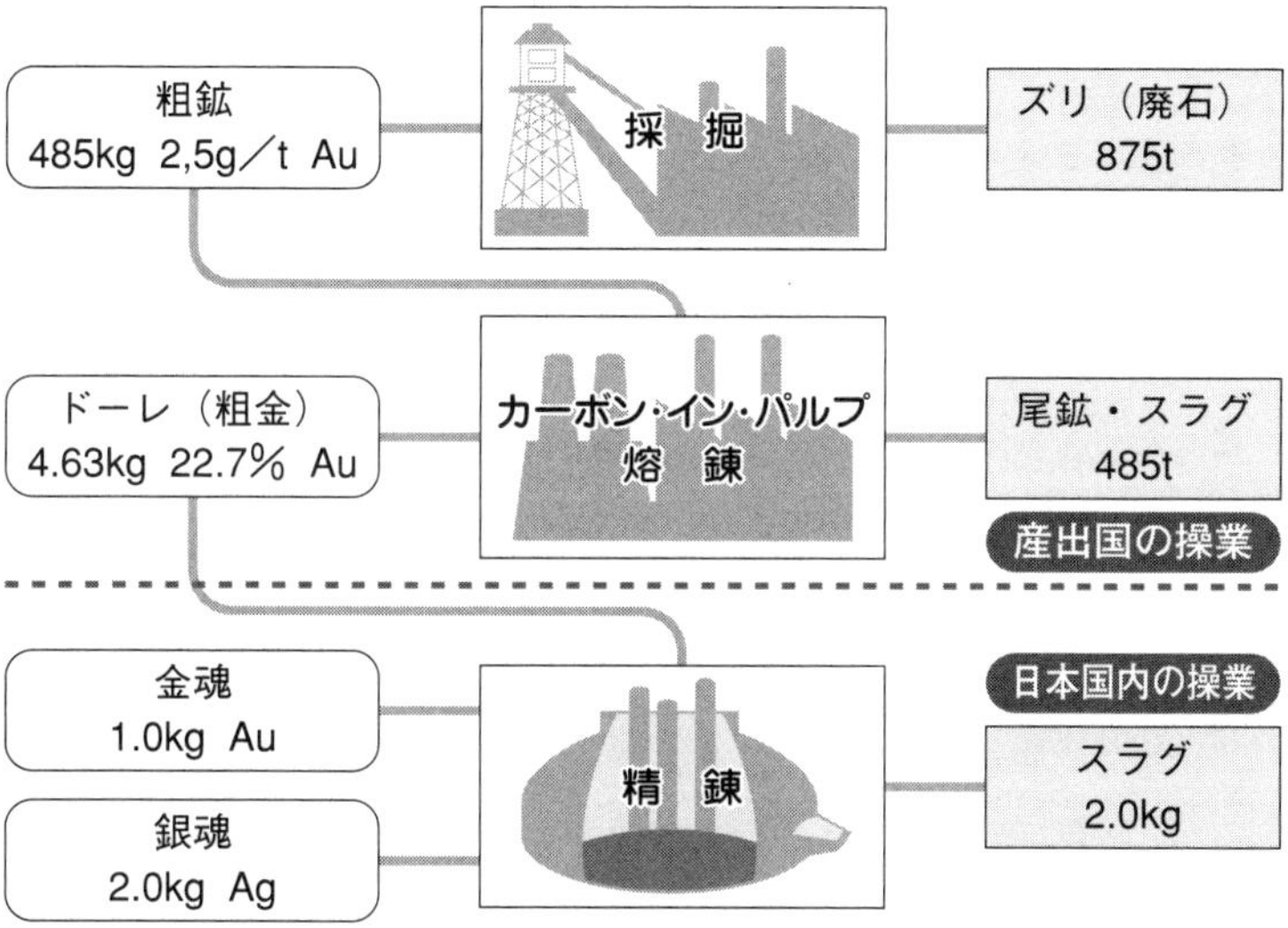

出典：拙著『資源採掘から環境問題を考える』海象社、2001年。

では次に、現代における非鉄金属資源の大規模採掘・精錬にともなう環境問題について説明しよう。

これまでにも述べたように、森林、生態系などの自然破壊のほかに、前述した鉱石の採掘によるズリ（廃石）および選鉱工程で大量に発生するテーリング（尾鉱）といわれる廃棄物の処理問題がある。そのほか、精錬工程ではスラグが発生することになる。金、銅、そして鉄の採掘→選鉱→精錬の一貫工程における平均的なマスバランスは、**図5－1～3**のようになる。

非鉄金属の場合は、鉄と比べて廃棄物のテーリングがはるかに多くなる。金で見ればわかるように、鉱石

図５－２　マスバランス（銅）

（銅１トンを取り出すために1.898トンの廃棄物が出る）

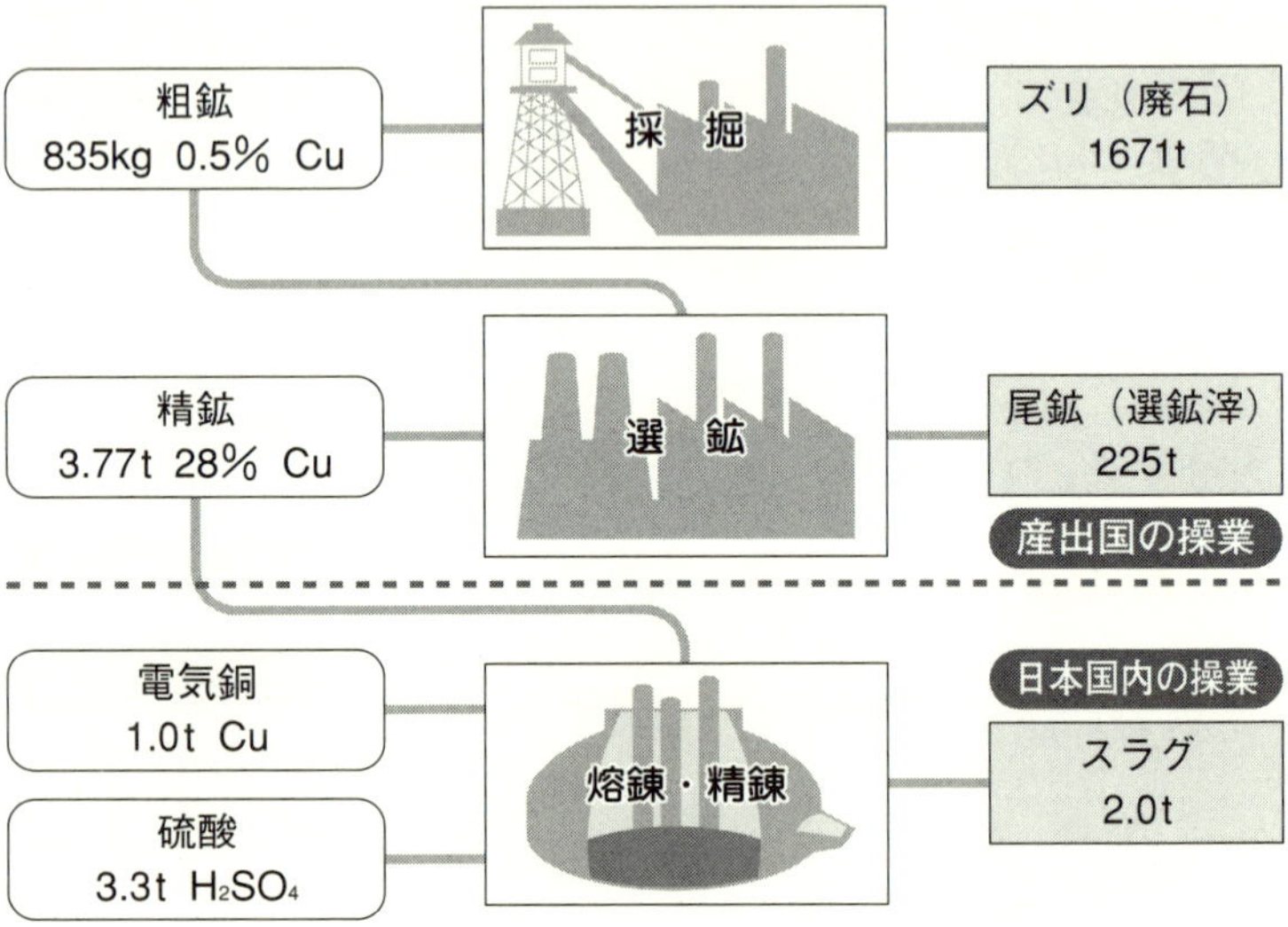

出典：図５－１に同じ。

のなかに含まれる金の量が非常に少ないことからしてこれは当然である。言い換えれば、その希少性のために鉄に比べて価格がはるかに高くなり、わずかな含有量でも経済性があるために貴金属と言われるわけである。

金の場合、一キログラムを取り出すために一三六〇トンの廃棄物が出る。そして、この廃棄物のほとんどが産出国で発生している。一方、粗金という形で日本に輸入されたものを純粋な金に製錬することによって発生する廃棄物は、金一キログラムに対して二キログラムでしかない。

銅の場合について言うと、一トンを取り出すために一八九八トンの廃棄物が産出国の鉱山に出るが、日本

図5－3　マスバランス（鉄）

（鉄1トンを取り出すために5.35トンの廃棄物が出る）

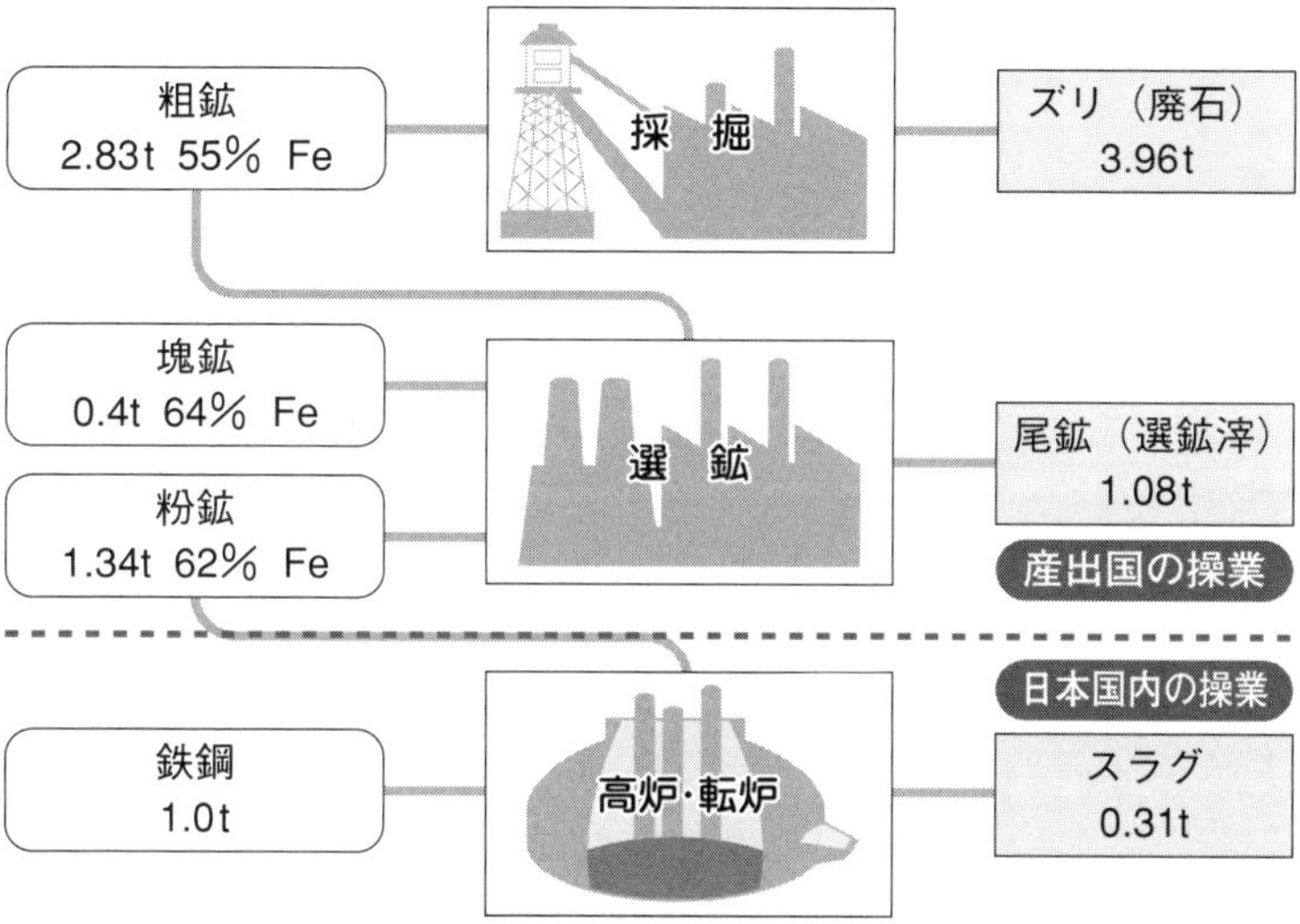

出典：図5－1に同じ。

に輸入された精鉱を製錬する際に出る廃棄物は二トンぐらいでしかない。鉄については、一トンに対して五・三五トンであるが、日本に輸入された鉄鉱石からは〇・三トンしか廃棄物は出ていない。また、この〇・三トンについては副産物としての有効利用がかなり進んでいるという事実もある。

もちろん、採掘工程で発生するズリ、選鉱工程で発生するテーリング、精錬工程で発生するスラグの量は、鉱物の種類、鉱床（鉱脈の）形、採掘方法、鉱石の品位、鉱物組成などによって異なる。したがって、先ほど挙げた三つの図に示したマスバランスは単に一例でしかない。

世界で稼行中の金鉱山一〇〇ヵ所についてその品位を調べてみると、鉱石一トン当たり一グラム以下が二六鉱山、一～五グラムが三八鉱山、五グラム以上が三六鉱山となっている。そのうち、埋蔵量が多く大規模の露天掘り鉱山はほとんどすべてが一グラム以下で、最低が〇・二グラムとなっている。したがって、わずかな金を取り出すために発生するテーリングなどによる環境負荷はきわめて大きいものになる。それに対して、品位の高い鉱山のほとんどは坑内採掘であるが、埋蔵量、生産量ともに少なく、環境負荷は露天掘りの銅・金鉱山に比較するとはるかに小さなものとなる。なお、露天掘りの金鉱山の場合は銅鉱石とともに採掘されることも多く、当然ながら、銅のほうがはるかに多く採れるので「銅鉱山」と呼ばれることもある。

鉄の場合には選鉱工程で大量のテーリングを発生させることがなく、品位が五五～六五パーセント程度の鉱石が製鉄所に供給されるために非鉄金属鉱鉱山と比べて選鉱による環境負荷は小さいが、露天採掘の工程では同じように大きい。

資源産出途上国の実態——深刻な経済・社会・環境問題

一九七〇年代後半に開発されたパプア・ニューギニアの「ブーゲンビル銅鉱山（Bougainville）」は世界有数の大規模銅鉱山で、イギリス系非鉄金属大資本のリオ・ティント・グループの「コンティンク・リオ・ティント・ジンク・オブ・オーストラリア」とパプア・ニューギニア政府の合弁会社として操業されていた。金の含有量も多く、銅の精鉱は主として日本の産銅七社の精錬所に供給されていた。ところが、選鉱工程から排出される一日約一〇万トンという大量の細かい砂状のテーリングが山元《やまもと》の堆積場から流失して河川を埋め、周辺の森林に広範囲にわたってオーバーフローして、先住民と生態系に大きな被害を与えた。

また、鉱山に雇われた人たちはビールの味を覚えて昼間から飲んだくれ、アルコール中毒者や犯罪者が増え、昔ながらの食糧自給能力や生活に対する意欲も失い、生活物資のほとんどをオーストラリアからの輸入に頼り、労働によって得た賃金はすべてそれら生活用品の購入にあてられてしまい、決して豊かになったとは言えない状態となった。というより、鉱山開発以前より貧困になったとも言え

パプア・ニューギニアの先住民

る。そして、一九九〇年になって、この鉱山は開発による利益配分に不満をもつ原住民の暴動によって閉山に追い込まれた。

もう一つ、やはりパプア・ニューギニアの奥地の山岳地帯で、ブーゲンビル鉱山に約一〇年遅れて開発された「オク・テディ鉱山（Ok Tedi）」は、オーストラリアの鉄・非鉄金属の大資本であるＢＨＰビリトン社とパプア・ニューギニア政府などとの合弁事業であるが、この鉱山も、森林破壊、テーリング問題、そして鉱山開発によって豊かになるはずの地元住民は生活物資はオーストラリアからの輸入に頼って食糧自給も放棄してしまい、むしろ以前より貧困にあえでいるなど、ブーゲンヴィル鉱山と同様の問題で地主の住民から操業停止を求める抗議行動が続いている。とくに、近隣のフライ川に一日八万トンも直接投棄しているテーリングが河床に堆積して水位が上昇するために流域の樹木が立ち枯れを起こし、周辺の住民に大きな被害を及ぼしている。そのため、パプア・ニューギニア政府は対策に乗り出したが、これまでのところ具体的な効果は上げていない。また、操業後間もないころには、金の選鉱工程で使用する有毒なシアン化ソーダを積んだ船が河をさかのぼって山元《やまもと》の選考場まで運ぶ途中に転覆して、河川を汚染するという事故もあった。

この鉱山は政府が二〇パーセントを出資しているパプア・ニューギニア最大の銅鉱山であり、ＧＤＰの約一〇パーセント、輸出総額の二〇パーセントを占める最大の、同国の経済基盤ともなっている鉱山である。世界銀行は二〇〇〇年初めの報告書で、オク・テディ鉱山の親会社である

ブーゲンヴィル鉱山の尾鉱流出状況

オク・テディ鉱山の尾鉱流出状況

ＢＨＰビリトン社に対して鉱山を閉鎖するべきであると勧告している。とはいえ、パプア・ニューギニアの経済的な影響もあるため簡単にはいかないようである。しかし、共同出資しているＢＨＰビリトン社は、収益性の低下と環境問題のために五二パーセントの権益を政府に売却して撤退する意思を表明している。

このオク・テディ鉱山の鉱石採掘量は年間四〇〇〇万トン、品位〇・九グラム、鉱石埋蔵量二億八〇〇〇万トン（金二六〇トン）で、世界の十指に数えられる大鉱山である。

テーリングの深海底投棄

テーリングの処理方法としては、前述のパプア・ニューギニアの鉱山のように河川へ放流するのではなく、安全かつ安価と言われている「尾鉱海底投棄[16]（ＳＴＤ）」という方法がある。この方法は、インドネシアなど海岸から比較的近い所にある鉱山で採用されているものであり、山元《やまもと》から泥砂状のテーリングをパイプラインで輸送してきて海面下百数十〜数百メートルの海底に放流するというものである。放流されたテーリングはさらに数千メートルの深海底まで流れ下って堆積するため、テーリングのなかに含まれる重金属やシアン化ソーダなどの有害化学物質が、河川や比較的浅い漁業海域を汚染しないと言われている。

ところが、世界最大の産金会社であるアメリカのニューモント社が、インドネシアのスラウェシ島（Sulawesi）において一九九六年から操業してきたミナハサ金鉱山（Minahassa）でＳＴＤ法によるテーリング処理を行ってきたが、地域住民に重金属や有害化学物質（砒素、水銀、シアン化ソーダ）が原因と見られる深刻な健康被害や沿岸漁業被害が発生した。そのため、インドネシア政府が環境省や大学の研究機関を通して現地調査したところ、テーリングを放流する位置が認可されていた深さ一〇〇〜三〇〇メートルよりもずっと浅い海面下八二メートルという漁業海域であることが判明した。そのうえ、パイプラインの途中で漏洩がたびたび発生していたことも指摘された。

ＳＴＤ法が有効である放流位置は「変温層」と言われる海水の温度が変わる深度一〇〇〜三〇〇メートルでなくてはならないために、重大な違反行為としてニューモント社は告発された。しかし、同社は、操業以来のモニターリングによって、水質基準などは当初計画した通りであり、健康被害、漁業被害とＳＴＤの因果関係を否定している。とはいえ、二〇〇四年になって、ミナハサ金鉱山は多くの問題を残しながら閉山に向かって撤退作業を開始した。

ニューモント社は、同じくインドネシアのスンバワ島（Sumbawa）に「バトゥ・ヒジャウ銅

---

(16)　Submarine Tailings Disposal の略。非鉄金属鉱山で発生する大量のテーリング（尾鉱）をパイプラインで海岸まで輸送して、海面下数百メートルの所で放流し、数千メートルの海底まで流下させる技術。変温層と呼ばれる海水の温度が変わる深さで放流すれば、有害物質を含んだテーリングが海面近くに浮かんでこないため、海水汚染による漁業被害が起こらないとされている。

—金鉱山（Batu Hijau）」を開発し、一九九九年に操業を開始した。この鉱山でもSTD法を採用し、一日一二万トンという膨大な量のテーリングはパイプラインで約三キロメートル先の海岸まで輸送され、海面下一二〇メートルの地点で放流している。放流されたスラリー（泥砂）は自然に三〇〇〇～四〇〇〇メートルの深海底に流れ下っていくので安全でかつ安価であると言われている。しかし、インドネシアを中心としてアジア—太平洋地域で二〇ヵ所に及ぶ鉱山がSTD法において操業しているが、海洋資源とその生態系に深刻な被害を与えつつあり、NGO、地域住民、研究機関、そしてインドネシアの環境大臣であるナビエル・マカリム（Nabiel Makarim）氏などからもその安全性を疑問視する声が次第に大きくなってきている。そのため、スラウェシ島（Sulawesi）周辺の海域では、鉱山から出る廃棄物によって魚が化学的に汚染されているという理由から日本への輸出が中止されている。その一方で日本には、バトゥ・ヒジャウ鉱山から銅—金鉱石を輸入しているという事実がある。

もう一ヵ所、カナダの「アイランド銅鉱山（Island）」において行われていたSTD法は、この方法を採用しているほかのすべての鉱山のお手本的な存在であった。ところが、海底深く流下させたテーリングが再浮揚してきて水面下に三八・四平方キロメートルにわたって濃密な層をつくり、そこに数種類の金属が濃縮していたことがわかったために現在この鉱山は閉山している。

以上の例に見るように、南米、東南アジア、アフリカ、そのほかの先進国を含めた世界各地で、金属鉱物資源開発にともなって自然環境破壊が進んでいる。世界中で採掘されている金鉱山は二三九ヵ所、銅鉱山は三三一ヵ所に上る。工業化社会および経済を支えるために、そのうちの一〇〇ヵ所の銅・金鉱山だけでもたった一二五三トンの金を取り出すために年間一四億トンの鉱石が採掘されている。そして、全世界の金生産量である約二五〇〇トンの八〇パーセントもの量が宝飾用として利用されているわけだ。

『地球白書』の刊行で有名な環境ＮＧＯである「ワールド・ウォッチ研究所[17]」は、金の採掘にともなう環境問題として、二〇〇四年五月にウェブサイト上において次のようなことを発表した。

- 一九九五年から二〇一五年までの間に世界で採掘された、あるいは採掘されようとしている金の約半分は先住民の居住区域内にあり、鉱山開発にあたって、政府は地上権を鉱山会社に売却してしまったうえに先住民に十分な補償もなく移動させ、深刻な環境汚染とともに大きな影響を与えたり、また与えようとしている。
- ガーナのタルクワ地区（Tarkwa）では、一九九〇年から一九九八年までに三万人以上の人々が金鉱山のために移住させられた。

---

(17)　World Watch Institute。アメリカ、ワシントンＤＣを拠点に活動する、地球環境関係のシンクタンク。人口問題、貧困問題、食料問題、水問題など幅広い分野の活動を行っている。『地球白書』、『地球環境データ・ブック』は、世界的に影響力のある出版物。

- ルーマニアのバイア・マーレ金鉱山（Bahia Mare）では、二〇〇〇年に一二万トンの有害物質を含んだ廃棄物が流れ出し、飲料水を汚染して二五〇万人の生活に影響を与えて一二〇〇トンの魚が死んだ。
- 一九九六年、南アフリカの鉱物・エネルギー大臣は、同国で採掘される金一トン当たり一人の命と一二人の重傷者が出ている勘定になると発表した。
- アメリカの地質調査所のレポートによると、ネバダ州にあるいくつかの大規模露天掘り金鉱山によって地下水位が三〇〇メートルも下がった。ベッツェポスト鉱山（BetzePost）一社でも、毎日三八万トンの地下水をくみ上げている。
- 世界の金の精錬所から出る硫黄酸化物の量は毎年一億四二〇〇万トンに上り、世界の全排出量の一三パーセントを占めている。

世界銀行と鉱山開発

発展途上国における鉱山開発に対して、欧米の環境ＮＧＯや人権ＮＧＯの目が近年厳しくなってきている。鉱物資源が現代の工業化社会に果たす役割を認識しながらも、鉱山開発にともなう環境破壊、地元住民の貧困助長、自然と共生して生活している先住民の生存権の侵害などに対する批判の声が高まっているわけである。

こうした傾向に対して世界銀行は、かねてから外部の有識者に依頼して資源開発プロジェクトへの世界銀行の役割と融資方針の見直しを行ってきた。そして、二〇〇四年一月にその報告書が提出され、そのなかに記載されている提言の内容は次のように要約できる。

❶開発プロジェクトによって直接影響を受ける地元住民、先住民への十分な事前説明と、自由意志による同意を取りつけること。また、開発に際しての強制移住は認めない。

❷非鉄金属鉱山のテーリング（尾鉱）の河川への投棄を認めない。また、ＳＴＤ法による海底投棄は、安全性が完全に証明されるまで実施しないこと。

❸金鉱山で使用されるシアン化物の使用上のガイドラインを欧米並に強化すること。

❹鉱山閉鎖後の社会・環境修復のための対策と、その費用の積み立てなどの財務的措置を講ずること。

❺地球温暖化対策を優先して石炭開発プロジェクトへの融資をやめ、脱石炭鉱山を目指す国への援助を強化する。また、石油生産への関与を二〇〇八年までにやめる。

以上の提言に対して、世界銀行はいまだ対応を決定していない。ただ、仮に世界銀行がすべての鉱山開発案件への融資を停止したからといって直接的に大きな影響を及ぼすわけではないが、世界銀行の方針が標準となってそれに追従する銀行や企業が相次ぐようになると、鉱山業界の存続にかかわる大きな問題が生じる可能性も出てくることになる。したがって、この提言をめぐっては、欧州議会、環境・人権NGO対アメリカ政府、イギリス政府、およびその関係業界で賛否が大きく分かれている。

この提言の一番最初に挙げられている先住民に関することで、筆者が実際に現場で経験してきた事例を紹介しておこう。

自然と共生して生活している先住民に対して、資源の採掘によって健康被害を与え、食糧自給の意欲を失わせ、固有の文化を破壊して生存権さえ脅かしているようなケースが世界の各地で見られるわけだが、そのなかで、オーストラリアの先住民であるアボリジニーの居住区、北部準州（ノーザン・テリトリー）での話を紹介しよう。ここには、ボーキサイト（アルミニュームの原鉱石）やウラン鉱（原子力発電用燃料となるウラニュームの原鉱石）が豊富に賦存しているわけだが、資源開発か先住民保護かでこれまでにも問題がたびたび発生している。

アボリジニーの居住地区にあるボーキサイト鉱山を訪れたときのことであるが、鉱山の近くの村へ通ずる道路に沿って夥しい数のビールのアルミ缶が投げ捨てられていた。ビールの味を覚えたアボリジニーが昼間から飲んだくれ、うつろな目をして缶を投げ捨てている。アルミニュームの出発原料であるボーキサイトの鉱山において、その最終製品が戻ってきて鉱山で働いている先住民がポイ捨てをしている光景は異様なものであった。

政府がアボリジニー居住区に指定したオーストラリア北部準州の北東部亜熱帯地域には、皮肉にも次々とウラン鉱床が発見されたために、開発が計画されるたびにそれを許可すべきか否かで数年にわたって議論がなされてきた。資源大国のオーストラリアとしては、日本などへ資源を輸出することによって国の経済が成り立っているため、原子力反対を主張する人たちや先住民保護を訴える人権論者たちと開発を推進しようとする人たちとの間でこれまでにも激しい対立が生じていた。しかし、年月はかかるが結局は開発に至るわけであり、先住民はまた移住を強いられることになる。筆者は、ウラニウム鉱山へ公害防止用の石灰を日本から輸出するビジネスをやった経験があり、またそれを理由として現地を何度か訪れたが、先住民のアボリジニーの姿には心を痛めた記憶がある。

次に、パプア・ニューギニアのブーゲンビル島にあった世界有数の銅鉱山でのことを述べよう。ここは、一九二一年からオーストラリア委任統治領で、一九四六年以降一九七三年に自治権を獲得するまでは信託統治領であったため、一九七二年からはじまった鉱山開発もオーストラリア企業が行うなどその影響力がきわめて強く、長年にわたってオーストラリアの一部のようなものであった。先にも述べたように（一九八ページ）、このブーゲンビル島の原住民は鉱山から得られる利益の配分が不公平だということと環境破壊の補償を求めて一九八八年に暴動を起こし、それが分離独立運動にも発展して鉱山は閉鎖に追い込まれた。そして、筆者がここで見たものは、鉱山労働者として雇用されていた先住民がビールばかり飲んで働かないで暴れていたりすると、見せしめのために、鉱山敷地内の人通りの多い道路脇に造ったコンクリート・ブロックの狭い監獄に彼らを押し込んでいた光景であった。

ブラジルのジレンマ――鉄鉱石開発と熱帯雨林保護

オーストラリアの一大鉄鉱石産地のピルバラ地区（Pilbara）は、鉄鉱石のみならずさまざまな資源の宝庫であり、人跡未踏の砂漠地帯とも言えるような広大な面積ではあるが、植生、生態系があまり豊かには見えない。そのため、超大規模な露天掘りを行っているが自然破壊という印象が薄い。一方、ブラジルの鉱山の場合は、鉱床がアマゾンの熱帯雨林の真っただ中にあるため、森林消滅、生態系破壊、生物多様性消滅、水質汚染などの自然破壊、そして先住民に対する圧迫という問題についてはきわめて大きいものがある。

世界最大の鉄鉱石生産会社のリオ・ドセ社は一九九七年に民営化された会社で、アマゾンのカラジャス（Carajas）国有林のなかにある鉄鉱石鉱山を開発のために、四一万ヘクタールの土地の採掘権を取得する代わりに一二〇万ヘクタールの森林とそこに住む先住民を保護することに同意して開発をはじめた。しかし、カラジャスの鉄鉱石の埋蔵量は一八〇億トンにも上り、その開発行為によって計り知れない環境負荷を与えることは間違いない。それに対してリオ・ドセ社は、アマゾンにおける〝環境にやさしい鉱山開発〟を目指してＩＳＯ１４００１の認証[18]を取得し、世界市場の経済的なニーズを満たしながら環境保全努力を行っていることをアッピールしている。

とはいえ、会社側も、世界最大の熱帯雨林の奥深くわけ入り、広大な部分を根こそぎけずり取って自然を踏みつけにしてしまう鉱山業の「矛盾」に悩んでいることは事実である。リオ・ドセ社の環境担当マネージャーが、ここに見学に来た人たちに向かって次のように苦しそうに言ったことが報告されている。いかにも、鉱山業の宿命と苦悩を表している言葉である。

「われわれも、猿や鳥や蝶は好きだ。だから、今やっていることは、やっていないんだ（We are not doing what we are doing）。しかし、会社の競争力維持のためには仕方がないんだ。環境面でも、ベストを尽くしている」（REUTERS NEWS SERVICE, 9.13.1999）

しかし、これまで鉱山業を認めてきた環境保護団体も、次第に熱帯雨林保護問題には神経質になってきている。そして、彼らは次のように言いはじめている。

「鉱山業者は、鉱物採掘によって森林ばかりか表土も完全にはぎ取ってしまい、先住民を絶滅に追い込んだうえに動植物の固有種を消滅させるので、林業者による木材伐採よりも生態系破壊の度合いが大きい。したがって、彼らの行為は生態系の持続可能性はまったく望めない。鉱山会社が〝環境にやさしい鉱山開発〟といくら言っても、またＩＳＯ１４００１を取

（18）　国際標準化機構（International Organization for Standardization）が定めた環境マネージメントシステムのこと。環境マネージメントシステムとは、環境に関する活動方針を作成し、その方針に沿って計画をつくって実施に移し、さらに計画と実施との乖離を調べて新たな計画に反映させることによって、永続的に環境改善を進めていくための手法のこと。

得して単なる作業工程の環境マネージメント・システムと環境負荷のモニターリングをしたぐらいでは、持続可能な開発とはなり得ない」

いまや、環境保護団体と鉱山業者が、鉱物資源開発による環境破壊と残された豊かで世界的な生態系保護との折り合いをつけなければならないところにまできている。

飛行機で見渡すかぎり原始のままの緑の樹海を飛び、世界一大きい鉄鉱石鉱床を採掘しているリオ・ドセ社のカラジャス鉱山がある町の上空に達すると、突然、巨大な真っ赤な傷跡のようなものが姿を現す。現場に近づくと、背の高い人間の倍はあろうかという大きさのタイヤをもった巨大な鉱石運搬トラックが、ダイナマイトで一度に一〇〇万トン規模で爆破された鉱石を積んで轟音を立てながら走っている。

この鉱山では、二〇〇四年の予想段階で一年に五八〇〇万トン以上の鉄鉱石と四二〇〇万トンに上る「ズリ」と呼ばれる廃棄物の合計一億トンの岩盤掘削が行われるわけであるから、熱帯雨林とその生態系は必然的に根こそぎ崩壊することになってしまう。

このように、カラジャスで行われている資源開発による生態系への計り知れないダメージのコストを真剣に問うときが来ている。アマゾンの熱帯雨林におけるCO_2の吸収源としての価値、それ以外にも生態系、生物多様性、固有の動物・植物種などの価値といった人類共通の生命維持装置（ライフライン）とも言えるこれらのものを破壊して失ってしまうコストを「臨界自然資本（Critical Natural Capital）」として定量的に評価することはできないものであろうか。そうすれば、鉄鉱石採掘による利益の総額と比較することができ、環境と経済のバランスがとれる点を見いだせるのではないかと考える。

経済学では、地球上の資源は利潤を上げるための資産として扱い、鉱物資源、森林、野生生物、水、土地は売買あるいは開発すべき商品とされている。そして、これらを開発して商品化する費用をもとにして価格が決められており、生態系、動植物の固有種、炭酸ガスの吸収源、大気、景観、先住民の文化などは外部不経済[19]として市場メカニズムの対象にはなっていない。この問題について、環境資源経済学会において議論が進むことを期待したい。

ただ現実には、ブラジルの経済を犠牲にして、地球温暖化防止のためにCO_2の吸収源として「アマゾンの熱帯雨林を守れ」とか「人類共通の財産である生物資源を守れ」、そして「先住民の生存権を守れ」とただ叫ぶだけでは何の解決にもならないことも事実である。

---

(19)　企業が私的生産活動を行う際、第三者または一般大衆に与える直接間接の損害。たとえば、鉱物資源採掘にともなって、生態系、固有生物種など環境的な価値が失われ、しかもその価値が、資源の取引価格に反映されていない場合、その損害を外部不経済という。

ニッケル鉱採掘と天国に一番近い島

ニューカレドニアは一八五三年にフランスが占領し、一九四六年にフランスの海外領土になった。二〇世紀の初期には、高品質のニッケル鉱石が豊富にあることが分かって採掘がはじまった。第一次世界大戦（一九一四〜一九一八）終了後に、ドイツはフランスに対する賠償金の代わりにニューカレドニアのニッケル鉱を買わされた。以後、現在に至るまでニッケルの産地として有名である（口絵写真のニッケル鉱は、当時、ドイツ向けに船積みされたものの一塊で、鉱山長が記念に保管していた高品位の鉱石）。

ニューカレドニアは、オーストラリアの東一五〇〇キロメートル、ニュージーランドの北東一七〇〇キロメートルにある、長さ一〇〇〇キロメートル、幅一一〇キロメートル、そして一〇〇〇メートルを超す山々が連なる細長い島であるが、生物多様性に富み、とくに植物の固有種については世界でも有数の「ホット・スポット」[20]になっている。そして、島全体がサンゴ礁に囲まれているが、一〇〇年以上も続いているニッケル鉱石の採掘の影響によって現在では七〇パーセント以上のサンゴは死滅してしまっており、白砂であったはずの海浜は赤茶けている（口絵写真を参照）。現在でも、一九に及ぶニッケル鉱山が島全体にまんべんなく分布している。

ニューカレドニアのニッケル鉱床は、山々の頂上部一帯の地表から一〇〜三〇メートル程度の

図５－４　ニューカレドニアのニッケル鉱山分布

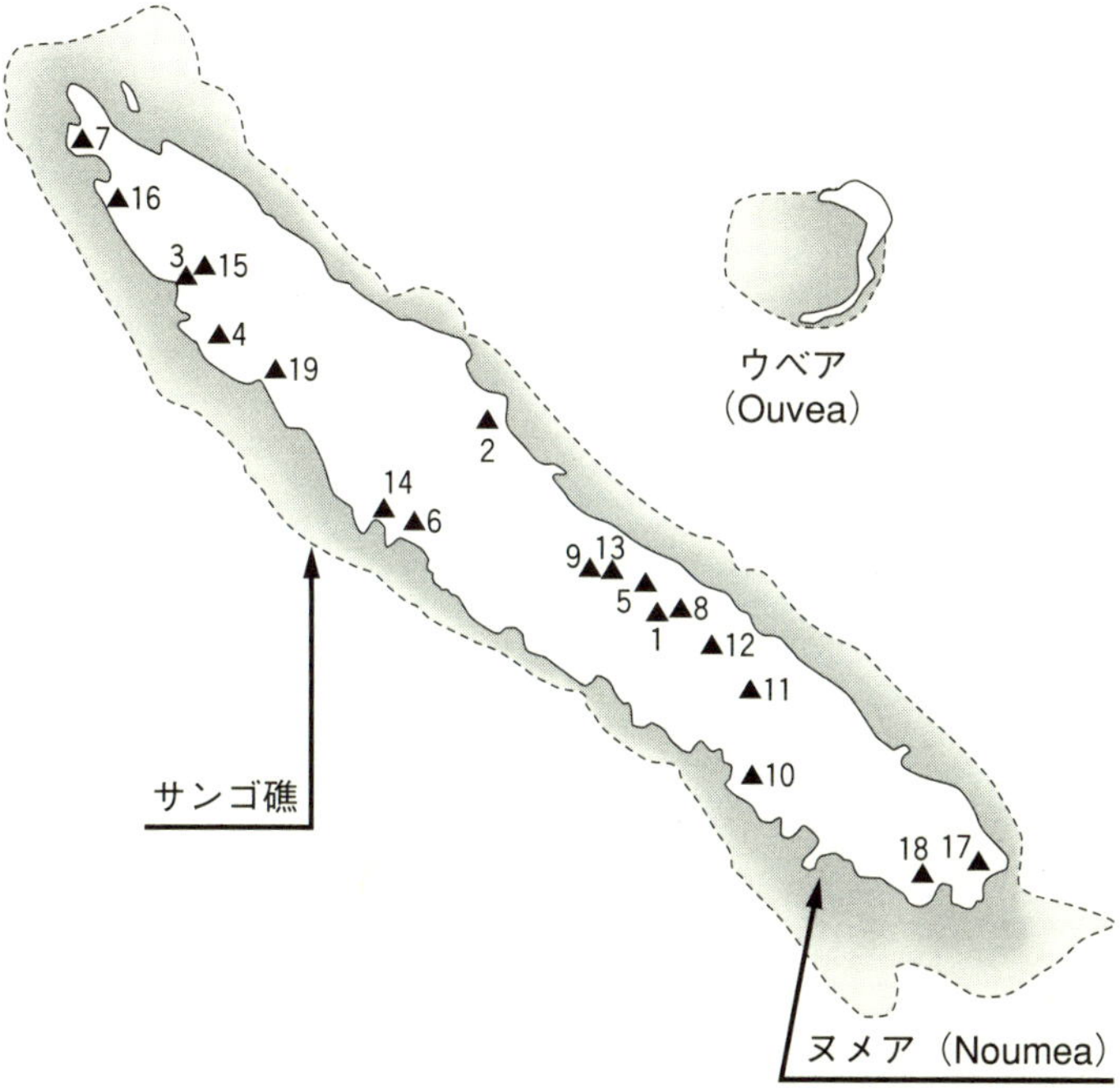

NO.	鉱　山　名
1	ナケティ（Nakety)
2	モネオ（Moneo)
3	カランベ（Karembe)
4	ウアザンゴ・ゴメン (Ouazangou-Gomen)
5	ボアケン（Boakaine)
6	ポヤ（Poya)
7	プーム（Poum)
8	ナケティ（Nakety)
9	クアウア（Kouaoua)

NO.	鉱　山　名
10	トントゥタ（Tontouta)
11	ブルカン（Vulcain)
12	チオ（Thio)
13	クアウア（Kouaoua)
14	ネプイ（Nepoui)
15	カランベ（Karembe)
16	ティエバキ（Tiebaghi)
17	ゴロー（Goro)
18	プロニー（Prony)
19	コニアン（Koniamb)

ごく浅い表層の部分に賦存するため、金、銀、銅などの鉱脈と違って表面を浅く広範囲にわたって削っていくために、生態系など自然環境の破壊の度合いがより大きくなっている。日本から新婚旅行のカップルなどが天国にもっとも近い島と言われて行く所は、本島の東側二五〇キロメートルにある「ウベア（Ouvea）」と呼ばれる小さな島のことであり、このあたりのすべてを言っているわけではない。

ニッケル鉱石生産量の世界シェアのトップは、カナダのトロントに本社をもつ「インコ社」で、全世界の需要の二五パーセント以上を供給するだけでなく価格支配力までもっている。売上高の約八〇パーセントがニッケル関連事業であり、鉱山はカナダ、ニューカレドニア、インドネシアに所有している。

ニューカレドニアのニッケル鉱山の採掘現場

インコ社が八五パーセントの権益をもつニューカレドニアのゴロー鉱山は世界最大級の未開発の鉱山で、フランスの地質鉱山局が残りの一五パーセントの権益をもっている。この鉱山の開発プロジェクトは、世界的な需給逼迫もあり、二〇〇四年一〇月から年間六万トンのペースで生産をする目標で進んでいたが、生産コストが当初の計画よりも四五パーセントアップとなり、また三億五〇〇〇万USドルの資金調達にも問題が生じ、しかも環境アセスメントがずさんであることを環境団体から指摘されたためにプロジェクトの見直しを迫られている。

環境問題としては、以下の二つを理由として先住民や環境NGOから反対の声が上がっている。

❶山の表層部の掘削による生態系破壊もさることながら、採掘にともなって「ズリ」と呼ばれる鉱山の廃棄物中の水銀、有害なクロムなどの重金属がサンゴ礁に流れ出す恐れがあること。

❷世界のどこにも発見されていない固有の植物の七五パーセントがニューカレドニアにあり、世界自然遺産に登録を申請しているサンゴ礁や、世界でもっとも大きい湿地帯の一つを含む地域に隣接した植物保護区域のなかに一四億USドルの鉱山施設を建設して、しかも認可もされていない鉱石の酸処理技術の使用を計画していること。

---

(20)　世界で生物多様性と固有種に富み、絶滅が危惧される動植物が棲息している、保護しなければならない地域をホット・スポットとして指定したもの。最近、日本も多様な生物種が存在することからホット・スポットに指定された。

こういう声が上がっているにもかかわらず、二〇〇四年一〇月一七日、〈日本経済新聞〉に次のような記事が掲載された。見出しは、「ニッケル開発　住友鉱・三井物産が参加　ニューカレドニア　計四〇〇億円投資」であり、内容を要約すると以下の通りである。

「住友金属鉱山と三井物産が、インコ社のゴロー鉱山開発プロジェクトの総投資額一九億ドルのうち約二〇パーセントに当たる四〇〇億円の負担をして、ニッケルの引き取り権利を取得することを決めた。この鉱山の生産量は年間五万五〇〇〇トンで、世界の約五パーセントを占める大規模なもの」

2004年（平成16年）10月17日（日曜日）

ニッケル開発

住友鉱・三井物産が参加

ニューカレドニア　計400億円投資

住友金属鉱山と三井物産は仏領ニューカレドニアのニッケル鉱山開発事業に参加する。両社の合計投資額は四百億円超で、開発費の負担比率は二〇%を超える見通し。ニッケルは建材や自動車部品に使われるステンレス鋼の原料。中国の経済成長などで品薄状態が続いており、両社は投資の好機と判断した。

参加するのは、カナダの鉱山大手インコ社（オンタリオ州）が主導する「ゴロ地域プロジェクト」。ニッケル酸化鉱を掘り起こして製錬し、世界消費量の五%に相当する年五万五千トンを生産する計画。

プロジェクト全体の事業費は約十九億ドル（約二千九十億円）。住友金属鉱山と三井物産の負担割合については、住友金属鉱山側の比率が上回る方向で調整している。近く詳細を正式発表する。両社は今後、投資負担の割合に応じてニッケルを引き取る権利を手にする。

住友金属鉱山は数年前から、インコ社と事業参加に関する話し合いを開始。二年前には総事業費の二五%を負担することで大筋合意した。

だが、その後、インコ社が前提となる総事業費を十四億ドルから二十億ドル前後に上方修正し、住友金属鉱山は再交渉に挑んでいた。

ニッケルの世界消費量は年間百万トン超で、うち七割がステンレス鋼向け。中国の経済成長で需給はひっ迫しており、ニッケル価格は高値圏で推移している。ロンドン金属取引所（LME）の十四日時点の価格は一トン当たり一万三千五百ドル。ここにきて反落したが、それでも一年前より二割ほど高い。住友金属鉱山と三井物産は今年九月、フィリピンでもニッケル製錬事業に乗り出している。

日経新聞
（2004年10月17日付）

日本からの開発費負担によってインコ社のファイナンス問題は解消したとしても、供給の安定性に影響を与えかねない深刻な環境問題、そしてフランスからの独立派と保守派の抗争問題は継続中である。中国の経済成長による需給逼迫とニッケル価格の高値推移が理由で意思決定がされたということであろうが、不安要素が多い。たしかに、二〇〇四年一〇月に中国自身がニッケル、コバルトの資源埋蔵量が非常に少ないことと、今後の経済成長の持続可能性のためには自国資源探査と開発を積極的に推進する必要性を訴える論文を発表している。このことも、ゴロー鉱山の開発着手を急がせた一因ではないかと推測できる。

ニューカレドニアのニッケル鉱山の開発にともなう自然環境への影響は、ほかの非鉄金属に比べても非常に大きいことはすでに述べた。インコ社は、カナダのオンタリオ州にも最大の生産拠点であり世界最大級のサドベリー鉱山をもっている。しかし、その鉱床は「硫化鉱」(21)と呼ばれるもので、「ラテライト型」(22)と呼ばれるニューカレドニアのニッケル鉱とは形態が異なるために採

(21)　銅・鉛・亜鉛などの鉱石は硫黄を含む化合物（硫化物）として存在していることが多い。このような鉱物を硫化鉱という。一方、鉄・アルミニウム・マンガン・ウランなどは酸化鉱として採掘される。金属鉱石は大別して硫化鉱と酸化鉱である。

(22)　鉄、ニッケル、アルミニウムなどに富む赤色の土。熱帯地方のとくに高温多雨の、乾期と雨季のある地域に発達する。ニッケルやアルミニウムなどの酸化物の鉱床として採掘対象となるものを「ラテライト鉱」と呼んでいる。

掘工程における環境破壊の度合いは小さい。同社は、インドネシアのスラウェシ島にもソロアコ鉱山をもっているがこれは「ラテライト型」であり、環境負荷はニューカレドニアと同じく大変に大きい。

この鉱山のインコ社の権益は五九パーセントで、二〇・一パーセントを住友金属鉱山、志村化工が〇・五パーセント、そして東京ニッケルが〇・五パーセントを保有している。ニッケル鉱にともなってコバルト、白金族も産出するので、インコ社はそれらの生産量の世界シェアとランキングも高い。

クロム鉱採掘とカザフスタンの環境問題

カザフスタンの「ドンスコイ鉱山（Donskoy）」のある地域には、一九三八年に採掘が開始されて以来の鉱山廃棄物が、一〇〇〇ヘクタールに及ぶ面積の土地に堆積されていると言われている。(23) この廃棄物には、クロム鉱採掘にともなうものとフェロクロム関係のものがあるが、そのなかには五～二〇パーセントにも及ぶ重金属が含まれているため、河川や土壌などの環境汚染が現在も進んでいる。にもかかわらず、先進企業で行われているような新しい技術による低品位鉱、あるいはフェロクロムのスラグなどから重金属を回収し、再処理、汚染土壌の浄化などが行われていないため、腫瘍や呼吸器疾患にかかる人が増えていることが同国のウェブサイトなどで報じられ、地域住民の健康被害をめぐって問題となっている。

二〇〇一年の調査によると、近隣の河川は六価クロムで汚染されており、その濃度は許容値の一七・二倍に達する値を示したと言われている。ホウ素[24]の含有量も、基準値の一二〜一四倍であったという。とくに、六価クロムは人体の遺伝子異常を起こす原因となるため、廃棄物の再処理、重金属の回収など技術的な対策を積極的にとらない企業と行政の責任を問う声が日増しに大きくなっている。

ようやく、二〇〇〇年からフェロアロイの生産にともなうスラグは一〇〇パーセント再処理をして重金属を回収し、あとはコンクリート用骨材として利用することをはじめた。とはいっても、一九三八年から六〇年以上にわたってクロム鉱採掘とフェロクロム生産を行ってきてすでに一四〇〇万トンに及ぶ廃棄物が堆積しているわけであるから、新規操業の廃棄物について再処理が行われたからといってすぐに問題解決とはいかないであろう。

旧ソ連邦のなかではロシアに次ぐ鉱物資源大国であるカザフスタンには、全国に二〇〇億トン以上の鉱工業廃棄物が堆積されているということである（独立行政法人石油天然ガス・金属鉱物

---

(23) クロムを添加元素とする合金鉄。耐食、耐酸、耐熱性にすぐれている。

(24) boron。元素記号B。原子番号5、原子量一〇・八一一。鉱物としてはホウ砂やホウ酸などとして産する。合金の添加剤や原子炉内の中性子吸収剤として使用されている。

資源機構「金属資源レポート」［二〇〇三年三月号］、アマルティ海外調査員報告「カザフスタン共和国のガスクロム社について」を参照）。

金・銅・鉄に劣らぬボーキサイトの環境負荷の大きさ

ボーキサイトは、一般的に比較的平坦な地形の森林地帯の表層部の下に厚さ四メートル～六メートルの層をなしている。したがって、採掘にあたっては、まず樹木・植物と表土を広範囲にわたってはぎ取らなければならない。その結果、森林破壊、生態系破壊、固有種の絶滅などという自然環境に大きなダメージを与えることになる。しかし、オーストラリアとブラジルでは、その植生が異なるために環境負荷の度合いが同じではない。

ブラジルでは、ボーキサイトも鉄鉱石などと同じようにアマゾンの熱帯雨林を切り開いて露天採掘されているために、環境負荷は大きいものとなる。一方、オーストラリアでは、北部亜熱帯地方の、主としてユーカリ林であるために、採掘に先立ってはぎ取られた表土を採掘跡に順次埋め戻していってすぐに成長の早いユーカリを植林していけば、在来種の植生による環境の復元は比較的容易である。

ブラジルにおいても、表土の埋め戻しと植林による復旧が行われている所では、森林修復さえ完了すればアマゾンの熱帯雨林のような安定森林に比べてCO_2吸収能力は高くなると言われている。しかし、これまでボーキサイトの採掘終了後に岩石が露出したまま放置されている所では、森林の自然再生は遅々として進まないためにダメージは大きいままである。

悩み多い石炭の利用による地球温暖化効果

石炭はほかのエネルギー資源と比べて、その豊富な埋蔵量、供給の安定性、そして経済性などという多くの有利性がある。しかし、いまや人類最大の関心事の一つと言っても過言ではなくなった地球温暖化、異常気象現象、それらについてもっとも影響度の高いものが石油とともに石炭から出る「温室効果ガス」と呼ばれるCO_2である。全世界における温室効果へのガス別寄与率で、CO_2は六九・五パーセントを占めている。

オーストラリアのボーキサイト鉱山

図５－５　ガス別温室効果への寄与率
（全世界ベース）

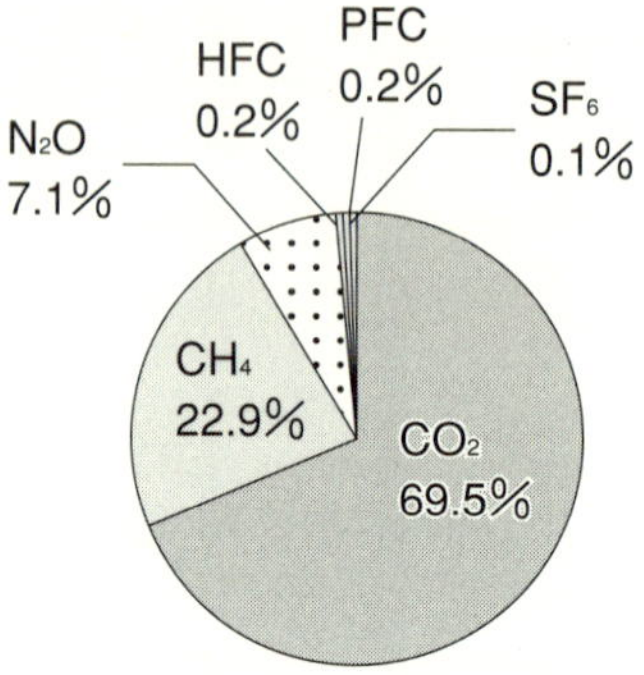

出典：資源エネルギー庁(編)：エネルギー2002、
(株)エネルギーフォーラム（2001年12月）、p.33。

二〇〇二年度における世界の一般炭、原料炭の合計の生産量は三八億三五五〇万トンであった。温室効果ガスの排出係数というものがあって、わが国に輸入されている一般炭の平均的な数値は石炭一キログラム当たりのCO_2排出量が二・三五一五キログラム（炭素換算〇・六四一三キログラム）で、原料炭の場合は一キログラム当たり二・七五八八キログラム（炭素換算〇・七五二四キログラム）である。仮に、世界の石炭生産量の一般炭と原料炭の割合を七〇パーセント：三〇パーセント（国によって異なるが）とすると、石炭消費によるCO_2発生量は、毎年、一般炭から六三億トン、原料炭から三二億トンの合計九五億トンということになる。

日本は、二〇〇二年度推定で一般炭を八七五〇万トン、原料炭を五七四〇万トンの合計一億四四九〇万トンを輸入している。したがって、石炭によるCO_2の排出量は、一般炭から二億六〇〇〇万トン、原料炭から一億五八〇〇万トン（合計三億六四〇〇万トン）となり、日本の石炭による温室効果ガスの排出寄与率は約三・八パーセントとなる。そして、隣国の中国は、一次エネルギ

トにも上る数値である。

なる。これは、世界の一般炭から出るCO_2の四四・八パーセント、石炭合計の二九・七パーセンーとして約一二億トンの一般炭を消費しているのでCO_2の排出量は実に二八億二〇〇〇万トンと

世界の温室効果への第二位の寄与率としては、メタンガスが二二・九パーセントを占めているが、実は石炭の層のなかにはメタンガスが含まれており、採掘にともなってこのメタンガスが湧出している。この影響も無視できない。温室効果ガスの地球温暖化へ寄与する度合いは「温暖化ポテンシャル（GWP＝Global Warming Potential）」という数値で表されるが、メタンガスはこの値がCO_2の二一倍とされている。炭鉱から排出されるメタンガスは、産地と採掘方法によって異なるが、日本の坑内採掘の例では石炭一トン当たり一九・八キログラムと報告されている。また、炭鉱から湧出するメタンは一部を回収して発電に利用しており、その回収率を上げる努力もされている。

最近、オーストラリアの炭坑では、このメタンを資源として積極的に回収して発電に利用したり、CO_2の固定化などを行うプロジェクトを実施することによって温室効果ガスの大気中への排出を削減しようという動きがある。このプロジェクトは、石炭供給側が炭鉱の温室効果ガスの削減によって得られるクレジットを、一般炭の売買と結び付けて取引をしようというビジネスモデルによるもので、石炭会社と日本の商社との間ではじまっている。

たとえば、ニューサウスウェールズ州に本社を置く「パワーコール社」という石炭供給会社は、

炭鉱から発生するメタンガスを回収して、そのメタンガスを空気で薄めて石炭火力発電のボイラーに吹き込んで石炭の使用量を削減し、トータルとして温室効果ガスの排出量を抑制するというプロジェクトを行っている。このプロジェクトによって得られた排出削減クレジット付の石炭は、住友商事が輸入して東北電力へ供給するということが決まっており、すでに基本協定書の締結も終わり、京都メカニズムの国際的な運用ルールと国内の制度確立の進展状況を見ながら、排出権クレジットと石炭取引をリンクさせた具体的な取引条件を決める運びとなっている。

また、これ以外にも、やはりニューサウスウェールズ州にある「センテニアル・コール社」という石炭供給会社とジャパンエナジー社が、植林によるCO_2の吸収・固定から得られるクレジットを石炭の売買契約と結び付ける基本協定を締結している。(25)

これまでに述べたように、石炭は天然ガスなどに比べてCO_2の発生量が多いので、日本では主として電力分野で燃焼効率の向上による削減を目指して技術開発が進められている。これまで、硫黄酸化物（SOx）、窒素酸化物（NOx）の削減技術についてはすでに実用化、商業化が進み、世界的に見てもトップレベルにあるが、CO_2についてはさらなる技術開発とその普及が望まれている。期待される技術としては各種の「石炭ガス化複合発電」があり、CO_2削減率は一七〜三一パーセントとなっている。

一方、石炭がCO_2を吸着しやすい性質を利用して、火力発電所から出るCO_2を炭鉱の石炭層の中に注入して固定させる方法がある。この方法は、CO_2を地中に固定する際に石炭中のメタンを回収することができるので、このメタンを発電に利用することができれば「発電→CO_2分離→CO_2の炭層注入隔離→メタン回収→発電」というカーボン・サイクルができ、効果的となる。

これ以外にも、採取率が下がってきている石油の井戸にCO_2を注入して石油の層のなかに封入する方法がある。この方法は石油の回収率を増進させる効果もあり、アメリカではすでに実用化されている。また、天然ガスの増産手段としてもCO_2注入が有効であることが確認されている。これらの技術は、気候変動に関する政府間パネル（ＩＰＣＣ）によっても、CO_2隔離固定化に関する特別報告のなかでその有効性が述べられている。いずれにしても、中国をはじめとして発展途上国に対して石炭の利用技術あるいは地中隔離固定技術を積極的に移転することが最重要課題となる。

環境負荷の大きい酸性雨

何度も述べるように、石炭の採掘あるいは燃焼にともなって発生するCO_2やメタンなどの温室

(25)　京都議定書の各国数値目標を達成するために導入された仕組み。市場原理を活用するもので、議定書の発効にともない本格的な活用が期待されている。温室効果ガス削減について、先進国間で共同実施するもの（ＪＩ）、途上国で実施するもの（ＣＤＭ）、そして排出権取引がある。

効果ガスによる地球温暖化は、地球規模のきわめて深刻な問題となっている。それだけでなく、石炭中に含まれている硫黄分、窒素分が、石炭の燃焼とともに硫黄酸化物（SOx）、窒素酸化物（NOx）として排出されている。窒素酸化物について言えば、石炭の燃焼時に空気中の窒素が酸化されて発生するものも加わることになる。

これらのガスも温室効果をもっているわけだが、大気中に排出されると移動して拡散し、大気中の水滴と化学反応を起こしながら最後には地表に沈着することになる。その間、SOxは硫酸に、NOxは硝酸になり、雨となって降ってくるのが「酸性雨」と言われるものである。ちなみに、PH（水素イオン濃度）が五・六以下の酸性度の強い雨のことを酸性雨と言っている。

SOx、NOx、浮遊粒子状物質などの大気汚染物質は、人間の健康に深刻な被害を及ぼすとともに、森の木が酸性雨によって枯れ、土地は劣化していき、そこに生えている植物も弱っていくことになる。森林が荒廃すると、当然、生態系も破壊される。河川・湖沼では魚が生息できなくなって死滅し、都市部では建造物、とくに大理石系の歴史的建造物が溶けていき、まっ黒に汚れることになる。このような酸性雨の被害は工業化の進展とともに世界中で起きており、近年では、中国をはじめとして経済が急成長を遂げつつある途上国で深刻な問題になっている。

酸性雨は、温暖化ほど地球規模には拡がっていないが、大気汚染物質として気象条件によっては数千キロメートルも移動し、国境を越えて他国にも影響を与えていることはご存じの通りである。

わが国では、一九八〇年前後から大規模な石炭火力発電所が全国に雨後の筍のように建設された。しかし、高度経済成長期の大気汚染という四日市喘息[26]に象徴される公害問題の経験から、一九六八年に制定された「大気汚染防止法」による厳しい排出規制もあって各火力発電所には高性能の排煙脱硫や脱硝設備が設置され、日本の大気汚染は大幅に改善された。

しかし、世界第三位のエネルギー消費国であり、一次エネルギー源の七六パーセントを石炭で賄っている中国が排出するSOxは二〇〇〇万トンを超えている。これは世界の総排出量の一五パーセントで、日本の約二五倍に相当する量である。そのため、大都市では大気汚染がますます深刻になってきており、ここ数十年肺ガンによる死亡率が上がっているなどの健康被害が確実に拡がっていることが報告されている。

止まらぬ経済の急成長から火力発電用など石炭の消費量はますます増大しており、中国国内の環境汚染、健康被害だけでなく、風下に位置する日本への酸性雨による影響も大きくなってきている。とくに、冬季に日本海をわたってくる雲が山脈にぶつかって降らせる雪に多く含まれているSOx、NOxは、積もった雪の下層に沈んでいくことになる。その結果、一番下の層では酸性度がPH三～四という強い数値を示し、森林が荒廃していくことになる。言うまでもなく、森林が

---

(26)　三重県四日市市における大気汚染による公害。石油化学コンビナートから排出される煤煙そのほかの汚染物質により、多数の住民に喘息症状が発生した。

破壊されると豊かな栄養分を含んだ水が海に流れなくなり、日本海の豊かな漁業資源までもが影響を受けることになる。

もう一つの隣国である韓国について言えば、一九九〇年代に入ってようやく新設の国営電力会社の石炭火力発電所に高性能排煙脱硫設備が設置されはじめた程度である。したがって、韓国からの影響も無視できない。

炭鉱地域の環境負荷

炭鉱から湧出するメタンガスについてはすでに述べた。採掘にともなう環境問題としては、露天採掘と坑内採掘とでは異なる。露天採掘の場合、まず石炭の層に達するまで表土をはぎ取り、その近くに一時仮置きすることになる。この表土は、石炭を掘り終わった跡地に埋め戻して、植林あるいは牧草地に復元して公園やゴルフ場、あるいは野生生物の生息地などにしている。

この復元のコストは、通常、採掘計画の段階から折り込まれてコストに含まれている。なぜなら、非鉄金属鉱山のように選鉱段階で膨大な量のテーリングは発生しないので、採掘にともなう環境負荷はほかの鉱種に比べて格段に小さく、環境保全と復元が容易であるからだ。ただ、選炭によって「ボタ」と称する塊状の廃棄物が発生するので、やはり埋め戻しに使われる。

一方、坑内掘の場合には表土を掘削する必要がないのでボタは坑外に堆積することになる。これが、いわゆる「ボタ山」である。このボタの一部は、坑内の採掘を終了した部分の充填に使われている。充填の目的は、採掘が終わった地下の空間で落盤が起きた場合に地表の地盤沈下を防ぐためであるが、坑内採掘の方法によっては必ずしもすべての空間が完全に充填されるわけではないので炭鉱地帯の地盤沈下は重要な環境問題となっている。

なお、石炭のなかに硫黄を含む鉱物が入っているので、坑内掘の坑内の水あるいは露天掘りの地表水と反応して排水が酸性化し、やはり石炭中の銅、鉛、水銀といった重金属を溶かして水質や土壌を汚染する恐れがあるので、排水を放流する前に水処理をして無害化する必要がある。

次に、石炭層における自然火災について述べておこう。

中国、インド、インドネシア、オーストラリアでは、地下の深所で石炭層に着火して大規模な火災が続いている所がある。この火災による地球環境問題は深刻なものであると、地質学者たちは警告している。彼らは、この火災によって地面の温度が上がって森林火災を起こす危険もあり、周辺の植生を破壊するとともに温室効果ガスを発生させているばかりか、砒素、水銀、セレンなどの有害物質が地域の水系や土壌を汚染していると言う。そして、この火災によって中国では年間二億トンの石炭が消滅しているとも言われている。いったん発生すると数十年から数百年も燃え続けることがあり、その結果、膨大な量の温室効果ガス、窒素酸化物（NOx）、大気浮遊物質が放出され、その影響は地球規模の気候変動を起こすほどの影響力をもっている。また、中国の地下における石炭火災によって大気に放出されるCO_2は、アメリカの全自動車が排出する量に相当するという科学者もいるぐらいだ。

現に、オーストラリアのニューサウスウェールズ州北西部の、石炭とワインで有名なハンター・バレー（Hunter Valley）の炭田では、地下三〇メートルの所で小さな火災が起きている。地下であるため、酸素不足が理由で一年に一メートルというゆっくりしたスピードで燃え拡がっているようだ。すでに燃えてしまった範囲は六キロメートルであるが、すべてに燃え拡がるまでには約五五〇〇年かかると言われている。

ウランの採掘・精製による各種の環境負荷

通常、ウラン鉱山では、鉱石を採掘・精製して「イローケーキ」と呼ばれる粉末状のウラン精鉱（U_3O_8）を出荷する。その際の問題点としては、一般の非鉄金属鉱山と同様の環境負荷に加えて、放射能による環境汚染と鉱山労働者ならびに地域住民の健康被害が挙げられる。これらの問題を、世界最大の生産国であるオーストラリアの例から説明しよう。

鉱石の品位は高いほうでU_3O_8の含有量が〇・一五〜〇・八パーセント、低いほうでは〇・〇五パーセント程度である。ただし、金・銅などと同じように品位の高いものは鉱床の規模が小さく、低いものは規模が大きい。したがって、鉱石からイエローケーキにするまでにテーリングの発生量は金・銅などに比べてはるかに少ないが、比率は大きくなる。

鉱石は細かく粉砕されて硫酸でウランを溶かし出して濃縮し、さらに化学処理をして不純物を除去したあとに乾燥してイエローケーキをつくり、スチール製のドラム缶に入れて出荷されている。このイエローケーキはU_3O_8が九九パーセントであるが、その放射線のレベルは、ドラム缶から一メートルのところで計測して、ジェット旅客機が宇宙から受ける放射線の約二分の一で問題はないということである。

一方、ウランの精製工程で発生する尾鉱は、スラリー（泥砂）にして「テーリングダム」と呼ばれる堆積場にポンプで運ばれて廃棄物として放流される。注目すべきことは、原鉱石中にあったほとんどの放射能が、ウラン精鉱であるイエローケーキよりもむしろ尾鉱側に含まれているということである。それは、とくに鉱石中に含まれている放射性元素のラジウムによるものである。ラジウムは、自然の放射性壊変(27)を経てやはり放射性元素のラドンになる。テーリングダムに溜められた尾鉱のなかにはラドンのガスが発生しており、これを最小限に抑えるために鉱山の操業期間中はずっと水を張っている。露天採掘の場合は、採掘が終了するとテーリングダムは二メー

(27)　放射性元素は、放射線（アルファ線やベータ線）を出して別の元素に変わるものと、ガンマー線を出しても元素は変わらないが安定するものがある。これらを放射性壊変という。たとえば、「炭素14」という元素はベータ線を出して「窒素14」に壊変する。ウランはウラン二三八にはじまり、最後に鉛になるまで放射性壊変を繰り返す。

トルの厚さの粘土層で被い、その上に採掘時に掘削した表土を埋め戻すとともに植物を植えて安定をさせる。そして、坑内採掘の場合には、採掘終了時に尾鉱は坑内に戻されることになる。また、採掘時に発生する「ズリ」と称する廃棄物と精製中に発生する尾鉱中に入っている重金属やそのほかの有害物質は、可能なかぎり回収して安全対策を施してから隔離されることになる。

鉱山労働者と地域住民の健康については、放射能とラドンガスにさらされることから防ぐために厳しい基準が設けられている。ウランそのものの放射能レベルはごく小さなものだが、ラドンと放射性ガスが鉱石の採掘、破砕工程において粉塵とともに微量ではあるが発生している。(28) ウランとラジウムの崩壊元素の一つであるラドンは、ほとんどの岩石中に

オーストラリア・レンジャーのウラニウム鉱山

痕跡程度に入っており、空気中にも存在しているものだ。しかし、ウラン採掘にともなって比較的高濃度になることがあり、それによって健康被害を起こす可能性があるので十分な防護措置を講じる必要がある。

オーストラリアでは、ウラン鉱山における環境と健康、そして安全に関する厳しい規制があるとともに先住民の土地所有権の保護義務などがある。さらに、イエローケーキの核兵器への利用を防止して平和利用のためのみに使用されるように、輸出国としてもっとも厳しい条件をつけている。ただ、先住民のアボリジニ（aborigine）の権利については、これまでにも述べてきたように、ウランにかぎらずすべての鉱山開発の是非をめぐって環境・安全問題とともに発生するそのほかの問題もからんで、いつも結論に至るまで長い年月を要している。

次に、アメリカにおけるウラン採鉱の状況を見てみよう。

一九五〇年代、アメリカは旧ソ連との核開発競争が激化するなか、核兵器に必要とされるウランの増産のために次々と鉱山を開発していった。一九七〇年代、とくに一九七三年の石油危機以降では、原子力発電用のウラン需要の急上昇もあって、全米で開発された鉱山の数は一〇〇〇ヵ所を超していたと言われている。その主な産地は、ニューメキシコ州、アリゾナ州、ユタ州、ワ

(28)　放射性壊変の結果できる元素のこと。

シントン州などで、鉱山所在地はどういうわけかオーストラリアと同様に先住民の居留地が多い。先の三州にまたがるナバホ族（Navajo・Navaho）、ワシントン州はスポケーン族（Spokene）といった具合である。

一九五四年から一九八一年まで採掘されたワシントン州の「ミッドナイト鉱山（Midnight）」は、ソ連との核開発競争の最中に開発された。当時、開発を行ったのは、最近、アングロ・アメリカン社を抑えて世界最大の産金会社にのし上がったニューモント社の子会社である「ドーン鉱山（Dawn）」であった。問題となっているのは、広大な森林伐採、操業中の環境汚染、鉱山労働者の健康被害、採掘終了後の跡地とその周辺地域に大量の環境汚染源が今なお放置されていることと、そして地域先住民の健康被害、先住民の生活基盤である森林、動植物などの自然と文化が破壊されたままであることなどである。結局、多額の利益を得たのは、愛国心とともに政府の役人から世界一リッチになると言われて開発に協力した鉱山会社だけであった。

そのほかの地域についても、一九八〇年代になって相次いで鉱山は閉鎖されていった。そして、やはり閉山後の鉱山跡地周辺に残された汚染源による先住民居留地の環境汚染と健康被害が続いている。なお、連邦環境保護局（ＥＰＡ）は、二〇〇〇年、環境汚染のひどい閉山されたウラン鉱山をスーパーファンド法[29]による指定サイトにした。

今も世界中で鉱山開発が行われているわけだが、どういうわけか有用資源が、豊かな自然と共生して何百年も前から暮らしている先住民の居留地域に発見され、それらの開発によって先住民の人権が抑圧され、文化は破壊され、暮らしが蝕まれているということは皮肉である。北米のインディアン、オーストラリアのアボリジニ、パプア・ニューギニア、南米アマゾン、インドネシア、アフリカ、そのほかの地域に住む数多くの先住民族がそれらの被害者である。

次に、多くの被害者を出してまで採掘したウランのその後を追ってみよう。

この項の冒頭で述べたように、ウラン鉱山で採掘・精製された「イエローケーキ」と呼ばれるウラン精鉱は、発電所で燃料として使われるまでにさまざまな工程を経ることになる。まず、ウラン濃縮の前処理としてウラン化合物の六フッ化ウランに転換する。このままでは中性子が衝突して核分裂を行って膨大な熱エネルギーを放出するウラン二三五の含有量はたった〇・七パーセントでしかなく、発電には不十分なので三～五パーセント程度まで濃縮することになる。これを、さらに二酸化ウランに再転換し、成形加工して高温で焼き固めて燃料の集合体がつくられる。そして、この燃料の集合体を原子炉の炉心に装荷して発電されるわけだ。

原子力発電所では、運転、設備点検、施設の解体などにともなって低レベルの放射性廃棄物が

---

(29)　アメリカで、投棄廃棄物が原因でおきた事件を契機に一九八〇年に制定された法律。汚染土壌の完全な浄化と浄化費用の負担は、過去にまで遡及して追及するという厳しい内容の法律。政府が巨額の基金を設けたことから「スーパー・ファンド法」と呼ばれている。正式な名前は、「環境資源に対する包括的な補償と義務に関する法」である。

発生する。そして、原子燃料を発電に使用したあとには、ご存じのように放射能レベルの高い核分裂生成物である高レベルの放射性廃棄物が発生する。

低レベルの放射性廃棄物については、放射能レベルによって分類し、比較的浅い素掘処分から、五〇～一〇〇メートルの深度にコンクリート・ピットを設けて地下埋設処理が行われている。そして、高レベルの放射性廃棄物については、溶融炉のなかで溶かしたガラス原料と混合してステンレス製の容器に入れて冷やし、安定した状態でガラスのなかに固化して閉じ込め、三〇～五〇年間貯蔵したのちに地下深所に埋設される。

わが国では、現在、高レベルの放射性廃棄物は全量が直接地下に埋設処分されている。しかし、使用済み燃料のなかにはウランとプルトニウムが含まれており、それを分離して再利用するための処理（再処理）、すなわち核燃料リサイクル事業が商業的に可能になればウラン資源の有効活用ができることになる。そうなれば、上述したようなウラン採掘・精製にともなう環境問題は軽減されることになる。

したがって、原子力発電を将来にわたって継続的に行うというのであれば、当然ながら再処理による核燃料サイクル事業を推進すべきである。全量を直接埋設処分している現在の方法と比較して経済性が劣るという意見もあるようだが、そのコスト比較にはウラン資源の川上における環境負荷がまったくと言っていいぐらい考慮されていない。このことは、ウランだけでなくあらゆる資源について言えることであり、外部不経済を内部化して考える必要がある。

終章

資源と環境

国益と地球益の挟間で
わが国の国家戦略および資源外交は？

これまで、各章で資源問題について四つの視点から述べてきた。資源には、掘ればなくなるという枯渇性、資源の地政学的な偏在性、国際大資本による国の枠組みをはるかに超えた寡占支配、そして資源開発・利用・消費にともなう地球環境問題がある。このような四つの特殊性が、高度経済成長を遂げつつある「BRICs」と呼ばれる中国を筆頭とするインド、ロシア、ブラジルの台頭という影響もあってきわだってきている。これら中進国ともいうべき諸国の旺盛な資源需要は、先進諸国の景気回復もあって大幅に増え、一部資源については枯渇の懸念さえ出てきている。その結果、資源の争奪戦の様相を呈してきた。

とくに、二〇〇四年度になって、鉄鉱石、原料炭などの製鉄原料資源、一般炭、石油、天然ガス、ウランなどのエネルギー資源、銅、ニッケルなどの非鉄金属資源、そしてＩＴ産業には欠かせないレア・メタル、レア・アースなどの希少資源の価格がいっせいに高騰をはじめた。そして、世界各地で大型の資源開発という投資案件が増えるとともに、相次ぐ日本の総合商社による権益確保投資などが目立っている。

わが国は、このように資源をめぐる世界情勢が大きく動いていくなかで資源のほとんどを海外に依存している。しかし、それにもかかわらず、長期的な国家資源戦略にも基づく資源外交の動きは見られず、あくまでも民間ベース、それも総合商社の主導による場当り的な外部購入資材の調達という域を出ていないのが実態である。それを証明する最近の事例が、尖閣列島付近で天然ガス田の探査を中国がはじめると、慌てて深海底掘削装置を二〇〇五年度に発注すべく数百億円の予算措置を行ったということだ。

わが国の資源戦略、資源外交のなさは、掘ればなくなる再生不可能な鉱物資源の特徴に関する認識がないこと、そして高度経済成長期ごろから金を出せば資源は買える、いわば水道の蛇口をひねればいつでも欲しいだけ出てくる水のようなものという無意識的な観念がいつの間にか定着してしまったことによるものであろう。したがって、基本となる資源学もすっかり衰退し、必要とさる資源に関する知識が欠落してしまったわけである。また、鉱物資源の開発・利用にともなう深刻な地球環境破壊の現状についても無知、無関心でいられるのもこうした理由によるものである。

このことは、新規資源開発関係の新聞記事に単的に表れている。というのは、鉱山開発にともなう環境負荷、森林・生態系など自然破壊のリスク、環境アセスメント、環境ＮＧＯの活動、先住民問題、地域住民のコンセンサス、世界銀行など金融機関の融資態度などに関する記事を見かけることはまずない。「旺盛な需要」、「資源争奪戦」、「価格の高騰」、「投資規模」、「資本構成」、「輸出先」、「埋蔵量」、「品位」、「日本企業の投資と権益割合」といった言葉ばかりが紙上に舞っている。

開発にあたっての環境問題のことがまったく取材されていないとすると、開発投資案件の背後に隠れている投資リスクのことを記事を読む人々に伝えることができない。その具体的な事例として、第5章の資源開発と地球環境問題のなかで、ニュー・カレドニアにおける二〇〇〇億円規模のニッケル鉱山の大型開発投資案件への日本企業による権益確保投資に関する記事を紹介したわけである。

それでは、このような資源をめぐる諸問題に対して、資源が乏しいわが国が持続可能な資源確保のためにはどのようなビジョンをもち、今後どのような戦略をとっていくべきなのだろうか。

〝スイカ縦割り理論〟に基づく資源戦略と外交

序章において、地球上、とくに陸上における資源の分布状況を地政学的な枠組みを無視して見ると興味深いものがあるということを述べた。それは、地球をスイカに見立てて、陸地の部分を縦に五つに分割すると、分割された各スイカにはほとんどあらゆる資源が分布しているというものである。第一のエリアが北米と南米組、第二が極東シベリア、中国、東南アジア、オーストラリア組、第三が中央シベリア、中央アジア、カザフスタン、インド、第四が西欧ロシア、東欧、中近東、イラン、アラビア半島、そして第五のエリアが北欧、ヨーロッパ、アフリカである。

日本は第二のエリアに所属しているので、資源確保はオーストラリア、中国、東南アジア、極東シベリアから行い、どうしても域内では調達できないプラチナのような極度に偏在性の高いものだけを域外と取引すればよい。面白いことに、各エリアには資源とともにマーケットも比較的に均等に分布しているので都合がよい。当然、資源の物流コストの点からも経済合理性がある。

したがって、国際政治・経済・外交のベースを同一エリア内に置き、東西関係よりも南北関係をより重視して、いわゆる南北問題も基本的に域内の責任において解決することとし、地球規模の問題解決、エリア間の貿易、文化交流は東西で活発に行えばよいと考える。これを、「スイカ縦割り理論」と命名したい。荒唐無稽と言われるであろうが、この理論に基づくと、自ずと日本がとるべき国際政治・経済、通商、外交のそれぞれの戦略が浮かんでくる。

なお、「スイカ縦割り」という言葉については、序章で「資源派財界人」として挙げた、当時三菱化成社長で、筆者の結婚の媒酌の労をとって下さった故篠島秀雄氏と、今からちょうど四〇年前に鉱山技術者であった筆者とが資源に関する会話の最中に使われた言葉だと記憶している。したがって、実際の命名者は篠島秀雄氏とすべきであることをお断りしておきたい。

こう考えると、日本がもっとも重視すべき資源大国オーストラリアとの自由貿易協定（FTA）[1]の締結交渉による関係強化が強く望まれるわけだが、政府はハワード首相来日にあわせて交渉入りを検討していたが結果的には見送ってしまった。国内農業への影響を懸念する農水省の

（1）関税の撤廃など通商上の障壁を除去した自由貿易地域の結成を目的とした二国間以上の国際協定のこと。日本のFTAは、シンガポール、メキシコ、フィリピン、マレーシアと締結しており、現在タイと交渉妥結を目指している。

強い反対によるものである。その間、ハワード首相は北京において温家宝首相と会談して、FTA締結に向けた交渉を開始することで正式に合意した。その際の中国側提案の一つが、農業、資源・エネルギー分野で相互協力関係を構築するというものであった。中国の狙いは、明らかに鉄鉱石、ニッケル鉱石のエネルギー資源である。こういったところに、日本の弱腰外交の現状が見え隠れしてくる。

このFTA問題と時を同じくして、オーストラリアの大手非鉄金属資源会社である「ウエスタン・マイニング社」が、ニッケル鉱石の「住友金属鉱山社」に対する供給停止を通告してきた。住友金属社は一九六七年から一〇年ごとの長期契約を更新してきたにもかかわらず、中国優先のために供給を打ち切られたわけだ。FTAとの関係を懸念するのは杞憂なのであろうか。

最近、アフリカ諸国の立て直しに日本を巻き込んで資金を負担させようという欧米からの働きかけがある。アフリカを長年にわたって植民地支配をして資源を収奪し、これらの国々の政治、経済、社会をすっかり荒廃させてしまったのは欧米列強ではなかったのか。にもかかわらず、なぜ日本を巻き込もうとするのか。極端に言えば、日本は極東アジア、東南アジア、極東ロシアにおいて責任ある行動をとればよいのである。そして、資源超大国のオーストラリアとの関係強化と連携が今後とくに重要となってくる。また、地理的にきわめて近く、豊富な資源とともに豊かな自然を有する極東ロシアとの関係も重要になろう。

わが国は今こそ、資源をめぐる国際的な諸情勢とその特殊性をふまえて、長期的な資源戦略と資源外交の展開が必要となる。資源大国の中国でさえ、弱点となっている石油資源や鉄鉱石に関しては、世界の各国に対して積極的な資源外交を展開しているということを忘れてはならない。

M＆A戦略と自主探鉱活動

国際資源大資本は、各社の独自の戦略に基づいて常に再編を繰り返しており目が話せない状態である。わが国としても、国際大資本のおこぼれに預かるのではなく、思い切って彼らに伍して国策的にM＆A戦略に打って出ることができないものだろうか。必要資金の規模は、これまでの資源以外の日本企業による大型買収事例と比較してもとくに大きいとは思えないのに、資源関係だけ例がほとんどないのはいったいどのような理由によるものであろうか。また、国際大資本の戦略に入っていない地域か、あるいは彼らの手の届かない地域における自主的探鉱に思い切った国家予算をつけて、外交努力を行うとともに自主開発路線を歩む方法はないものであろうか。中国はどちらかというと、後者の戦略にウエイトをかけてなり振りかまわず資源外交を行っているように見受けられる。

（2）Merger and Acquisition の略。企業の合併・買収。とくにアメリカで活発に行われてきたが、近年、日本でもしばしば行われるようになった。

何しろ、わが国は非鉄金属八社の合計探鉱費が二〇〇一年度でわずか二〇億円で、国際大資本一社の八分の一から二〇分の一なのである。また、資源・エネルギーの政府関連機関として二〇〇四年二月に石油公団と金属鉱業事業団が合併してできた「独立行政法人　石油天然ガス・金属鉱物資源機構」の二〇〇四年度の予算は、金属鉱業部門で一八三億円しかない。この予算で、非鉄金属鉱物資源の探鉱・開発支援とレア・メタルの国家備蓄を行うことになっている。

しかし、これで何ほどのことができるのであろうか。世界の非鉄金属メジャイー御三家の探鉱費だけでもアングロ・アメリカン社が二五二億円、リオ・ティントグループが一三七億円、BHPビリトン社は実に四二九億円（いずれも二〇〇二年）ということが現実なのである。たしかに、政府系金融機関の国際協力銀行などによる資源開発プロジェクトへの資源投資金融や資源輸入金融による支援制度はあるにしても、鉱山会社の自主的な探鉱活動にまかせるだけでなく、民間金融業界、川下の産業界も巻き込んで思い切ったM&A戦略、そして国家戦略に基づく資源政策とそれを実現させる資源外交の展開が望まれる。

これまでの日本における資源の確保は、主として、国際大資本の開発案件に対して権益確保をするために商社主導で出資（最大二〇パーセント）をしたり、既存の鉱山に融資をして少しでも有利に買い付けるいわゆる融資買鉱、さもなければ単純に買い付けるという方法がとられてきた。もちろん、これまでも旧財閥系の鉱山会社による自主的な探鉱・開発の努力もなされてきたが、国家的な戦略に基づく自主開発路線からはほど遠いものだった。しかし、中国が世界各地でなり振りかまわず資源を求めて動き回り、資源争奪戦とも言える様相を示している最近の資源事情を考えると、今後は政治的緊張をともなうことが大きく予想されるために自主開発を行うといっても容易なことではなくなってきた。このようななかで、わが国としては、政治・外交による資源安全保障体制をどのように築いていくかが国益上きわめて重要な課題となってくる。

日本の強みと言えばやはり「モノづくり」であるわけだから、その技術力を武器にした資源確保戦略を立てる必要があろう。技術立国、モノづくり大国を標榜する以上、これは当然のこととなる。ただし、その技術は世界をリードできるトップ・ランナーでなくてはならない。

次に、武器として使える必要な五つの技術を挙げてみた。そして、以下においてそれぞれの技術について説明していくことにする。

❶低品位鉱の利用技術
❷省資源・省エネルギー技術（資源生産性の飛躍的向上）
❸地上資源開発技術（地下資源から地上資源へ）
❹環境汚染防止技術
❺希少資源の代替材料の開発

❶低品位鉱の利用技術

資源の開発から利用および消費まで、三つのフェーズの第一フェーズである資源探査・開発の一般的な技術についてはは専門教育を放棄してしまって久しいわが国においては論議するに値しない。しかし、これまで鉱石の品位が低くて経済性がなかったために開発されていない鉱床は世界各地に多く存在している。この低品位の鉱石から有用鉱物を取り出して利用する技術については、日本の鉱山会社のものを世界のトップレベルにまで上げる可能性は十分にある。この技術は、のちに述べる廃棄物中から有用金属を抽出するためにも有効なものなので、大いに技術開発を進めて武器とし、資源確保を図ることができる。

鉱石を採掘する場合の鉱山用語に「カット・オフ・グレード（Cut off grade、切り落とし品位）」というものがある。これは、品位の低い鉱石ほどコストがかかるわけであるから、市場価格の動向によっては採掘してもコストに対して利益が得られなくなる限界の品位のことを意味する。鉱山の操業期間中といえども、市場価格の変動にともなってこのカット・オフ・グレードはある程度変わる。しかし、一般的に鉱床のなかには、品位が低すぎてたとえ市況が少々上がってもやはり採掘対象とされないままの低品位鉱も膨大な量で存在する。この未利用の低品位鉱を対象として経済的に採掘し、利用する技術を積極的に開発すべきである。

採掘対象となっている比較的高品位の鉱石を採掘するとき、それにともなって必然的に発生する低品位の銅鉱石などについては現在でもすでに利用技術が確立している。すなわち、「ダンプ・リーチング」あるいは「ヒープ・リーチング」と呼ばれている方法で、採掘現場において低品位鉱石を積み上げて堆積層をつくって、その上に「浸出液」と言われる銅などを溶かし出すバクテリア（微生物）を含む水溶液を散布すると、その水溶液は堆積層を染み通っていくうちに銅を溶かし出して底に到達するというものだ。

この方法は、「バイオ・リーチング」あるいは「バクテリア・リーチング」とも呼ばれている。堆積層の底に下りてきた溶液は集められて、そのなかにある有価金属を取り出すのに溶媒抽出という方法が利用される。これは、灯油や抽出剤を用いて染み出した水溶液のなかから有価金属を回収する方法で、熱エネルギーを使わないために「湿式製錬」と呼ばれている。この技術は、廃棄物中の有価金属の回収にも有効である。

近年、国際大資本の再編が進み、世界の有望な金属資源の大部分はますます少数者に支配され、市場決定力をもつようになってきた。しかし、第5章で述べたように、大規模鉱山開発にともなう環境破壊が問題視されるようになってきたことと、保有資源を増やすためにも、低品位鉱石からバイオテクノロジーを利用した環境負荷の少ない方法で経済的に有価金属を取り出す技術が重要視されるようになってきたため、銅、コバルト、ニッケル、亜鉛、ガリウム、モリブデン、銀、マンガン、白金族金属、ウラニウムなどの金属を選択して効率的に「食べる魔法の虫」、すなわち微生物を発見して利用するためにオーストラリアなどでは調査・研究に力を入れている。

この「魔法の虫」は、地球上に二〇～三〇億年前から陸上や海底の火山地帯の熱水のなかや高圧下でしかも強酸・強アルカリの毒性の強い溶液中といったきわめて厳しい条件のもとで棲息している古い生物で、金属の硫化物などの化合物を食べて生き延びて進化してきた生命体である。アメリカのハーバード大学では、火星や金星などにおいて、採掘作業をしないで金属資源を抽出する未来の技術としてこの研究を進めている。

微生物を利用した技術は医療や農業、食品の分野ではすでに確立しつつあるが、それが未来技術として鉱物資源採掘への応用の可能性も出てきたわけだ。この方法は、まさに次世代の、革命的で夢のような鉱山技術と言えるものである。「バイオ・マイニング（Bio Mining）」と呼ばれるこの分野こそ、ハードルはきわめて高いが、バイオ・テクノロジーでは先進国であるわが国が取り組んで世界をリードできれば、資源戦略上において武器になると思われる技術である。

❷省資源・省エネルギー技術（資源生産性の飛躍的向上）

脱物質化の期待がかかるＩＴ革命と言われる時代になっても、資源の需要はなかなか減る様子がない。たしかに、銅の電線が光ファイバーに代わっていくように使用材料が省資源の方向に変化があったり、あるいは同じ材料でも軽薄短小、そして省エネルギーが進んで製品一個当たりの資源の消費量は減る一方で、携帯電話やパソコンのように普及率が大幅に上がるとともに、商品の陳腐化のスピードが早く商品寿命も短くなっていく。さらに、テレビモニターのように、ブラウン管式から液晶式に進化することによって大幅に省エネルギーが進んだ商品が開発されても、それが大画面となって資源量が増えている。

このように、資源消費量は減るどころか全体的にむしろ増えるケースが多いようだ。そのうえ、発展途上国が二〇世紀型の経済発展を後追いしていることもあって、世界レベルで見れば到底持続可能な発展を目指しているとは言い難い。このような状態から脱するためには、今こそ先進工業国は、資源生産性あるいは資源効率を飛躍的に向上させて、その持続性を高めていかなければならないと考える。

正統派と言われる経済学が、地球環境と資源は有限であるということをまったく無視してきたことは驚くべきことである。「経済成長＝進歩」と考え、脱物質化を叫びながらも資源収奪型の文明から抜け出せないでいる。そして、地球の資源は売買あるいは開発すべき資産として扱われ、これを商品化するための費用がそのまま価格とされているのである。したがって、鉱山を開発する際に破壊される自然の生態系、生物多様性、地下水、そのほかの自然の環境的価値などは、市場メカニズムの対象にはならないのである。

国際環境ＮＧＯである「ＣＩ（Conservation International）」は、生物多様性の価値を次のように定義している。

- **生態系サービス**——大気成分の調整、気候の調整、自然災害・土壌浸食の緩衝機能、水質浄化・水源涵養、廃棄物処理、花粉運搬、動植物への生息地の提供。
- **経済的価値**——食料・素材の提供、バイオ、農業製薬分野などにおける遺伝子プールとしての価値、エコツーリズムを含むリクレーション機能の提供。

・存在価値——科学的、景観・審美的、教育的、倫理的価値。

二番目の経済的価値でさえ、資源の市場価格にはごく一部しか入っていないと思われる。これらの価値を定量化、数値化して資源取引の価格に反映させるようになれば、資源の生産性向上が競って行われるのではないかと考えるのはあまりに楽観的であろうか。二〇世紀においては労働の生産性は飛躍的に向上したが、「資源の生産性」はほとんど無視されてきた。すでに持続不可能になってきているにもかかわらず、である。では、この資源の生産性とは何かということを、わかりやすい例を挙げて説明しておこう。

欧米人は風呂に入るとき、各人がバスタブにそれぞれ湯を入れて自分が使った湯は捨てるが、日本人は家族全員で、また銭湯においては何十人もの人が同じ湯を共用している。したがって、五人家族であれば、水資源の生産性は欧米人に比べて五倍になるということである。

今、持続可能な発展、資源循環型社会の構築が叫ばれているわけだが、資源の生産性の飛躍的な向上なくしてその実現は不可能である。日本は年間に六億七〇〇〇万トンという膨大な量の主要天然資源を輸入しているわけであるから、資源の偏在性、国際大資本による寡占化、資源産業の特質、そして資源産出国の採掘・採取現場における自然環境破壊の実態などについての知識、認識を深めるとともに、資源の効率的な使い方を研究し、資源の生産性向上の機運を広く国民運動にまで高めていく必要があろう。

わが国の、世界に冠たる〝モノづくり〟を推進したのが生産性運動やQCおよび全社的なTQC活動であった。[(3)] ただその場合、生産性とは労働の生産性もしくは資本の生産性を意味していた。二一世紀は、得意の〝モノづくり〟のパラダイムを転換して、資源の生産性を向上する運動でもって世界をリードすべきと考える。

❸地上資源の開発技術（地下資源から地上資源へ）

現世代の人々の豊かな生活を支えるために次世代の人々が利用すべき資源を使い尽くしてしまっては、世代間の衡平性が失われることになる。そのうえ、資源開発にともなう環境破壊の大きさを考えると、資源の新たな採掘・採取を抑制しなければならない。

これまで、長い年月をかけて膨大な量の資源が地下から掘り出されて利用および消費され、そして廃棄されてきた。ということは、地上にはすでに膨大な量の資源が蓄積されているということができる。この資源のストックを可能なかぎり回収および再利用することによって、新たな地

（3）　Quality Control, Total Quality Control の略。前者は本来、統計的品質管理手法であったが、職場の小集団活動を通して仕事の品質を職場ごとに改善、向上する運動として全国規模で製造業において展開された。その結果、品質の日本の名声を勝ち得た。後者は、製造業や職場の末端にかぎらず、管理部門も含めて全社的に仕事の品質の向上を目指した運動として展開され、わが国高度経済成長を支える原動力となった。

下資源の採掘を抑制することができる。とくに、代替性に乏しく、希少性、偏在性が強く、しかも川上における自然環境への負荷の大きい金属資源のリサイクルを進めることが重要となる。そのためには、革新的な技術を開発することも必要であるが、既存の金属精錬技術を駆使することによってリサイクル率を上げるという方法もある。

問題となるのは、回収システムの確立と回収しやすいエコデザインであるが、すでに都市に蓄積されている膨大な量の資源を新たに地下から掘り出す代わりに回収・リサイクルする事業を「アーバン・マイニング（Urban Mining）＝都市鉱山」と称して積極的に展開している鉱山会社が「同和鉱業社」である。その一例を紹介しよう。

金を大規模に露天掘りで採掘している鉱山の鉱脈中の品位は一トン当たり〇・三グラムから一・〇グラムである。それに対して、携帯電話を一万個（約一トン）集めてくると二八〇グラムの金が回収でき、ノート型パソコンを三五〇台（約一トン）集めてくると九二グラムの金と三六キログラムの銅が回収できる。したがって、自然破壊をしてバージンの鉱石を精錬するよりは「都市鉱山」の金属を精錬したほうがより効率的なはずである。

しかし、ここで問題となるのは、バージン鉱石の価格が安いということである。それは森林、生態系、生物多様性、河川・海洋など、資源産出国の自然環境の破壊というコストが鉱石の市場価格に反映されていないためである。この、外部不経済として見過ごされている、地下資源を採掘するにあたって本来負担すべきコストが一部でも加算されて取引されるようになれば、都市鉱

図　終ー1　パソコンで使用されている貴金属　（筆者作成）

種　類	ディスクトップ型	ノート型
パソコン重量	30 kg/台	3 kg/台
パソコン1台あたり基板重量	0.85 kg/台	0.55 kg/台
金/基板	500 g/t	500 g/t
金/パソコン	14 g/t	92 g/t
銀/基板	1000 g/t	1000 g/t
銀/パソコン	28 g/t	183 g/t
銅/基板	200 kg/t	200 kg/t
銅/パソコン	5.7 kg/t	36.6 kg/t
パラジウム／基板	50 g/t	50 g/t
パラジウム/パソコン	1.4 g/t	9.2 g/t
パソコン1台あたり金の重量	0.42 g/台	0.28 g/台
パソコン1台あたり銀の重量	0.84 g/台	0.56 g/台
パソコン1台あたり銅の重量	170 g/台	110 g/台
パソコン1台あたりパラジウムの重量	0.04 g/台	0.03 g/台

山は大きく進展することになろう。もし、環境破壊コストが加算されなくても、都市鉱山の鉱石回収や製錬コストが技術革新によって下がることになれば、経済性が向上してリサイクル率は大幅に上がるであろう。

製錬技術によってIT機器などから金属を回収するシステムを確立するほかにも、化石燃料資源からエネルギーを取り出したあとに残る灰のなかに含まれる貴重な有用資源にも注目をすべきである。第2章でも述べたが、南米ベネズェラのオリノコ川流域にある膨大な量の粘性の高い重質油を発電所で燃やしたあとの灰のなかには、希少資源のニッケルとバナジウムが比較的高い濃度で含まれている。このオリマル

図　終−2　オリマルジョンとは

（筆者作成）

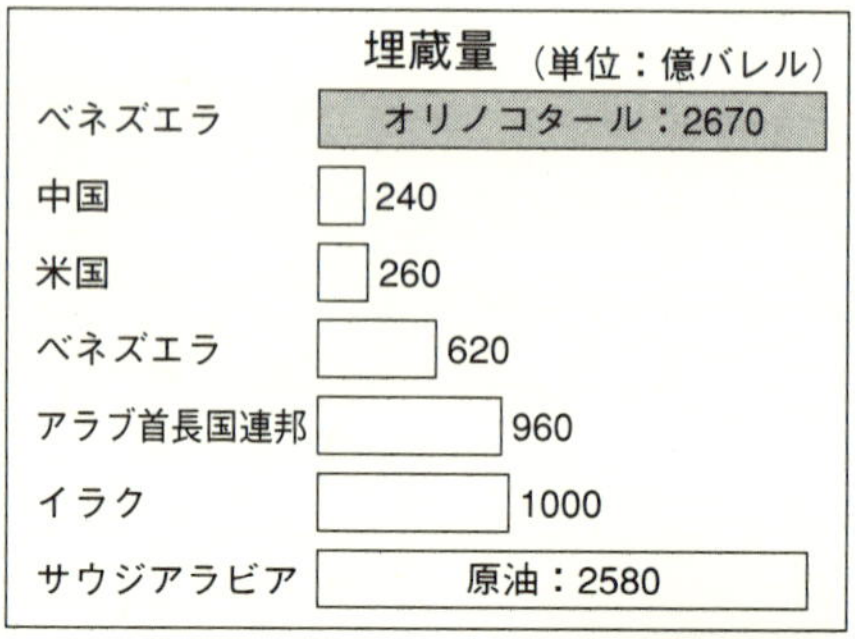

オリノコタール 70%　＋　水 30%　＋　界面活性剤 微量　➡

オリマルジョン

石油相当の液体燃料として利用が可能になった

ジョンの燃焼灰からニッケルとバナジュウムを回収することは、普通の鉱石から取り出す製錬技術を応用することによって簡単にできる。

わが国としては、このオリマルジョンと呼ばれる石油を各電力会社が石炭の代わりに大量に使用すれば、廃棄物としての灰のなかから貴重なニッケル、バナジュウムを回収することができ、鉱石の輸入を減らすことができるわけだ。そして、その回収技術はすでに確立されているのだ。金属を回収した残りの灰はセメントの原料として使えるし、石炭に比べて炭酸ガスの発生が一六パーセントも少ないこともまた魅力である。それだけでなく、石油の中東依存度を減らすという戦略上の効果も大きいと考える。

中国はすでに、このオリマルジョンの権益確保にかなり前から動いているばかりか、ベネズェラの隣国であるコロンビアを通ってパイプラインを敷設して、太平洋岸から中国に向けて出荷体制をつくろうとさえしている事実を日本政府はいかに考えているのであろうか。

❹環境汚染防止技術

資源を利用して製品をつくるプロセス、そして自動車、家電などの製品を使うときに発生する環境汚染問題によって、いまや文明そのものの持続可能性が危ぶまれている。環境技術先進国と言えるわが国であれば、地球温暖化、オゾン層破壊、有害化学物質・重金属・酸性雨などによる大気、水質・土壌汚染のような環境負荷を最小限に抑える科学技術の導出あるいは供与と引き換えに資源を確保する方法もあろう。

たとえば、火力発電の排煙脱硫・脱硝技術、クリーン・コール・テクノロジー(4)、燃料電池、廃棄物中の貴金属、重金属の回収、フロン破壊、生分解性プラスチック(5)、プラスチックの完全リサ

---

(4)　石炭のなかには、燃焼にともなって大気汚染物質である硫黄酸化物となって排出される硫黄分や燃焼後に廃棄物として残る灰分が含まれており、これらの不純物をあらかじめ除去する技術のこと。先進各国でいろいろな技術が開発されている。

(5)　たとえば、生物由来の有機性廃棄物から取り出したポリ乳酸を重合させてつくったプラスチック。石油由来のプラスチックは微生物による分解は不可能であるが、これは微生物による分解が可能である。

イクル、バイオ・テクノロジーによる汚染土壌浄化、石油精製（オイル・リファイナリー）に代わるバイオマス・リファイナリー[6]などのリサイクル技術といった、資源の利用・消費にともなう環境負荷軽減のための数々の技術をわが国はすでに武器としてもっていることを忘れてはならない。

❺希少資源の代替材料の開発

プラチナ、パラジュウムなど白金族金属は、世界でもっとも偏在が著しい希少資源であるが、自動車の排ガス処理装置や燃料電池用の触媒、そしてそのほかの多くの先端産業にはなくてはならないものである。その白金族資源の先端技術分野における使用技術の多くは「ジョンソン・マッセイ社」が握っており、しかも同じロスチャイルド・グループであり、国際資源大資本のアングロ・アメリカン社が資源を寡占支配している。したがって、技術力で白金族の資源を確保することは難しいが、むしろ代替材料の開発によって白金が必要でなくなるようにするほうが早道になろう。

とはいえ、白金族以外にも希少資源の種類は多い。世界の生産量の九〇パーセント近くを中国が占めるレア・メタルとレア・アースは、第2章で述べたようにＩＴ産業、先端産業には欠かせないものである。これらの資源の価格が二〇〇四年からいっせいに高騰しはじめ、その供給構造の脆弱さによる供給不安が強まっている。

わが国産業のアキレス腱とも言えるこれら希少資源の確保は喫緊の課題であるが、同時にそれらの資源を使わなくてもよいように代替材料の研究開発も急がねばならない。とはいえ、代替材料が見つかったといっても安心はできない。たとえば、カーテンやタイヤなどの難燃剤とか鉛蓄電池などに使われてきたアンチモンは、ヨーロッパが発端で有害物質として使用禁止になって代替材料として黄リンが使われるようになってきたが、そのアンチモンも黄リンも中国への依存度が八〇パーセントを超えている。またアメリカは、最近、黄リンを戦略物資として輸出禁止とした。このように、希少資源の確保と代替材料の研究開発は常に怠ってはならない戦略的な課題である。

資源学の再構築と資源教育の復活

長期的な資源戦略に基づいて資源外交を展開するためには、わが国の資源学を再構築するとともに資源教育を復活させ、資源戦略研究機関と国の政策立案推進機能を強化し、資源大学校の本格的再開による資源技術者ならびに資源外交ができる人材の育成、そして一般の人々の資源に関

(6)　植物や動物によって生産される有機物の総称をバイオマスと言い、木材、動物の糞、死体、有機性廃棄物、農作物の食用不適部分などを含む。これらバイオマスを原料として精製し、工業原料・燃料を取り出すことを、「石油精製＝オイル・リファイナリー」に対して「バイオ・リファイナリー」と名付けられた。バイオマスは再生可能な資源であり、かつCO_2の増加がない。

する知識・認識を高める必要がある。そのためには、たとえ国内に鉱山がなくても、海外の大規模鉱山会社へ就職もしくは研修に行くなどして経験を積み、日本の産・官・学において資源戦略の研究、政策立案、推進、調査、開発に携わる体制をつくっていくことが望まれる。

少なくとも、これらのことは太平洋戦争終結までは行われてきた。中国、東南アジアにおける資源調査や開発にはかなり熱心であったし、一般教育についてもこれらを学ぶための時間があった。それでは、現在もこれらの教育を継続している欧米の国際資源大資本をもつ国々の専門教育の内容を見てみよう。少しは、彼らの資源に対する貪欲な行動は理解できるかもしれない。

アメリカの「コロラド鉱山学校(Colorado School of Mines)」、イギリスの「王立鉱山学校(Royal School of Mines)」、フランスの「パリ国立高等鉱山学校(Ecole Nationale Superiure des Mines de Paris)」が欧米のなかでは有名で、コロラド鉱山大学では今でも毎年三〇〇〇人にも及ぶ人材を世界に供給している。筆者が海外の大規模鉱山を訪れて出会った技術者や経営者の多くが、これら学校の出身者であった。また、フランスの鉱山学校は、国立行政学院、理工科学校、高等師範学校とともに「グランドゥ・ゼコール(Grandes Ecole)」と呼ばれるエリート教育機関の一つとなっており、パリにあるソルボンヌ大学などよりも格が高い。高級官僚、大企業の経営者のほとんどが、これらのエリート校の卒業者である。ちなみに、コロラド鉱山学校は、二〇〇五年度の全米大学院ランキングのトップグループの一つに選ばれた。参考までに、同大学院の修士課程の学位プログラムを**表終-1**において紹介しておこう。

表　終ー1　コロラド鉱山大学　大学院修士課程の学位プログラム

エンジニアリングおよびテクノロジーマネージメント (Engineering and Technology Management)	M.S.
環境科学および環境工学 (Environmental Science and Engineering)	M.S.
環境地球化学 (Environmental Geochemistry)	P.M.
鉱物経済学 (Mineral Economics)	
化学工学 (Chemical Engineering)	M.S.
化学・応用化学 (Chemistry and Applied Chemistry)	M.S.
エンジニアリング・システム（電気または機械コース） (Engineering Systems Electrical or Mechanical track)	M.S.
地球物理学 (Geophysics)	M.S.
地球物理工学 (Geophysical Engineering)	M.S.
応用物理学 (Applied Physics)	M.S.
金属工学および材料工学（電子材料コース） (Metallurgical & Materials Engineering——Electronic Materials)	M.E.
数学および科学（コンピューター・サイエンス・オプション） (Mathematical & Sciences——Computer Science option)	M.S.
同　上 (Mathematical & Sciences——Mathematics option)	M.S.
地質学および地質工学 (Geology and Geological Engineering)	M.S.
石油工学 (Petroleum Engineering)	M.E..
採鉱と地球システム工学 (Mining and Earth Systems Engineering)	M.E..
鉱物探査と採鉱のための地球科学	B.S.
国際政治・経済 (International Political Economy)	B.S.
フランス石油研究所とCSMのジョイント国際学位プログラム 経済学とビジネス、石油経済学とマネージメント (Intenational Academic Programs between CSM and Petroleum Institute of France) (Economics and Business, Petroleum Economics & Management)	B.S.

M.S.=Master of Science　M.E..=Master of Engineering　B.S.=Bachelor of Science
(Academic Programs offered by the Graduate School at CSM による)

このプログラムを見ると分かるように、資源教育としてサイエンス、テクノロジー、エンジニアリング、そして経済学と、きわめて多岐にわたる多様な分野の学問領域をカバーしている。その理由は、地球の表面から地殻の深いところまでにあるバラツキの大変多い天然資源を経済的に掘り出すためには、地球に関する横断的な領域の学問を総合的に学ぶ必要があるからである。

資源学のこのような特徴を称して「雑学」と揶揄する人もいる。しかし、最近では、わが国の細分化しすぎた学問に対する反省からか、大学院において「新領域創生研究科」、「生命科学研究科」のような異分野の学際的な学問領域を創造しようという動きが目立ってきている。それこそ「雑学」と言えるのではないだろうか。資源学はもともと自然を相手にする学問であるから、自然科学、工学、人文科学などの異分野の学際的な取り組みが必要な実学なのである。

なお、これらの資源学教育は、あくまで「序章」で述べた資源にかかわる三つのフェーズのうちの第一フェーズ、つまり資源を開発する側に関するものである。とはいえ、川下において資源を使う側としても、川上における資源の特性を十分に知っておかなければ効率的な利用ができないことは言うまでもない。以下においては、その立場から考えてみよう。

資源を工場に受け入れて原材料として使用する際に、処理、加工を行う機械設備・プロセスの設計の仕方によっては、その資源に対する要求品質および性状が大きく違ってくる。つまり、天然資源が本来もっている物理的あるいは化学的特性を設計者が十分に理解している場合、言い換えれば、資源の種類は同じでも産地や採掘場所によってその性状が異なることを理解していれば、その特性に応じた設備設計がなされるため、資源が無駄なく効率的に利用されることになる。逆に、特性をまったく理解しないで何の配慮もなく設計してしまうと、資源に対する要求品質がおよそ非現実的となり無駄が多くなる。言い換えれば、資源の特性にあわせた設備・プロセスの設計になるか、設備プロセスにあわせて資源を持ってこいということになるかによって、川下である資源利用サイドの資源の生産性や効率性が大きく変わるばかりでなく、山元《やまもと》の採掘現場における大きな無駄が生じることになる。そして、本来なら利用できる膨大な量の資源までもが無駄になることがある。モノづくりの技術者であっても、最低限、一般常識として資源に関することは知っておく必要があるということである。

日本は、よく「モノづくり大国」と言われるわけだが、資源の川上から川下までのプロセスをトータルとして効率化を図る設計思想が意外に不得意で、細部の部分最適化に走りがちである。その結果、最終製品の品質は世界最高の評価を得たが、それは川上を犠牲にしたものであったと言える。その原因は、全工程にわたって最適化を考えるプロセス・エンジニアがいないことによるものである。

川上を意識したプロセス・エンジニアが育たなかった理由は、設備設計技術者が、資源は金さえ出せば商社が簡単に外国から調達してくるものという認識であったために、原材料資源の品質・性状は常にバラツキのない安定したものが供給されるということを前提として機械設備が設計されてきたため、資材部あるいは原料購買部といった原料資源調達部門の人たちは世界でもっとも品質規格の厳しいものを持ってくるのが業者の役割だといった調達行動をとったことによるものである。

何しろ、日本のモノづくりを支えたＱＣ活動のスローガンは「次工程はお客様」であり、川上に行くほど無理難題とも言える品質を要求されても従わなければならなかった。かつて、産出国の鉱山の山元《やまもと》で、「日本人は、天然の資源に対してどうしてそのような厳しい要求をするのか」という声を聞かされたものである。このような過剰品質の要求は、日本のすべての産業分野に共通したものであろう。

最高の品質の原材料で最高の製品をつくるのは当たり前で、品質にバラツキが少々あっても、また不純物が若干あっても、その原料を使いこなす技術を開発して最高の品質の製品をつくることが本当によい技術と言えるのではないだろうか。資源を利用する側の知識、認識、態度によって、モノづくりの基本的な設計思想が違ってくるのである。したがって、資源に関する専門教育のみでなく一般教育も大切となる。

ヨーロッパにおいて、資源に関する一般教育が熱心であることを示す例として、筆者が以前にパリの地下鉄のホームで見かけたものがある。壁にはめ込まれた広告用のウインドーのなかに一〇個ばかりの金属鉱物の標本が並べてあり、そこに「これらは何の鉱物か知っていますか(RECONNAISSEZ VOUS CES MINEREAUX ?)」と書いてあった。これは、企業の広告ではなく政府の広報であった。専門教育やエリート教育だけでなく、一般の人たちに資源に対する認識を高めるための啓蒙としてフランス政府がやっていることの一つを知って、感心して写真を撮っておいた。やはり、欧米においては資源教育が連綿と続けられており、良い意味においても悪い意味においても文明のなかにそれがしっかりと根付いていることを証明しているように思う。

余談であるが、ドイツの詩人であり小説家、劇作家のゲーテは鉱物の収集家であり、国の鉱業大臣も務めたこともある。また、「第1章　長期資源戦略と資源外交の必要性」（八七ページ）でフレデリック・フォーサイスが書いた小説『戦争の犬たち』のあらすじを紹介したが、そこに描かれているように資源確保となると血眼になるのが、かつて「帝国主義列強」と呼ばれた欧米各国の植民地時代からの伝統のようである。

パリの地下鉄のホームにあった金属鉱物の標本

やはり小説で、アフリカのダイヤモンド鉱山のことが書かれているシドニー・シェルダンの『ゲームの達人（Master of the Game）』（上・下巻、天馬龍行・中山和郎訳、アカデミー出版、一九八七年）、そして主人公がアフリカの金鉱山の技術者であるウイルバー・スミス（Wilbur Smith）の『Gold Mine（金鉱山）』というのがある。これらいずれの小説も共通して、大衆小説であるにもかかわらず鉱山、地質に関する記述に専門用語がきわめて正確に使われており、また表現されている資源をめぐる強烈な欲望には圧倒される。作家が十分に現場を取材して正しい術語を勉強したのか、もともとある程度教養があったのかは分からないが、ただただその知識の深さに驚くばかりである。

資源開発と地球環境問題

これまで終章では、世界の資源事情から考えて、わが国経済の持続可能な発展のためには何をしなければならないかといった視点から述べてきた。いわば、「国益」上の資源問題が中心であった。しかし、第5章で述べたように、資源開発にともなう環境破壊の問題は世界の経済規模の拡大とともに深刻さを増してきている。これは「地球益」(7)上の問題と言えよう。経済と文明を支える資源が「光」の部分なら、地球環境を破壊する資源は「影」の部分と言えよう。したがって、資源について語るときは、常に国益と地球益の挟間で心が揺れてしまい、論調が変わってしまうので戸惑いを覚える。しかし、いまや人類社会の持続可能性が問題となっている現状を考えると、地球益を無視して国益を追求することは許されない。

人類は、第三〇〇〇年紀（3rd Millennium）を迎えてすでに四年が過ぎ、二一世紀になった今も世界は産業革命以降二〇世紀までの延長線上である。まさに資源収奪型文明のただ中にあり、脱物質化の持続可能な文明に向かう兆しはまだ見えてこない。最近のBRICs諸国の経済規模の拡大ペースと先進諸国の経済・社会システムの現状を見るかぎり、むしろ逆行しているとも言える。いわば、「自然資本」の減損がますます進行しているわけだ。

その自然資本のなかには、開発の対象とされる資源のほかに、地球環境を維持し、人類にとって「生命維持装置」とも言える大気、水、土壌、生物多様性などがある。これらは人類社会にとって決定的に重要なものであり、環境経済学で言うところの「臨界自然資本」であり、人類社会が依存している共通の資本として守るべきものである。ただ、同じ自然資本であっても原燃料資源の場合はその開発行為が問題となるわけだ。

発展途上の資源産出国において資源開発を行えば、その地域に自然と共生して暮らしている先

（7）「企業益とか省益あって国益なし」といった言葉がよく使われる。しかし、地球規模になってきた環境問題を解決するためには、人々が地球市民としての意識をもって、一企業、一地域、一国の利益を考えるのではなく、かけがえのない地球の環境を守るという視点、すなわち地球益の視点がいまや必要になってきた。

住民もしくはその国の人々や世界の人々が依存している「生命維持装置」としての臨界自然資本も必然的に破壊される可能性がある。たとえば、南米、アジア、アフリカ、シベリアなどの原生林は、ご存じのように温室効果ガスの吸収源として、あるいは薬効植物など人類共通の資本として守るべきものである。

二一世紀に生きるわれわれは、いまや資源面と環境面から「地球の限界に直面した最初の人類世代である」と言われるようになった。そのなかでわが国は、国益上のニーズと人類社会の持続可能性、すなわち「地球益」を調和させながら資源確保を行うことが求められている。

経済・環境・文明の出発点、川上の資源問題に目を向けよう

現代の工業化社会を支える鉱物資源が、川下でつくられる製品の製造工程および使用の過程、あるいはエネルギーの消費の結果において大気、水質、土壌汚染など、周囲の環境や地球環境にどのような負荷を与えるかということについては、人々の目に触れたり体感する機会もあるためその知識を得ることは容易である。また、温暖化、異常気象などの地球規模の問題に関してもさまざまな媒体から得られる情報も豊富である。したがって、先進工業諸国の川下の環境に関する知識や認識、そして意識は高い。一方、川上の資源を採掘する現場ではどのようなことが行われ、何が起こっているかについては一般にほとんど知らされていない。というより、資源採掘にとも

なう自然破壊の凄まじさは人々の目に触れることがほとんどないと言える。

ちなみに、金鉱山が世界に二三九ヵ所あり、二〇〇二年には、二二四九トンの金地金の生産のために三〇億六〇〇〇万トンの岩石が掘削されている。銅鉱山は三三一ヵ所で、一五三五万一〇〇〇トンの銅地金を生産するのに二五六億トン、鉄鋼は九億トンの生産に対して四八億トン、石炭は三八億四〇〇〇万トンの生産に対して二三〇億トンの岩石が掘削されているわけだ。つまり、有用資源を採掘するために、実に一年間に五六五億トンの岩石を掘削したことになる。これらのほかに、ニッケル、クロム、マンガン、鉛、亜鉛、アルミニウムなどの金属鉱物資源、そして石灰石など非金属の工業用原料資源を加えると、一年間に一〇〇〇億トンは優に超える岩石の掘削が世界中で毎年行われていることになる。

一〇〇〇億トンと言われても実感がわいてこないと思うが、標高一〇〇〇メートルの山が毎年一四個ずつ削りとられて、有用資源を取り出した残りは廃棄物として周辺に堆積されるか、河川か海に拡散されるということだ。しかも、森林や生態系が豊かな所で採掘が行われる場合には自然破壊の度合いがさらに大きくなる。言うまでもなく、廃棄物中に有害化学物質や重金属などが含まれて場合には、その影響はさらに深刻なものとなる。

鉱物資源の採掘という行為がそもそも宿命的に自然破壊をともなうものであり、今のところ、技術的にその度合いを減らすことはできてもなくすことはできない。しかし、前述したように、今、科学者たちが世界各地で真剣に探し歩いている金属を「食べる虫」（微生物）が発見され、これを利用した革命的な採掘技術であるバイオ・マイニングが確立されれば、鉱山開発にともなう環境破壊は劇的に軽減されることになる。これは、どうやら単なる夢ではなさそうである。

世代間と南北間の衡平性《こうへいせい》

人類社会の持続可能性を考えるうえで重要なポイントとして、資源の世代間と南北間の衡平性が挙げられる。

まず、世代間の衡平性について言うと、枯渇性資源(8)の問題と地球環境価値の問題がある。枯渇性の地下資源は掘ればなくなって再生不可能なものであるから、現世代の人々が使いつくしてしまったら次世代の人々との衡平性が損なわれる。地球環境についても同じで、現世代の人々が復元不可能なまで、あるいは復元可能としてもそれが長期にわたる歳月を要するまで汚染もしくは破壊してしまったとすると、やはり世代間の衡平性を欠くことになる。この二つの点から考えてみれば分かるように、現世に生きる人々の問題と同時に後世の人々のニーズを満たすことができる資源と地球環境を残しておく必要がある。

一九八七年の国連のブルントランド委員会(9)において「われら共有の未来」というレポートが発表された。そのなかで、「サステナブル・デベロップメント（Sustainable Development）」という言葉が使われ、現在、これが世界中で地球環境問題のキーワードとなっている。「持続可能な発展」と邦訳されているが、ブルントランド委員会の報告書による定義は以下のようになっている。まさに、世代間の衡平性の問題提起である。

「後世の人々が、彼ら自身のニーズを満足させる能力をいささかも減じることがないという前提に立って、すべての人々の基本的なニーズを満たし、かつ人々がより良い生活を求める機会を増やすこと」（『地球の未来を守るために』大来佐武郎監訳、福武書店、一九八七年）

次に、南北間の衡平性の問題について述べよう。いわゆる南北問題について、その説明によく使われることとして以下のような表現がある。

- 世界人口二〇パーセントを占める先進工業国の人々が世界の資源の八〇パーセントを消費し、八〇パーセントを占める発展途上国の人々が二〇パーセントの資源を消費している。
- アメリカ人一人が一年間に消費するエネルギーは、インド人一人当たりの消費量の四〇年分である。

（8）石油・鉱物資源のように地殻の中から一度掘り出せばなくなる地下資源のことで、生物圏から取り出す農林水産資源あるいは風力・太陽光などから得られるエネルギー資源は再生可能な資源という。

（9）一九八七年に開かれた、国連の環境と開発に関する世界委員会のこと。通称「ブルントランド委員会」と呼ばれている。このブルントランド委員会の報告書「我ら共有の未来」の発表が発端となって「持続可能な発展（Sustainable Development）」の概念が世界に広く使われるようになった。

・アメリカの人口は世界の五パーセントにすぎないのに、世界の鉱物資源の四〇パーセント、エネルギー資源の三〇パーセントを消費している。

これらの数字そのものについては、最近の中国の著しい経済成長と同時にインド、ブラジル、ロシアの経済成長を見ると修正が必要になってきているが、第三世界の貧しい国々の資源を開発(買い付け)、利用しているわりには貧困問題はいっこうに解決する様子はなく、貧しい状態に置かれたまま資源を収奪され続け、生活必需品は先進国からの輸入に頼り、人口爆発、森林荒廃、動植物の絶滅、河川・海洋・土壌の汚染、そして政情の不安定など、依然として大きな問題のままである。

いまや、先進工業国の多くは工業原材料としての資源を途上国から輸入しているが、自然環境破壊をともなう大量の資源輸入をするということは、それと引き換えに地球環境問題を輸出しているとは言えないだろうか。また、先進工業国は、資源の本当の価値に見合うだけの対価を支払っているのであろうか。自然破壊、貧困、疾病、先住民の生存権の圧迫、犯罪の増加、文化の消滅などに価格をつけることは難しく、外部不経済として価格決定のメカニズムの対象にはならないために資源の取引価格にはコストとして反映されていない。そればかりか、鉱山開発と資源の輸出によって途上国の経済が潤って貧困から脱出できるはずのものが、逆に政治腐敗とゆがんだ開発行為のために経済が蝕まれていった例は多い。

たとえば、豊富な鉱物資源に恵まれたザイール（現コンゴ民主共和国）では、国家元首のモブツ将軍とその一族は、すべての鉱物資源の輸出に対して五パーセントの手数料をとって、一族とその取り巻きのみが潤い、開発援助も威信を高める事業にのみ使われた。そして、資源の開発輸入をする先進工業国はそれをずっと黙認してきた。その結果、一九八〇年代半ばには六〇億ドルの債務をかかえ、ＩＭＦに援助を要請したときにはすでに絶対的な貧困状態となっていた。

南北問題の解決のためには、市場メカニズムの対象になっていない外部不経済としての環境的価値を内部化した価格で資源の取引を行うように、国際的な合意を形成する仕組みや機関（ＧＥＯ：Global Environmental Organization）が必要と考える。そして、この国際機関には、自由貿易至上主義の世界貿易機関（ＷＴＯ：World Trade Organization）に対抗する力をもたせる必要がある。ＧＥＯの考え方は、持続可能な発展のための世界経済人会議（ＷＢＣＳＤ：World Business Council for Sustainable Development、メンバー会社一七五社）において、世界の持続可能な発展のための重要なシナリオとして提唱されている。

スペインの環境経済学者マルティネス・アリエ（Joan Martinez Alier）教授は、資源開発と南北問題について次のようなことを指摘している。

「今も、国際大資本が多くの発展途上国で権益を取得して、資源を開発することによって森林、生態系、河川、海洋、先住民の生存権、健康、文化を破壊して、資源収奪を行っている。資源開発にともなう利益配分は不公正であり、南北問題はいっこうに改善されるきざしはなく、南北の格差は広がる一方で、貧困、エイズの蔓延、紛争は絶えない。この状態は『環境人種差別（Environmental Discrimination）』であり、国際大資本は産出国に『環境負債（Environmental Dept）』を負っており、資源・エネルギーを利用・消費して、温室効果ガスを排出して地球温暖化を引き起こしている先進工業国は、発展途上国に対して『GHG負債（Green House Gas Dept）』を負っている」（二〇〇四年一一月、国連大学ゼロエミッション・フォーラム一〇周年記念国際会議における講演より要約）(10)

この主張を言い換えると、資源開発によって地域の環境・社会が受けるダメージは、外部不経済として市場メカニズムの対象にはなっていない。すなわち、資源の取引価格に反映されていないわけであるから、国際大資本と資源消費国は産出国に負債を負っているというわけである。

国際連合のアナン事務総長は、一九九九年一月に開かれた世界経済フォーラムにおいて、世界の企業に対して「グローバル・コンパクト（Global Compact）」という一種の協定を国連との間で締結しようと呼びかけた。この協定は、人権と労働と環境に関するものである。その趣旨は、世界のビジネス界ではグローバリゼーションが進んでいるが、グローバリゼーションの「顔」が見えないことと、その途上国に対する「成果配分」が不公平であるので、開く一方の南北格差をこの協定によって縮小しようというものである。

今、アフリカ諸国をはじめとする世界各地の途上国で、とくに深刻さを増している貧困、エイズの蔓延、テロと地域紛争、そして資源収奪による地球環境の劣化、気候変動と異常気象による自然災害の頻発などによって世界情勢は不安定化が進んでいる。このようないわゆる南北問題は、先進諸国にとって資源問題と密接な関係をもちながらますます重要な課題になってきているなかで「グローバル・コンパクト」の意義は大きいと言える。この「グローバル・コンパクト」に賛同して、日本からは「富士ゼロックス社」、「キッコーマン社」、「JALグループ」、そのほかにも一〇社ほどが参加している。

---

(10) 温室効果ガスのこと。これまでに述べたように、炭酸ガス、メタンガス、フロンガスなどは、大気に放出されると地球表面が温室のなかに入ったような効果を生んで地球を温暖化させると言われている。

おわりに

地下から採り出す資源によって現代の文明が成り立ち、工業化された経済、社会が支えられていることを考えると、「資源」は経済と地球環境と文明を結ぶキーワードと言える。

いまや、ここ数十年の目を見張る技術革新と物質文明の進展による世界の経済規模は飛躍的に拡大した。それにともない、ＩＴ革命による脱物質化が叫ばれながらも資源・エネルギーの消費は膨大なものになった。その結果、地球規模の環境破壊も顕在化して、二一世紀に生きるわれわれ現代人は地球の限界に直面した最初の人類世代とさえ言われるようになった。今こそ、日本に半世紀近く欠落していた資源学を再構築するとともに、経済と地球環境問題との密接な関係を学び、持続可能な経済・社会、そして持続可能な文明をつくり上げていかなければならないと考える。そして、このような考えが本書を書く動機となった。

わが国にはめぼしい資源がないという単純な理由だけで、資源に関する専門教育をいまや放棄してしまったに等しい状態にある。筆者は、四五年前にその専門教育を受けた「絶滅危惧種」の元鉱山技術者であり、鉱物資源関係ビジネスマンとして世界各地の各種大規模鉱山を実際に訪れた。その際、わが国の経済発展のために欠くことができない資源確保の重要性を痛感する一方で自然破壊の凄まじさを目の当たりにし、自らも自然破壊を行った経験者として、過去数十年間の相矛盾する思いをもって本書を書き上げた。

最後まで読み終えられた読者はすでにお気付きの通り、エネルギー資源としてきわめて重要な石油・天然ガスについては章を立てていない。それは、本書が鉱物資源に関する教科書的な説明書ではなく、現代工業化社会を支えているモノづくりの基本として多くの人にぜひ知ってほしいこと、つまり鉱物資源のもつ特性、すなわち掘ればなくなること、偏在性、国際大資本による寡占支配、そして地球環境問題、南北問題との密接な関係を述べ、長期的な資源戦略とそれに基づく外交が国の経済の持続的な発展に大きく影響を及ぼすので、その基礎となる資源学の重要性を述べることが目的だったからである。

とくに、筆者は常に違和感を覚えてきたことであるが、わが国では「資源」というとエネルギー資源、それも石油の代名詞のように使われているところがある。それがゆえに、石油資源に関しては多くの文献、資料、記事などがあり、その知識と関心の度合いはほかの鉱物資源に比較して一般的に大きな差があると言えるとともに、本書執筆の動機とその目的からして、石油資源については思い切って割愛しても差しつかえないと判断した。

本書の執筆中の二〇〇四年の後半ごろから、新聞紙上に連日のごとく鉄鉱石、原料炭、石油、一般炭などエネルギー資源などの争奪戦と価格高騰、相次ぐ総合商社主導による権益確保投資、自主開発投資、レア・メタルの価格高騰と供給不安などを報じる記事が目立っているが、本書はそれら記事の背景や本質を理解するのに役立つはずである。

最後に、本書を執筆するにあたって、マクロ経済学者であり、経済・環境ジャーナリストとしての長年の経験に基づく貴重なアドバイスばかりでなく、著作の経験のない筆者に対して章立て、文脈、そのほかいろいろと親切に指導してくださった千葉商科大学政策情報学部の三橋規宏教授(元日本経済新聞社、論説副主幹)、そして株式会社丸紅の資源調査部に所属して、日本の高度経済成長を資源面で支える尖兵として世界中命を賭し駆けめぐった資源戦士であり長年の友人である葉山倫明氏のアドバイスに心から感謝の意を表したい。また、新評論の武市一幸社長には、自ら原稿の編集にあたってくださり、出版に至るまでに忍耐強く指導してくださったことに深く感謝したい。

二〇〇五年　九月　九日

谷口　正次

・朴　恵淑（2000年12月）「東アジアの越境性大気汚染・酸性雨問題の現状と未来像」（www.mie-u.ac.jp）参照。
・コールベッドメタン研究会報告概要（2004年３月５日）日本エネルギー学会石炭科学部会（www.jie.or.jp/ngas）参照。
・Underground coal fires a looming catastrophe (2003) Environment & Nature News, ABC Online Home (www.abc.net.au)
・田　成明（2002年５月19日）「21世紀核時代の負の遺産、アメリカ編、ミッドナイト・ウラン鉱山」中国新聞（www.chugoku-np.co.jp）参照。

終　章

・Gold (Gold Mines, Companies Owning Gold Operations), AME Mineral Economics ; AME Research (www.ame.com.au)
・Copper (Copper Mines, Companies Owning Copper Operations), AME Minerals Economics ; AME Research (www.ame.com.au)
・Vale Doce Copper Mine in Amazon, Biggest Since 2001 (Update 1), Bloomberg News (www.bloomberg.com)
・Academic Programs offered by the Graduate School at CSM, Web-site ; Colorado School of Mines (www.schools.gradschools.com)
・日本材料科学会編（2001）『微生物と材料』裳華房
・Cribb, Julian ; August 2, 2004, “Biomining: the next mining revolution”, CSIRO(the Commonwealth Scientific and Industrial Research Organization) (www.csiro.au)
・Smith, Wilbur (1972) GOID MINE, Pan Books Ltd.,Cavaye Place, London

Fishing Ground (www.tumoutou.net)
· Burton, Bob (2004) Nobel Winners Want World Bank to Rethink Oil, Gas and Mining policies : Environmental News Service (www.globalpolicy.org)
· Ober, Tracey (1999) AMAZONIA Brazil : CVRD sees Amazon-friendly mining as industry trend : REUTERS NEWS SERVICE (www.amazonia.org.br)
· Companhia Vale Do Rio Doce-Brazil and Protected Areas, Case study mentioned in the Handbook p.24 ; The Biodiversity ECONOMICS LIBRARY (www.biodiversityeconomics.org)
· Pacific nickel plan angers Green groups (2001) CNN.com./WORLD
· Urgent Action in opposition to the "Goro Nickel" (2004) project in New Caledonia Mines & Communities Website; Paris (www.minesandcomunities.org)
· Controversial Nickel Mine Shut Down Pending Review (2002) News Release ; Environmental Defense (www.edf.org)
· Coumans, Catherine(2003) Kanaky/New Caledonia- Goro Nickel Mine (www.miningwatch.ca)
· Participation in the project of the development of nickel mine and building a processing plant in New Caledonia, (2004) Press Release ; Sumitomo Metal Mining Co.,Ltd and Mitsui & Co.,Ltd (www.japancorp.net)
· 酒田　剛（2003）アマルティ海外調査員——世界第三位のクロム鉱生産を誇るドンスコイ鉱山の概要——カザフスタン共和国のカズクロム社について「金属資源レポート」(Vol32、No. 6 、通巻335号）独立行政法人石油天然ガス・金属鉱物資源機構
· 開発途上国の環境問題——国立環境研究所（www.nies.go.jp）
· 資源・エネルギー採取時の環境負荷（1996年２月)「NIRE ニュース」独立行政法人産業技術総合研究所（www.aist.go.jp/NIRE）参照。

・Australia's Uranium ; URANIUM INFORMATION CENTER Ltd (www.uic.com.au)
・サイクル事業の概要——日本原燃株式会社（www.jnfl.co.jp）

第5章

・Hughes, J. Donald (1994) Pan's Travail - Environmental Problems of the Ancient Greeks and Romans, The John Hopkins University Press, Baltimore and London
・Burke, Edmund (2005) The Deep History of the Middle Eastern Environment,1500BCE - 1500CE, UC World History Workshop, University of California, Multi-Campus Research Unit, University of California, Santa Cruz
・製鐵所の歴史——八幡製鉄所、新日本製鐵株式会社（www.yawata.nsc.co.jp）
・サミットへの提言－9「リオプラステン持続可能な世界のために鉱業を転換する」（2004）World Watch-Japan（www.worldwatch-japan.org）
・Dixon, Kevin (2001) "US Regulations Submarine Tailings Disposal" : International Conference on Submarine Tailings Disposal, 23-30 April 2001, Manando, Indonesia
・No Dirty Gold Website (www.nodirtygold.org)
・"Clean Up and Compensate for Mining Damages/Indonesia" (2004) Campaign No.3/04 Govt Team finds Buyat Bay at risk ; Global Response, (www.globalresponse.org)
・"Stop Submarine Tailings Deposition" (2003) Environmental Issues ; Latest News Mineral Engineering International (www.min-eng.com)
・Kumurur, Veronica. A & Lasut, Markus T (2001) Submarine Tailings Disposal (STD) of Newmont Minahasa Raya at Buyat Bay, North Sulawesi, Indonesia : The Impacts on Seabed Contour and

第3章

・小川和美（1998）「太平洋島嶼地域におけるリン鉱石採掘事業の歴史と現在」「史艸」（39号）日本女子大学史学研究会
・チリにおける硫酸の需給バランス――精錬所からの硫酸回収とSX/EW銅鉱山の伸長――カレント・トピックス（1999年9月28日）MMAJ 金属鉱業事業団（現独立行政法人石油天然ガス・金属鉱物資源機構）の前掲アドレス参照。
・「エネルギー使用合理化シリコン製造プロセス開発」事後評価報告書（2002年6月）、新エネルギー・産業技術総合開発機構・技術評価委員会（www.nedo.go.jp）参照。
・三宅一弘・海外調査員（2003）「マレイベーズンのミネラルサンド資源開発動向―キャンベラ」「金属資源レポート」（Vol33・No. 4・通巻339号）豪州；独立行政法人石油天然ガス・金属鉱物資源機構

第4章

・「我が国のエネルギーにおける石炭の位置付けと今後の石炭政策」（2003年）経済産業省・資源エネルギー庁の前掲アドレス参照。
・日本の二次エネルギー、石炭利用技術の新体系（2002年11月）エネルギーと地球環境『原子力百科事典（ATOMICA）』（www.mext-atm.jst.go.jp）
・田中　宏（2002）「石炭海上輸送について」株式会社商船三井（www.eneken.ieej.or.jp/japac/document）
・Lloyd, Philip. J, (2002) COAL MINING AND THE ENVIRONMENT : Energy Research Institute, University of Cape Town
・Introduction to Nuclear Energy (2002) : Uranium Resources ; World Nuclear Association (www.world-nuclear.com)

・独立法人経済産業研究所（2004）「主要鉱物資源の供給障害が日本経済に及ぼす影響に関する調査研究」社団法人資源素材学界
・中国のレア・アース政策動向と2003年需給動向——カレントトピックス（2004年７月23日）独立行政法人石油天然ガス・金属鉱物資源機構の前掲アドレス参照。
・「NICKEL DATA（2002年版）」三井物産株式会社新金属・製品部
・ニューカレドニア・ニッケル問題の行方——MMAJ カレント・トピックス（1997年11月）MMAJ 金属鉱業事業団（現独立行政法人石油天然ガス・金属鉱物資源機構）の前掲アドレス参照。
・Inco's Nickel Market Influence, 23, July, 2004 ; Mining-Investment Heavyweights（www.fatprophets.com.au）参照。
・酒田　剛（2003年３月）「アルマティ海外調査員——世界第三位のクロム鉱生産を誇るドンスコイ鉱山の概要——カザフスタン共和国のカズクロム社について」「金属資源レポート」（Vol32・No６・通巻335号）独立行政法人石油天然ガス・金属鉱物資源機構
・Barbera, Robert J. (1982) “Cobalt : Policy Options for a Strategic Mineral” : Congressional Budget Office's Natural Resources and Commerce Division, USA
・「海洋資源総合基盤技術（マンガン団塊採鉱システム）の研究開発」「資源と環境」（Vol. 8 、1999年）独立行政法人資源環境技術研究所
・海底資源、Marine Information Research Center, Japan Hydrographic Association（www.mirc.jha.jp）参照。
・海洋資源調査——独立行政法人石油天然ガス・金属鉱物資源機構の前掲アドレス参照。
・プラチナとパラジウムの需給動向——カレント・トピックス（2003年４月３日）MMAJ 金属鉱業事業団（現独立行政法人石油天然ガス・金属鉱物資源機構）の前掲アドレス参照。
・ジョンソン・マッセイ社（2004）「2000年プラチナ中間調査報告書」
・竹本隆の FC ジャーナル／プラチナと燃料電池（www.takjapam.com）参照。

・Rothenberg, Beno (1988) The Egyptian Mining Temple at Timna : IAMS Institute of Archaeology, University College London
・E・キエラ／板倉勝正訳（1958）『粘土に書かれた歴史』岩波新書
・Lucas, A (1989) Ancient Egyptian Materials and Industries : Fourth Edition revised by J.R.Harris, Histories & Mysteries of Man Ltd. London, England
・Cramer, Clayton E. (1995) What Caused The Iron Age ?　History 303, www.clayton.com
・鉄鋼産業、現代産業の歴史――千葉県立現代産業科学館（www.chiba-muse.or.jp）参照。
・業務内容――社団法人日本鉄鋼連盟（www.jisf.or.jp）参照。
・『鉄鋼統計要覧（2004年版）』社団法人日本鉄鋼連盟
・「非鉄メジャーの動向（2003年版）」独立行政法人石油天然ガス・金属鉱物資源機構（www.jogmec.go.jp）参照。
・カレント・トピックス（2004年５月17日）独立行政法人石油天然ガス・金属鉱物資源機構の前掲アドレス参照。
・世界の鉄鉱石貿易フロー（2003年）世界の鉄鉱石サプライヤー、Mitsui & Co.,Ltd.（www.mitsui.co.jp）参照。
・Iron Ore ; AME Research : AME Mineral Economics（www.ame.com.au）参照。
・Pilbara Iron- A member of the Rio Tinto Group ; Hamersley Iron（www.hamersleyiron.com）参照。

第２章

・世界各国の鉱業事情――独立行政法人石油天然ガス・金属鉱物資源機構の前掲アドレス参照。
・レア・メタルの価格推移と埋蔵量――前掲参照。
・レア・メタル備蓄の見直しについて（2000年12月20日）鉱業審議会レアメタル対策分科会報告。資源エネルギー庁の前掲アドレス参照。

参考文献・参考資料一覧

序　章

・Wilson, A.J, (1977) Archaeo-metallurgy is exploring mining's ancient history : Engineering and Mining Journal
・藤田和男（2003）『石油と共に四十年』東京大学教授退官記念著作選集・私家版
・鉱物資源政策について――資源エネルギー庁　www.enecho.meti.go.jp
・衆議院会議録情報；第67回国会　商工委員会　第13号、1971年12月14日
・『通商白書（昭和五〇年版）』「第二章　新たな国際秩序形成への要請と胎動」経済産業省（通商産業省）
・D.H.メドゥズ・D.L.メドゥズ・J.ラーンダズ・W.W.ベアランズ３世／大来佐武郎監訳（1972）『成長の限界――ローマクラブ「人類の危機」』ダイヤモンド社
・谷口正次（2001）『資源採掘から環境問題を考える――資源生産性の高い経済社会に向けて』国連大学ゼロエミッションフォーラムブックレット

第１章

・Wilson, A.J (1977) Archaeo-metallurgy is exploring mining's ancient history : Engineering and Mining Journal
・Rothenberg, Beno (1987) Pharaonic Copper Mines in South Sinai : Institute for Archao-Metallurgical Studies

【ヤ】

【ラ】

【ワ】

【タ】

【サ】

索　引

著者紹介

谷口正次（たにぐち・まさつぐ）

1938年、東京都生まれ。九州工業大学鉱山工学科卒業。

1960年、小野田セメント株式会社入社（石灰石鉱山開発に従事）。

1987年、資源事業部長（以後、各種鉱物資源関係事業を手掛ける）。

1993年、常務取締役　資源事業本部長（環境事業を立ち上げる）。

1994年、秩父小野田株式会社（秩父セメントと合併により）常務取締役（資源事業・環境事業担当）。

1996年、同・専務取締役（研究開発・セラミック事業・環境事業担当）。

1998年、太平洋セメント株式会社（日本セメントと合併により）専務取締役（研究開発・資源事業担当、環境事業管掌）。

2001年、屋久島電工株式会社　代表取締役社長。

2003年、太平洋セメント株式会社　顧問。

2004年、同社退職。現在、国際連合大学ゼロエミッション・フォーラム理事。産業界ネットワーク代表。

これまでに、世界各地の各種鉱山を歴訪している。

入門・資源危機
——国益と地球益のジレンマ——　（検印廃止）

2005年10月25日　初版第1刷発行

著者　谷口正次
発行者　武市一幸

発行所　株式会社　新評論

〒169-0051
東京都新宿区西早稲田 3-16-28
http://www.shinhyoron.co.jp

電話 03(3202)7391
FAX 03(3202)5832
振替・00160-1-113487

落丁・乱丁はお取り替えします。

定価はカバーに表示してあります。

印刷　フォレスト
製本　清水製本プラス紙工
装幀　山田英春
写真　谷口正次
(但し書きのあるものは除く)

Printed in Japan
ISBN4-7948-0680-9 C0036